메타버스는 환상인가?

METAVERSE

위정현 지음

한 경 사

차례

125

3부 메타버스라서 발생하는 범죄와 사회적 갈등

169

4부 메타버스라는 가상 사회에서 살아가는 신인류

243

5부 메타버스 2.0을 위한 전략

머리말

혹세무민(惑世誣民), 이 책을 쓰게 된 이유이다.

혹세무민이란 세상을 어지럽히고 백성을 속인다는 의미이다. 혹세무민은 잘못된 이론이나 믿음을 이용해 사람들을 속이고, 사적인 이익을 추구하는 행위이다. 사이비 종교 교주나 시류에 영합하는 학자, 정치적 선동가 등이 모두 이런 부류의 인간이다.

박정희, 전두환 군사정권 시절에는 정권의 하수인이 된 이런 학자를 '어용교수'라고 불렀다. 유신헌법 제정에 참여한 한태연(당시 서울대), 갈봉근(당시 중앙대) 두 교수는 두고두고 어용교수의 전형으로 불렸다. 박정희의 유신헌법은 대통령이 국회의원의 3분의 1과 모든 법관을 임명하고, 긴급조치권 및 국회해산권을 가지며, 임기 6년에 횟수의 제한 없이 연임 가능하게 만들었다. 대통령 선출은 직접 선거에서 통일주체국민회의에 의한 간접 선거제로 바뀌었다. 유신 체제는 입법, 사법, 행정의 3권을 장악한 대통령이 종신 집권할 수 있도록 만들어진 체제였다.

그럼에도 한태연 교수는 유신헌법은 드골 헌법을 차용했으며 '한국적 민주주의'를 구현한 것이라 강변했다. 그는 이런 부역 행위에 대한 대가로 1979년 10대 국회에서 유정회 부의장 겸 정책위 의장이 되었다. 어용교수의 본질은 시간이 지나면 드러난다. 이 두 교수가 지금도 유신헌법의 정당성을 주장하고 있다는 소식은 어디에도 없다.

1987년 6월 항쟁을 거쳐 한국 사회가 민주화가 된 다음에는 혹세무민의 양태가 바뀌었다. 과거처럼 정치권력에 영합하는 지식인은 줄어든 대신, 기업이나 사회적 유행에 영합하는 사람이 대폭 증가했다. 이런 현상은 한국 사회가 정부 주도형 사회에서 기업 주도형 사회로 변화하는 과정에서 발생했다. 불행하게도 메타버스 붐과 관련된 최근의 현상도 이런 시류 영합적인 인간 군상의 행태와 크게 다르지 않다. 메타버스 소동에는 일부 교수나 언론을 넘어 정부 기관이나 컨설팅 기업이 동시에 합류해 있다. 한국에서 메타버스 버블은 이들의 이해관계가 일치해 만들어졌다고 해도 과언이 아니다.

지금의 메타버스는 기술적인 혁신이나 비즈니스 모델상의 혁신을 동반하고 있지 않다. 또한 메타버스를 주창하는 사람들의 정의도 각자 다르다. 어떤 사람은 가상 세계를 메타버스라고 주장하고, 또 다른 사람은 가상현실(VR)을 메타버스라고 주장한다. 또 어떤 경우에는 증강 현실이나 라이프로깅을 메타버스에 포함시키기도 하고, 또 어떤 경우에는 이런 요소들을 배제하기도 한다. 무엇보다 현실의 메타버스에서 가장 위험한 것은 성공한 비즈니스 모델이 지극히 제한적이라는 점이다. 지금 성공한 메타버스 플랫폼으로 불리는 로블록스나 제페토, 마인크래프트, 동물의 숲 등은 전부 게임 플랫폼으로 해석될 수 있다.

제페토도 소셜 게임의 일종으로 볼 수 있기 때문이다. 그렇다면 메타버스에서 게임 플랫폼을 제외하면 어떤 성공 모델이 있을까라는 의문이 생긴다.

메타버스 버블은 NFT, 가상 부동산, 가상 화폐 등과 맞물려 다양한 형태의 버블을 만들어 내고 있다. 이런 소동 속에 많은 사람이 이득을 취했다. 어떤 이들은 메타버스 테마주에 투자해서 돈을 벌었으며, 어떤 기업들은 메타버스를 기업의 사업 영역에 추가하여 주가를 끌어올렸다. 또 정부 부처는 메타버스 사업을 들이밀어 기획재정부로부터 막대한 예산을 획득하기도 하였다. 일부 연구자들도 예외가 아니다. 이들은 메타버스가 스마트폰 혁명을 잇는 '제3의 혁명'이라고 주장하며 한국 사회를 오도하고 있다.

그런데 정작 이들이 강조하는 과거의 인터넷 혁명과 스마트폰 혁명은 '메타버스 소동'과 다르게 소박하게 출발했다. 인터넷 혁명은 게시판과 이메일에서 출발했으며, 스티브 잡스의 스마트폰 출시는 '미래 인간 사회를 혁명적으로 바꿀 것'이라는 등의 미사여구가 들어있지 않다. 스티브 잡스의 첫 아이폰 출시 영상을 보면 스티브 잡스는 소박하게 아이폰의 강점을 설명하고 있다. 그가 설명한 아이폰의 강점은 아이폰끼리 무료로 통화가 가능하며, 음악을 들을 수 있고, 무료로 문자를 주고받을 수 있다는 것이다. 아이폰은 핸드폰과 인터넷 브라우저, 음원 플레이어인 아이팟이 통합된 수준의 디바이스였다. 지금 앱 플랫폼으로서의 스마트폰을 생각하면 너무나 소박한 설명이지 않을 수 없다. 인터넷과 스마트폰은 초기에는 소박하게 출발했지만 시간이 지나면서 유저들과 상호작용 하면서 그 잠재력을 유감없이 펼쳐 나갔다. 말 그대로 인간 사회를 혁명적으로 변화시켜 나간 것이다. '시작은 미약하였으나 끝은 창대'했다.

그러나 메타버스 혁명은 정반대의 길을 걷고 있다. 온 나라가 떠들썩하게 메타버스 혁명을 외치고 있지만 구체적인 실체도 없고, 눈에 보이는 성과도 없으며, 비즈니스 모델은 '동대문 시장의 옷 장사' 수준을 벗어나지 못하고 있다. 이런 상태에서 코로나가 종식된다면 메타버스 버블은 꺼지게 될 것이다. 아니, 메타의 주가가 하룻밤에 27%나 폭락했듯이 메타버스 버블은 이미 꺼지기 시작했다. 문제는 메타버스 버블이 꺼진 다음에 사람들이 느끼게 될 허탈감이다. 김동인의 단편소설 '무지개'의 마지막 구절은 이렇게 끝난다.

> 아아, 무지개란 기어이 사람의 손으로는 잡지 못하는 것인가? 지금까지 그와 같은 길을 걸은 수많은 소년들의 그 부르짖음을 이 소년도 여기서 또한 부르짖지 않을 수 없었다. 그리고 그는 여기서 그 야망을 마침내 접기로 결심하였다. 그런데 이상한 일이었다. 그 때에 아직껏 검던 머리가 갑자기 하얗게 세고, 그의 얼굴에는 수없이 많은 주름살이 잡혔다.

무지개라는, 손으로 잡을 수 없는 대상을 포기했을 때 소년이 쓰러져 갔듯이, 메타버스가 무지개였다고 자각했을 때 사람들은 허탈감

속에 주저앉지 않을까? 이 책은 메타버스가 무지개가 되어서는 안 된다는 것을, 그리고 손에 잡을 수 없는 무지개라는 환상이 되지 않기 위해서는 우리가 어떤 노력을 해야 되는가를 고민하는 책이다.

이 책은 다섯 개의 장으로 구성되어 있다. 먼저 1부과 2부에서는 '메타버스라는 유령'이라는 제목으로 현재의 메타버스가 왜 실체가 없고, 구축하고 있는 메타버스가 왜 폐허가 되고 있는가를 분석했다. 특히 과거 세컨드라이프나 IBM이 메타버스에서 왜 실패하였는지를 살펴보았다. 이런 분석을 통해 과거에 공격적으로 메타버스 구축을 시도했던 글로벌 IT 기업일수록 현재의 메타버스 버블에 거리를 두고 있다는 사실을 제시했다.

3부에서는 '메타버스라서 발생하는 범죄와 사회적 갈등'이라는 주제로 메타버스 내에서의 살인과 폭행, 청소년 대상의 성범죄, 청소년이 접근 가능한 음란물, 메타버스 내에서의 결혼과 불륜이라는 윤리의 문제, 메타버스 내에서의 절도와 사기, 지식재산권 침해와 가상 부동산 버블 등을 살펴보았다. 오히려 메타버스라는 가상의 공간이기에 이런 범죄나 사회적 갈등이 더 심각하다는 것을 분석했다.

4부에서는 미래의 메타버스 사회를 이끌고 갈 MZ세대에 대한 분석, 그리고 그들이 현재의 메타버스라고 불리는 세상에서 어떤 삶을 살고 있는지를 분석했다. MZ세대에 있어 메타버스는 호기심이나 동경의 대상이 아닌, 자신의 삶의 일부분으로 정착해 있다. 포트나이트, 동물의 숲, 하츠네 미쿠의 홀로그램 콘서트, 제페토, 로지와 같은 디지털 휴먼, 마인크래프트 등을 분석하여 MZ세대가 어떻게 메타버스 속에서 살아가고 있는지를 정리했다.

5부에서는 메타버스가 사회적으로, 산업적으로 성공하기 위해서 우리가 메타버스를 어떻게 활용해야 하는지에 대해서 정리해 보았다. 특히 5부에서는 메타버스가 현실 세계를 그대로 복제하거나, 현실의 인간관계를 이식해서는 안 된다는 점을 강조했다. 기성세대가 자신의 사고 틀에 기반해서 MZ세대의 메타버스를 재단하거나 기성세대의 방식에 가두어 두는 메타버스를 만들어서는 안 된다는 점을 강조했다. 메타버스는 새로운 인간관계, 새로운 조직 관계, 새로운 사회적 관계를 요구하기 때문이다. 아래와 같은 이 책의 서술이 바로 이것이다.

> 메타버스는 개인과 개인의 관계, 개인과 조직의 관계에 변화를 초래한다. 메타버스의 세계에서 개인과 개인의 관계는 기업 조직 속의 인간관계나 현실 세계의 인간관계보다 훨씬 유연하고 약하다. 기업이 만약 현재와 같이 개인을 조직에 몰입시키고, 조직과 완전히 결합하기를, 또 과거처럼 조직에 헌신하고 조직과 일체화되기를 원할 경우 메타버스라는 형식은 적합하지 않다. 메타버스는 개방적이고 자유로운 인간관계를 전제로 한다. 그런 점에서 지금 일부 기업이나 은행이 현실의 CEO나 은행장과 똑같은 얼굴의 아바타를 만들어 메타버스 내에서 직원들과 교류하는 것은 우스꽝스러움을 넘어 잘못된 것이다. 이는 메타버스의 본질을 이해하지 못한 것이다. 메타버스의 취지는 현실과 다른 인간관계, 특히 수직적 위계 구조를 넘어 자유로운 커뮤니케이션 관계를 구축

하여 기업의 역량을 한 차원 끌어올리는 것이다. 그럼에도 현실의 위계구조를 그대로 메타버스에 도입한다면 결국 기존의 조직 문제를 메타버스에 그대로 반영하는 것에 다름 아니다.

특히 이 책의 1부에서는 '한국 정부가 추진한 메타버스, 4대강 속에 잠들다'라는 제목으로 왜 한국 정부가 의욕적으로 추진했던 메타버스 산업 정책이 실패했던가에 대해 분석했다. 이 부분은 메타버스가 한때의 유행으로 끝나지 않아야 한다는 것, 특히 올바른 메타버스의 진화를 위해 정부가 어떻게 노력해야 하는가를 강조한 것이다.

'한국은 망각의 사회', 메타버스 버블 속에서 내가 놀란 것은 바로 이 점이다. 불과 십여 년 전 한국 사회를 뒤흔든, 세컨드라이프라는 메타버스 1.0을 기억하고 있지 못하다는 것, 그리고 과거의 실패한 메타버스를 분석하거나 실패의 교훈에서 배우려 하지 않는다는 사실이 나에게 놀라움이자 충격이었다. 이 책이 이런 망각의 사회를 일깨우는 데 조금이라도 도움이 되기를 바란다.

2022년 4월
늦은 밤 중앙대 연구실에서
위정현 드림

1부

메타버스라는 유령 — 1

∞

메타버스라는 유령이 떠돌고 있다?

메타버스라는 '유령'이 한국 사회를 떠돌고 있다. 이 유령의 실체와 미래를 놓고 많은 사람들은 갑론을박을 거듭하고 있다. 메타버스에 대한 극단적 추종자들은 이렇게 말하기도 한다.

> 현재의 메타버스는 과거의 인터넷 혁명, 스마트폰 혁명의 뒤를 잇는 정보화 대혁명이 될 것이다.[1]

메타버스뿐 아니라 메타버스에 기반한 가상 부동산의 열풍도 뜨겁다. 어스2는 대표적인 가상 부동산 플랫폼이다. 어스2의 전체 이용자의 가상 부동산 자산 가치는 2,000억 원에 달하는 것으로 알려져 있다. 어스2는 실제 지구와 1:1 비율의 가상 지구를 제공하며 10제곱미터당 1'랜드(Land)'의 토지 단위로 거래하고 있다. 이용자는 어스2에서 랜드를 구매하고 건물을 짓고 광고 등을 통해 수익을 얻고 있다. 중앙대 서울캠퍼스를 보면 현재 한국과 룩셈부르크 유저들이 캠퍼스 대부분의 랜드를 구매한 상태이다.

메타버스의 주요 구성 요소로 평가되는 가상 화폐와 NFT도 버블의 대열에 들어서 있다. NFT는 대체 불가능한 토큰(Non-Fungible Token)의 약자로, 블록체인을 기반으로 한 가상의 자산을 의미한다. 디지털 자산에 고유한 번호를 부여하여 저작권 혹은 소유권을 주장할 수 있도록 한다.

세계적인 미술품 경매 회사인 크리스티 경매에서 2021년 3월 NFT 기술을 적용한 미술 작품이 6,930만 달러(약 783억 원)에 팔렸다. '비플(Beeple)'이라는 가명으로 활동하는 디지털 아티스트인 마이크 윈켈만(Mike Winkelmann)이 제작한 '매일: 첫 5,000일(Everydays: The First 5,000 Days)'이라는 작품이다. 그는 2007년부터 매일 디지털 아트 작품를 만들기로 결심한 뒤 제작한 작품 5,000개를 조합해 만들었다. 이 작품은 세계적인 미술품 경매 무대에 처음 오른 NFT 작품이었지만 미술계 역사상 세 번째로 고가에 거래된 작품으로 남게 되었다.

프로스포츠업계도 예외는 아니다. 2021년 말 한국프로스포츠협회는 메타버스를 활용하여 프로스포츠를 홍보할 수 있는 프로스포츠 가상 경기장을 조성했다고 발표했다. 협회는 메타버스 플랫폼인 '제페토(ZEPETO)'에 프로스포츠 5개 종목, 7개 단체(K리그, KBO, KBL, WKBL, KOVO, KPGA, KLPGA)를 나타내는 5개 가상 경기장 맵을 제작했다. KT 위즈 야구단의 경우 메타버스 플랫폼을 활용하여 수원 KT위즈파크 가상 야구장을 만들어, 그 안에서 선수와 만날 수 있고, 응원가와 응원 동작을 배울 수 있다.

또한 신한은행의 경우 자사가 주최하는 LPGA 골프대회 관련 디지털 자산을 NFT로 판매하는 것을 추진하고 있다. 골프대회에 나오는 선수들의 경기 동영상이나 사진을 디지털 자산화하여 NFT로 변환하는 것이다. 이렇게 되면 그동안은 경기를 관전하고 있던 팬들이 사진이나 동영상을 찍어도 당연하게 여겼지만 앞으로는 당연하지 않을 것이다. 이제 LPGA 후원사들은 경기장 입구에 이런 경고를 붙일 수도 있다.

> 갤러리의 선수 촬영을 금지합니다. 경기장에는 스마트폰, 카메라, 음성 레코더 등 모든 전자기기 반입을 불허합니다. 선수들의 경기는 눈으로만 즐겨 주세요.

이처럼 블록체인 기반의 가상 화폐에 대해 보수적이었던 금융기관조차 NFT를 통해 유·무형의 무엇인가를 자산화한 후 유일한 가치를 부여하면 금융 상품처럼 거래가 가능하다는 것을 깨닫게 된 것이다. 이제 그들은 지금까지 물이나 공기처럼 누구나가 공유했던, 그리고 자사의 고객에게 당연하게 제공했던 무형의 서비스를 앞으로는 유료 자산화할 것이다.

일반적으로 사람들이 좋아하고, 긍정적으로 인식하는 단어 중 하나가 '혁명', '대혁명'이다. 프랑스 대혁명, IT 혁명 등이 그런 예이다. 이런 혁명이 붙는 메타버스라는 데 감성적으로 반론을 제기하기는 힘들다. 이렇게 되면 논리적으로 메타버스라는 개념이 타당성을 가지고 있는가,

메타버스가 미래에 확장 가능한가, 메타버스가 경쟁력을 가지고 글로벌 시장으로 나갈 수 있는가 등의 질문에 대해 냉철한 인식으로 관찰하기는 힘들다. 즉, 코로나 팬데믹으로 인해 급부상한 메타버스는 냉정하게 분석해 전략을 수립하는 대상이 아닌 '추종의 대상'으로 변질되고 있다.

'메타버스 혁명'을 스마트폰 혁명을 잇는 제3의 혁명이라 부르기에는 개념이 너무 혼란스럽고 중복되며 실체가 손에 잡히지 않는다. 일종의 언어적 유희이지만, 여의도 증권가에서는 메타버스, NFT만 들어가면 주가가 폭등한다. 2021년 게임사 엔씨소프트는 실적에서 '어닝쇼크'를 기록했음에도 NFT 도입 발표로 주가가 상한가로 폭등했다. 메타버스에는 소위 밴드웨건 효과가 작동하고 있다. 밴드웨건 효과는 '친구따라 강남 간다'는 식의, 다른 사람의 행동을 추종한다는 경제학적 개념이다. 정부 부처 역시 구체적 계획도 없는 상태에서 메타버스를 내세워 예산을 대폭 늘이고 있다. 정부 각 부처는 기획재정부를 압박하여 메타버스 예산을 대폭 증액시켰다. 언론사들은 메타버스를 키워드로 NFT 기반 관련 사업에 진출하고 있다. 메타버스는 '정부, 증권가, 언론사의 3자 연합에 의해 형성된 버블'이라고 불러야 할지도 모른다.

지금의 메타버스는 기존의 가상현실(VR)이나 증강 현실(AR) 기술에서 진일보하지 못한 채 VR, AR의 동의어처럼 쓰이고 있다. 그럼에도 불구하고 많은 사람들이 메타버스라는 용어를 들으면 무엇인가를 해야 한다는 강박관념을 가지게 된 이유는 무엇일까?

왜 갑자기 메타버스는 등장하였는가

왜 갑자기 메타버스라는 용어에 한국 사회의 관심이 폭발했을까. 정말이지 '폭발'이라고 말할 수밖에 없을 정도로 메타버스는 특히 한국에서 큰 관심을 모으고 있다. 한국과 대조적으로 메타버스의 주도국이라고 알려진 미국에서는 메타 정도의 기업이 관련 사업을 추진하고 있을 뿐, 정작 구글이나 아마존 같은 진정한 메타버스의 잠재적 거인들은 관망하고 있다. 유럽이나 일본의 상황도 크게 다르지 않다. 유럽이나 일본의 주요 IT 기업과 금융, 서비스 기업들 역시 메타버스 관련 사업에 크게 관심이 없다.

한국에서 메타버스가 급부상한 가장 큰 이유는 바로 코로나에 의한 외부 활동의 제약이다. 코로나에 의해 사람들의 대면 활동이 극도로 제약됨으로써 사회적 활동을 할 수 있는 수단을 찾는 과정에서 메타버스가 등장했다. 코로나 이후 세상은 확산 방지를 위해 사회적 거리두기와 재택근무가 일상화되었고, 언택트가 대세로 자리 잡았다. 코로나 확산세가 증가함에 따라 정부의 방역 조치가 강화되고, 거리두기 단계가 격상됨에 따라 사람들이 집에 머무는 시간이 증가했고, 이로 인해 온라인 콘텐츠 접속 시간이 늘어났다. 또한 과거에는 메타버스 활용이 게임이나 엔터테인먼트 용도로 제한되었으나, 코로나 이후에는 직장인들의 재택근무가 늘어남에 따라 이를 보조할 회의 플랫폼이나, 어스2와 같은 가상 부동산으로서의 메타버스도 등장했다. 이런 점에서 메타버스라는 용어는 코로나에 의해 수면 밑에서 수면 위로 견인되었다고 볼 수 있다.

메타버스 등장의 직접적인 계기는 폭발적인 인기를 끌었던 콘텐츠인 '어몽어스'와 '제페토' 그리고 '로블록스' 등의 성공이다. 이들 콘텐츠는 코로나 이전에도 존재했다. 어몽어스와 제페토는 2018년에, 로블록스는 2006년에 출시된 콘텐츠이다. 특히 로블록스는 과거 실패한 메타버스인 세컨드라이프와 다른 비즈니스 모델을 제시해 성공하였다는 점에서 중요하다. 로블록스의 성공에 의해 메타버스도 비즈니스적으로 성공 가능하다는 점이 처음으로 입증되었다.

가장 먼저 유저들의 호응을 이끈 것은 '어몽어스'이다. 어몽어스는 MZ세대와 기성세대를 가르는 중요한 차이점을 보여 주고 있다. 어몽어스는 일종의 추리게임이다. 살인 사건이 발생하면 누가 시민을 죽인 마피아인가를 둘러앉아 논의하면서 추론하는, 그래서 선량한 시민이 지목받아 죽게 되면 마피아의 승리로 끝나고, 마피아가 죽으면 시민의 승리로 끝나는 게임이다. 이런 유형의 마피아 게임이 코로나 이전에 없었던 것은 아니다. 흔히 40대, 50대의 세대가 대학을 다닐 때 동아리

MT를 가면 친구들과 많이 했던 게임이다. 마피아 게임의 룰이나 스타일이 바뀐 것도 아니다. 다만 코로나에 의해서 오프라인 활동을 하지 못하게 된 젊은 세대가 어몽어스라는 마피아 게임을 온라인에서 즐기고 있을 뿐이다.

제페토 역시 한국형 메타버스의 성공 가능성을 보여 주었다는 점에서 중요하다. 관점에 따라 제페토는 메타버스로도 소셜 게임으로도 볼 수 있다. 제페토에 구현되어 있는 방송 기능이나 SNS 기능을 제외하면 제페토는 특정 퀘스트가 존재하지 않는 소셜 게임에 가깝다. 제페토 등장 이전에는 메타버스의 성격을 가진 플랫폼은 한국에서 성공하기 어렵다고 보았는데 SNS적 성격을 가지고 있던 제페토가 인기를 끌며 '소셜 게임형' 메타버스의 가능성을 보여 주었다.

MZ세대가 한국 사회의 중요 플레이어로 등장하기 시작한 것도 다른 원인이다. MZ세대는 시공간의 제약이 없는 가상의 세계에서 공감대를 형성하고 새로운 트렌드를 만들어 간다. 참여의 주체로 가상 세계에서 자신을 대표하는 캐릭터, 즉 아바타(Avatar)는 메타버스에서 현실과 다른 능력과 소통의 방식으로 다양한 콘텐츠를 생성하며 메타버스 세상을 이끈다. 이것이 인터넷 시대의 텍스트 기반의 콘텐츠와 구별되는 가장 큰 특징이다. 메타버스 게임인 마인크래프트는 게임 속 캐릭터가 블록을 활용해 건물을 짓고 물건을 만드는 것을 넘어 게임 속 다른 캐릭터들과 교류하면서 게임 내 또 다른 세상을 구축한다. 동물의 숲도 게임 내에서 일하고 건물을 짓고, 물건을 거래하는 등 캐릭터들이 현실 세계와 마찬가지로 상호작용 한다. MZ세대가 자신의 아바타를 만들고 현실 세계에서의 경험을 가상 세계에서 재구성하는 이러한 문화의 확산은 메타버스의 확산을 불러왔다.

1980년대 초반에서 2000년대 초반에 출생한 밀레니얼 세대와 1990년대 중반에서 2000년대 초반 출생한 Z세대를 통칭하는 MZ세대는 디지털 환경에 익숙하며, 최신 트렌드와 남과 다른 이색적인 경험을 추구하는 특징을 보이고 있다. SNS에 가장 익숙한 세대가 MZ세대이며 온라인 활동에 익숙하다는 특징은 MZ세대가 그 이후의 세대와 근본적으로 구분되는 중요한 특징이다. 이들이 사회 진출을 시작하고 영향력을 보이면서 문화적인 트렌드 또한 많은 변화를 보이고 있다. MZ세대 진출의 전면화와 코로나에 의한 외부 활동의 제약은 거대한 시너지를 일으키며 메타버스를 유행하게 만들었다.

∞

폐허로 변한 공공 기관과 지방자치단체의 메타버스

메타버스라는 용어가 유행이지만 로블록스나 제페토, 마인크래프트, 동물의 숲 등을 제외하면 성공한 메타버스 플랫폼은 그다지 없다. 특히 한국의 공공 영역에서 구축한 메타버스는 폐허로 전락했다고 표현해도 과언이 아니다. 조선일보는 지방자치단체가 구축한 메타버스의 실상을 이렇게 보도하고 있다.

> 2021년 11월 중소벤처기업부 산하 창업진흥원은 5,000만 원을 들여 제작한 메타버스(3차원 가상현실) 앱을 공개했다. 이 앱은 4일간 오프라인에서 열리는 지역 창업자 축제를 가상 공간에서도 경험할 수 있게 하겠다며 만들었지만 몇 달째 아무도 찾지 않는다. 앱에 접속해서 할 수 있는 일이라고는 3차원으로 구현된 가상 건물 안에서 벽에 붙어 있는 정책 홍보 영상이나 참여 기업 소개 자료를 보는 것뿐이다. 창업진흥원에 따르면 누적 방문자는 489명이다. 인천광역시 서구는 지난달 2,000만 원을 들여 구청 홈페이지('소통1번가')를 홍보하는 메타버스 플랫폼을 만들었다. 플랫폼에 접속해 보면 3차원으로 구현된 공간에 기존 홈페이이

지로 연결되는 버튼을 만들어 놓은 게 전부다. 서구는 현재 1억 6,000만 원을 들여 '가상 구청'을 제작하고 있다.[2]

제페토와 같이 성공한 기존의 메타버스 플랫폼 안에 건물이나 홍보물을 설치하는 것은 간단하다. SI 업체나 마케팅 대행사와 계약해서 홍보의 도구로 로블록스, 제페토 내에 조형물이나 전시 공간을 설치하는 것은 어렵지 않다. 그러나 정작 무엇인가를 설치하고 난 후, 유저를 불러들이는 것은 어렵다. 현재의 메타버스를 이용하는 핵심 세대인 MZ세대는 콘텐츠의 높은 퀄리티나 공연과 같은 엔터테인먼트적 요소에는 강하게 반응하지만, 반대로 단순한 광고나 홍보 목적의 메타버스에는 거부감을 가지고 있기 때문이다. 메타버스는 구축보다 더 중요한 것이 이용자의 방문과 체류이다. 메타버스 콘텐츠를 어떻게 만들 것인가에 앞서 유저의 유입과 체류, 제공해야 할 콘텐츠를 기획하고 고민해야 한다는 의미이다.

공공 메타버스 구축에 실패한 전형적인 사례가 춘천시가 구축한 '커피도시 페스타 — 춘천×커피 메타버스'이다. 이런 식의 메타버스 구축이 왜 문제이고, 왜 실패할 수밖에 없었는가 들여다보자. 춘천 커피도시 페스타는 2021년 9월에 진행된 춘천시의 문화 행사이다. 춘천의 랜드마크들을 한 데 모아 메타버스로 옮겨 사이트에 회원 가입만 하면 누구나 해당 맵을 즐길 수 있도록 했다.

그러나 이런 취지와는 달리 실제로 춘천 커피도시 페스타를 체험해 보면 실패할 수밖에 없는 기획과 디자인의 문제가 드러난다. MZ세대가 무엇을 선호하는가에 대한 무지와 메타버스에 대한 몰이해가 이런 실패를 부른 것이다. 지금 공공 영역에서 구축했거나 구축하고 있는 메타버스가 모두 동일한 문제를 안고 있기에, 커피도시 페스타를 예로 들어 하나하나 분석해 보기로 하자.

커피도시 페스타의 문제는 먼저 NPC(Non Personal Character) 설계에서의 실패를 지적할 수 있다. 메타버스에 진입하자 만나는 NPC가 메타버스의 분위기를 망가뜨린다. 메타버스에 입장하면 유저는 맵 한가운데의 소양강 처녀상과 NPC를 바로 발견하게 된다. 문제는 춘천 커피도시 페스타를 찾는 관광객들이 그다지 궁금해하지 않을 만한 정보를 가장 먼저 제공한다는 점이다. 간단한 환영 인사가 끝나자마자 '소양강 처녀상의 슬픈 배경과 애절함을 느껴 보라'는 NPC의 대사에 축제의 분위기는 죽고 박물관에 온 듯한 지루함이 덮친다.

오히려 춘천시장(으로 추정되는) NPC와 춘천과 커피의 인연을 설명해 줄 NPC는 맵의 뒤편에 있어 찾기조차 힘들다. 왜 이 NPC들을 메타버스 진입 처음에 만나도록 배치하지 않았을까? 랜드마크 건물마다 건물을 소개하는 NPC를 앞에 세워 두었기 때문에 이런 현상이 벌어진 것이다. 실제 관광객이 궁금한 것은 건물 소개보다는 이 축제가 얼마나 재미있을지에 관한 부분이다. 이 메타버스는 유저가 자연스럽게 정보를 받아들이고 다음 즐길 거리를 찾아 나서도록 유도하는 능력이 너무나 떨어진다.

춘천 커피도시 페스타는 좁은 시야각의 불편함으로 3D 멀미를 유발한다. 메타버스 아마추어가 설계했기 때문에 나타난 현상이다. 소양강 처녀상의 이야기에 아직 관심이 있는 유저라면 메타버스 속에 구현된 이 처녀상을 감상하고 싶을 것이다. 이 처녀상은 상하좌우 화살표 키로 시야각을 조절할 수 있다. 그런데 캐릭터의 정면까지만 시야가 올라간다. 처녀상을 관찰하려면 멀찍이 떨어져야 하는 것이 유저로 하여금 불편을 느끼게 한다. 심지어 맵을 돌아다니며 메타버스를 구경하려 해도, 시야가 좌우로 전환되는 속도가 빨라 3D 멀미를 유발한다. 평소에 3D 멀미를 겪는 사람이라면 체험은 고작 몇 분이 한계일 것이다.

MZ세대가 전혀 선호하지 않는 캐릭터 디자인도 문제이다. 소양강 처녀상을 포함 모든 개체가 커피콩 모양의 캐릭터로 묘사되어 있다. 그러나 맵에 입장한 직후에는 컬러, 헤어스타일, 장식, 신발 그 어느 것도 선택지를 제공하지 않는다. 일반적으로 메타버스를 즐기는 유저층은 여성이 다수이고, 여성 유저들은 커스터마이징 기능에 상당한 관심을 갖는다. 그들이 이 맵에 입장해서 할 수 있는 일이 칙칙하고 못생긴 보라색 캐릭터를 움직이는 것뿐이라면 좌절감을 느낄 것이다. 자신의 캐릭터가 맵에 서 있는 NPC보다도 귀엽지 않다면 실망스러운 것 아닌가. 적어도 캐릭터의 색깔을 자유롭게 바꿀 수 있도록 하는 것조차 하지 않고 있다.

메타버스 내에서 아이템 수집의 의미도 없다. 가상의 아이템을 수집하는 것은 SNS 싸이월드나 한국 최초의 온라인 게임인 '바람의 나라' 이래 유저들의 즐거움이다. 춘천 커피도시 페스타에서도 맵을 돌아다니면 선물 상자를 발견할 수 있는데 여기서 '뱃지'와 '아이템'이 나온다. 뱃지는 해당 행사에 참여하는 카페의 이름과 주소를 소개하고 내부 인테리어를 360도 VR로 감상할 수 있게 해 준다. 아이템은 캐릭터 커스터마이징 옵션인 컬러, 헤어스타일, 장식, 신발을 얻게 해 준다. 그런데 이런 수집 요소의 존재 자체가 의문시된다. 오프라인 행사에 참여할 의지가 있는 사람이라면 인터넷으로 카페를 검색하는 것으로 충분한데, 굳이 이 메타버스에 들어와서 103개나 되는 뱃지를 일일이 모을 필요가 없다. 뱃지를 모으는 것이 할인 쿠폰 등 오프라인 행사 참여에 어떤 도움을 주는 것도 아니다. 이곳에서 뱃지라는 수집 요소는 체험의 재미를 방해하는 요소에 불과하다.

마을 디자인의 실패로 마치 유령의 마을 같아 보인다는 문제도 있다. 축제가 벌어지는 마을이라는 느낌이 들지 않는다. 마을의 건물 일부는 창문이 검은색이다. 평범하게 하늘색 창문으로 되어 있는 건물도 그림자 때문인지 칙칙하고 생기가 없다. 오프라인 행사가 낮 시간에 이루어지기 때문에 메타버스 속 행사장도 낮이고 조명이 켜져 있지 않다는 점은 상관없지만, 마치 리미널 스페이스(liminal space) 같은 느낌을 주어 돌아다니는 와중에 으스스함을 느끼게 한다. 리미널 스페이스란 원래 사람이 있어야 할 장소에 사람이 전혀 없어 묘한 두려움을 주는 장소를 말한다. 이런 휑한 거리를 채워줄 NPC도 너무나 적다. 애초에 NPC의 숫자 자체도 적은데 대부분 건물에 가려져 있어서 정말로 춘천이 죽은 도시 같다는 느낌이 들 정도이다.

춘천 커피도시 페스타는 메타버스 구축을 통해 도시의 이미지 향상이 아니라 이미지 악화를 초래한 사례이다.

∞

제페토×현대차의 패착

제페토 내에 설치된 현대차의 홍보 이벤트도 유사한 문제를 안고 있다. 현대차는 자동차 업계 최초로 제페토 유저들이 쏘나타 N라인을 체험할 수 있게 했다. 현대자동차는 쏘나타를 제페토에 노출시켜 잠재 고객인 MZ세대와 소통을 활발히 하는 동시에, 차량의 하이테크 이미지를 강화하려는 목적으로 이런 이벤트를 실시했다. 그러나 제페토×현대차의 가장 큰 문제는 MZ세대의 관점에서 설계되지 않았다는 점이다.

제페토 내에 구현된 자동차 운전은 실제 운전 경험이 있는 사람과 레이싱 게임을 즐기던 사람 모두에게 불편하게 다가온다. 제페토에 구현한 도로의 크기가 좁고 차량의 조작감이 좋지 않아 발생한 문제이다.

또한 제페토 전체 서비스 이용자의 약 80%가 MZ세대, 특히 10대 여성이라는 점을 간과하고 있다. 현대차는 MZ세대를 잠재 고객으로 보고 미리 긍정적인 이미지를 심어 두기 위한 교두보로 이런 이벤트를 기획했겠지만, MZ세대는 미래보다는 현재를 즐긴다는 특징이 있다.

오늘 내가 현대차 시승을 즐겼다고 해서 현대차에 대한 긍정적 이미지를 쭉 가진 채 구매로 이어지지는 않는다. 짧은 호흡으로 다양한 재미를 찾아 나서는 MZ세대에게 현대차 콜라보가 추후의 자동차 구매로 이어질 만큼의 신선한 충격은 아닐 것이다. 콘솔 게임에서 그란 투리스모, 포르자 모터스포츠와 같은 유명 레이싱 게임을 접한 유저라면, 아니 그 정도는 아니더라도 닌텐도의 마리오 카트, 넥슨의 카트라이더와 같은 캐주얼 레이싱 게임을 경험한 유저라면 제페토에서의 현대차 운전에 흥분을 느끼지 않을 것이다.

제페토의 주요 이용자가 10대 여성이라는 것은 또 다른 문제를 낳는다. 이들은 20대 이상 남성 잠재 고객보다 구매력과 구매 의지가 떨어진다. 제페토에서 의상 제작, 착장이 인기 있는 이유는 당연하게도 10대 여성의 취향에 맞는 콘텐츠이기 때문이다. 의류와 달리 자동차는 청소년이나 대학생이 마음먹고 몇 달간 돈을 모아서 살 수 있는 수준의 제품이 아니다. 면허 보유 여부를 떠나서 일단 구매를 한 후에 상당한 수준의 관리비와 유지비가 들며 자동차를 소유하는 것을 로망으로 생각하는 여성이 별로 없다.

MZ세대의 특징 중 하나로 '미닝 아웃(meaning out)'이라는 것이 있다. 자신의 정치적, 사회적 가치관 및 취향을 소비 행위를 통해서 표현하는 것이다. 그래서 의미 있는 행위를 하는 기업이라는 생각이 들면 지지와 응원의 의미로 적극적으로 소비하고 SNS에 인증하며, 문제가 있는 것으로 보이는 기업에게는 불만 사항을 바로 표출하고 냉담하게 돌아서는 것이 MZ세대이다. 즉 MZ세대는 기업 자체의 제품이나 실력으로 평가하기보다는 기업의 서비스, 이미지, 브랜드 가치를 고려하는 경향이 강하다.

그런 점에서 MZ세대가 가지는 현대차의 이미지가 좋은 것만은 아니다. 현대차에 대해 그다지 우호적이지 않은 MZ세대라면 더더욱 메타버스 시승을 즐기는 것만으로 현대차의 이미지를 변화시키기는 어려울 것이다. 따라서 현대차가 '하이테크 이미지를 강조하고 선도적 기술력을 보여 주려고' 제페토와 콜라보를 진행했다면 이는 MZ세대의 특징을 고려하지 않은, 빗나간 전략이다.

로블록스, 제페토와 같은 메타버스의 경우, 그 자체가 하나의 오픈된 플랫폼이기 때문에 홍보 활동을 목적으로 한 건물을 설치하거나 마케팅 활동을 하는 것은 어렵지 않다. 그러나 메타버스와 그 유저의 특징을 파악하지 않고 홍보 목적으로 이벤트를 할 경우, 또한 일반적으로 유명하지 않은 브랜드가 노골적으로 홍보 활동을 할 때에 유저들은 강하게 거부한다. 이런 경우에는 기업 이미지의 향상이 아니라 기업 이미지의 하락이 발생한다.

∞

참여자가 없는 황량한 메타버스라면?

메타버스의 구축 후 관리와 업데이트는 핵심적인 문제이다. 엔터테인먼트라는 영역, 즉 콘텐츠라는 영역은 물건을 만드는 제조업이나 서비스 영역, 또는 금융이나 부동산 등의 영역과 전혀 다르다. 그런 점에서 현재와 같은 제조업 방식의 메타버스 구축은 대부분 실패로 끝날 것이다.

사실 메타버스에 새로운 기술적 요소가 결합된 것은 아니다. 기존에 존재하던 AR, VR, 홀로그램 및 SNS와 같은 여러 가지 콘텐츠 제작 툴과 엔진을 가져다 쓰고 있을 뿐이다. 이런 점에서 메타버스는 철저하게 마케팅 목적의 개념이지 기술적 개념은 아니다. 또한 메타버스는 새로운 비즈니스 모델의 등장이라고 할 수도 없다. 아바타 의상과 신체적 디자인을 판매하는 제페토의 비즈니스 모델은 게임 아이템 부분 유료화 모델과 동일하다. 로블록스에서는 일정 툴 제작 기술을 가진 유저들이 공급하는 4천만 개 이상의 게임이 존재하고, 대부분의 유저는 이 게임을 유료나 무료로 이용하면서 즐긴다. 로블록스의 비즈니스 모델은 과거의 세컨드라이프 모델에 기반한다. 이런 점에서 지금의 메타버스에 혁신적인 기술이나 비즈니스 모델상의 변화가 존재하지는 않는다.

그럼에도 불구하고 사람들이 무엇인가를 해야 한다는 강박관념을 가지고 메타버스에 접근하는 이유는, 바로 용어 자체가 가지는 임팩트 때문이다. 어떤 콘텐츠 기업이 메타버스를 언급하면, 그 회사의 주가가 폭등한다. 산업 내의 메타버스 구축 경쟁이 발생하고, 정부와 지방자치단체 또한 메타버스 구축을 위한 예산 획득 경쟁에 돌입하게 된다. 그러나 이렇게 실체 없는 구름을 쫓는 사이에 메타버스는 구축된 후 아무도 찾지 않는 폐허로 전락해 간다.

그렇다면, 제페토 내 홍보 목적의 공간 구축이 아닌, '기업이 독자적으로 메타버스 플랫폼을 구축할 수는 없는가'라는 의문이 생길 수 있다. 하지만 이를 위해서는 몇 가지 중요한 전제가 필요하다. 먼저 유저 풀의 구축과 유지이다. 신세계가 만든 스타필드를 예로 들어보자. 스타필드는 2016년 9월 스타필드 하남의 개점으로 시작한 복합 쇼핑몰이다. 2017년에는 3호점인 스타필드 고양을 개점하였는데 축구장 10개 크기인 이 쇼핑몰에는 유아, 아동, 남성을 위한 체험형 콘텐츠를 대폭 늘려 개장하였다. 아동을 위한 체험 시설과 남성이 즐길 수 있는 엔터테인먼트 공간을 비롯해 콘텐츠 비중을 매장 전체 면적의 30%까지 확대한 것이다. 이런 시도는 소비자가 매장에 머무는 시간이 매장에서의 소비 비용과 비례한다는 미국의 소비심리 분석가 파코 언더힐의 연구를 근거로 하고 있다.[3] 체류 시간을 증대시키기 위한 시도에서 파코가 주목한 것은 남성 고객이다. 파코는 이렇게 말한다. "몰을 방문한 남성 고객들을 놓치지 마라. 남성들은 쇼핑을 할 때 자신이 원하는 것을 찾지 못하더라도 절대 물어보지 않는다. 또 뚜렷한 목적 없이 돌아다니지 않으려는 경향이 있다. 요즘 남성들은 함께 쇼핑을 온 여성들을 기다리는 이차적인 존재로 바뀌었다. 남성들을 위한 휴식 공간을 마련하라."

유저의 결집과 체류 시간의 증대는 메타버스에도 유용한 법칙이다. 만일 스타필드가 10만 명, 20만 명을 수용할 수 있는 거대한 메타버스 몰(공간)을 구축해 놓았는데 그 몰에 딱 10명만 있다고 생각해 보자. 또 어떤 날은 방문자가 한 명도 없고 NPC 종업원만 있다고 생각해 보자. 그 모습은 앞에서 살펴본 춘천의 커피도시 페스타 메타버스처럼 흉물스럽고, 오히려 기업 이미지를 망치게 될 것이다. '폐허가 되어버린 메타버스 스타필드!'. 언론이 좋아하는 헤드라인이다.

'구축보다 유지가 100배는 어렵다.' 이는 메타버스의 법칙이라고 부를 수 있다. 메타버스 중 그나마 유저를 모으기가 용이한 것이 게임이다. 게임은 메타버스 중 가장 강력한 엔터테인먼트적 요소를 가지고 있다. 리니지에서 길드 간의 전투를 생각해 보자.

> 전투력이 낮은 저레벨 사용자들은 DK혈맹을 중심으로 한 3혈연 합군의 '화살받이'가 되어 무수히 죽어갔다. 민중 계층이 시도할

> 수 있는 유일한 대응 방법은 인해전술이었다. 버프와 스킬의 화려한 효과음과 함께 일방적으로 상대를 도륙해 가는 DK혈맹 전사의 모습과 수십 명씩 낙엽처럼 죽어가는 일반 사용자들의 모습은 고대적 파토스의 절정을 보여 주었다. 이러한 상황은 많은 사람들의 정의감을 자극했다. 반3혈 측의 절박한 호소문이 인터넷에 오르자 비슷한 폭압에 시달리던 다른 서버의 사용자들이 자신의 캐릭터를 버리고 '정의와 자유'를 외치며 바츠 서버로 밀려들어 왔던 것이다.[4]

이렇듯 몇 시간이고 지속되는 몬스터 레이드나 길드 간에 사활이 걸린 전투의 와중에 로그아웃하고 나가는 유저는 없을 것이다. 아니 만일 나간다면 그 유저는 길드에서 제명의 대상이 될 것이다. 제명 이전에 흥분과 스릴로 가득 찬 전투에서 빠져나가려는 유저는 없다. 하지만 이런 게임조차도 성공하는 것은 극히 일부이다. 1년간 글로벌 게임 플랫폼인 '스팀'에서 출시되는 인디 게임만 해도 8천 개 정도이지만 성공 확률은 1% 이하이다. 게임 상황이 이런데 비게임 메타버스, 특히 소셜형 메타버스는 유저를 끌어모으는 것은 더더욱 어렵다. 그래서 메타버스를 어떻게 만들 것인가를 고려할 때 '집객'의 요소를 최우선으로 고려해야 한다.

메타버스 콘텐츠의 개발과 지속적인 업데이트도 중요한 문제이다. 게임이라는 콘텐츠 산업에 기존 제조업이나 금융 대기업들이 진입하지 못하는 것은 바로 이 문제 때문이다. 엔터테인먼트라는 영역, 즉 콘텐츠라는 영역과 재화를 만드는 제조업이나 서비스 영역, 부동산 등의 영역은 요구되는 역량이 다르다. LG전자가 BTS 같은 아이돌 엔터테인먼트 기업을 하겠다고 뛰어드는 경우를 생각해 보면 쉽게 알 수 있다. 기존 제조업, 서비스업 기반의 대기업이 독자적인 메타버스를 구축하려는 시도는 성공하기 어렵다.

반대로 게임은 메타버스를 가장 잘 구축할 수 있는 업종이다. 에픽게임즈의 포트나이트의 성공 사례를 보면 알 수 있듯이 게임을 기반으로 해서 유저를 모으고 메타버스로 진입하는 것은 비교적 용이하다. 게임 내에 유저 풀이 이미 형성되어 있어서 이를 활용할 수 있기 때문이다. 이러한 점에 착안하여 로블록스가 사용한 방식이 바로 게임 플랫폼으로서의 메타버스이다. 게임을 통해 사람들을 끌어들이고, 풀에 들어온 유저들이 쉽게 게임을 만들 수 있도록 제작 툴을 제공해 그 게임을 즐길 수 있게 함으로써 메타버스의 성공을 이끌어 낸 것이다.

∞

메타버스의 가면을 쓴 가상현실(VR)

메타버스를 무작정 '추종'하는 사람들이 보이는 공통점이 있다. 하나는 과거의 메타버스 1.0인 세컨드라이프의 실패를 외면하려고 한다는 점이다. 이들은 영화 속 드라큘라가 마늘을 싫어하는 것처럼 세컨드라이프라는 말만 나오면 경기를 일으킨다. 당연한 반응이다. 이들에게 메타버스는 과거 누구도 본 적이 없는 신선하고 충격적인 신화 속의 현상이어야 한다. 그런데 지금의 메타버스보다 훨씬 더 강력한 콘텐츠와 비즈니스 모델이 존재했다면, 더구나 그 모델이 실패해 지금은 소멸했다면 지금의 메타버스 신화 역시 의문을 가질 수밖에 없기 때문이다.

다른 하나는 메타버스의 정의를 왜곡하고, 메타버스와 가상 세계를 동일시하려고 한다는 점이다. 메타버스 추종자들이 즐겨 인용하는 비영리 기술 연구 단체 ASF의 분류법이 있다. 2007년, 미국 가속화 연구재단(Acceleration Studies Foundation, 이하 ASF)에서 발표한 '메타버스 로드맵'에서 메타버스를 현실 세계의 대안 또는 반대로 보는 이분법적 접근에서 벗어나, 메타버스를 '증강과 시뮬레이션', '내적인 부분과 외적인 부분'이라는 두 축을 기준으로 네 가지 범주로 분류했다. 네 가지 분류는 다음과 같다.

첫째는 증강 현실(Augmented Reality)이다. 현실 공간이 2D나 3D로 표현한 가상의 겹쳐 보이는 물체를 통해 상호작용 하는 환경이다. 대표적인 콘텐츠가 AR 게임인 '포켓몬 고'이다. 두 번째, 라이프로깅(Lifelogging)은 사물과 사람에 대한 일상적인 경험과 정보를 기록하고 저장하는 기술이다. 나이키가 선보인, 운동화에 센서를 부착해 런닝의 속도나 거리를 기록하는 방식이다. 세 번째는 거울 세계(Mirror Worlds)이다. 거울 세계는 실제 세계를 사실적으로 재현한 것이다. 구글 어스(Google Earth)나 실패한 싱가포르의 '버추얼 싱가포르(Virtual Singapore)'가 하나의 예이다. 싱가포르는 2015년부터 3년에 걸쳐 국토 가상화 프로젝트인 버추얼 싱가포르를 시도했다. 버추얼 싱가포르는 싱가포르 전역에 존재하는 모든 건물과 도로, 구조물을 3D 가상 공간으로 재현하려고 시도한 기획이다. 네 번째는 가상 세계(Virtual Worlds)이다. 가상 세계는 현실과 유사하거나 완전히 허구인 가상의 세계를 구축하는 것이다. 가상 세계는 리니지와 같은 게임이나 로블록스, 세컨드라이프와 같은 소셜형 커뮤니티를 지칭하는 개념이다.

그러나 메타버스 추종자들은 서론에서는 이렇게 장황하게 ASF의 네 가지 분류를 강조하지만 정작 메타버스에 대한 본론으로 들어가면 네 가지의 구분은 실종되고 오직 마지막 카테고리인 가상 세계만

이 메타버스의 전부인 것처럼 이야기한다. 왜냐하면 나머지 세 가지인 증강 현실, 라이프로깅, 거울 세계는 사람들의 상상력을 자극하지 못하기에 대중의 흥미를 끌지 못하거나, 구축해도 대단한 시각적 결과물을 제시하지 못하기 때문이다. AR 콘텐츠의 경우에 닌텐도의 '포켓몬 고'를 제외하고는 모두 실패했다. 한국에서도 KT가 포켓몬 고와 유사한 '올레 캐치캐치'를, 엠게임은 '캐치몬'을, 한빛소프트는 '소울캐처 AR'을 출시했지만 모두 실패했다. AR 게임의 본질은 메타버스가 아니라 포켓몬처럼 유저에게 매력적인 지적 재산권임을 자각하게 만든 참담한 실패였다.

따라서 메타버스 추종자들은 오직 가상 세계나 가상현실(VR)이 메타버스의 전부인 것처럼 말한다. 부분이 전체인 것처럼 착각하게 만드는 트릭인 셈이다. 예를 들어, 아래와 같은 메타버스 구축 설명은 '메타버스'라는 단어를 '가상현실(VR)'이나 '증강 현실(AR)'로 대체해도 완전히 동일한 의미로 전달된다.

> 롯데가 그룹 차원에서 '메타버스' 선점 전략을 밀어붙이는 배경으로 풀이된다. e커머스 경쟁에선 한발 뒤처졌지만 '메타버스' 전쟁에서만큼은 확실한 우위를 점하겠다는 게 신 회장의 구상인 것으로 알려졌다. 신 회장이 구상하는 '메타버스' 플랫폼에서 선봉으로 간택받은 곳은 롯데면세점이다. 지난주 미국 라스베이거스에서 열린 세계 최대 IT·가전 전시회 CES에선 가상 피팅룸 등 '메타버스 면세점'까지 선보였다. 롯데면세점은 13일 "올해 한국을

> 대표하는 아티스트들과 메타버스 패밀리 콘서트를 열겠다"며 한층 공격적인 행보를 예고했다.[5]

> 롯데가 그룹 차원에서 'VR' 선점 전략'을 밀어붙이는 배경으로 풀이된다. e커머스 경쟁에선 한발 뒤처졌지만 'VR' 전쟁에서만큼은 확실한 우위를 점하겠다는 게 신 회장의 구상인 것으로 알려졌다. 신 회장이 구상하는 'VR' 플랫폼에서 선봉으로 간택받은 곳은 롯데면세점이다. 지난주 미국 라스베이거스에서 열린 세계 최대 IT·가전 전시회 CES에선 가상 피팅룸 등 'AR' 면세점'까지 선보였다. 롯데면세점은 13일 "올해 한국을 대표하는 아티스트들과 'VR, AR' 패밀리 콘서트를 열겠다"며 한층 공격적인 행보를 예고했다.

메타로 이름을 바꾸고 메타버스 기업으로 변신을 선언한 페이스북도 이런 트릭에서 자유롭지 못하다. 마크 저커버그는 온라인으로 열린 '페이스북 커넥트 2021' 행사에서 발표자로 나서, 메타버스를 SNS의 미래로 제시하고, 사명 변경과 새 로고, 미래 사업방향을 밝혔다. 저커버그는 "우리는 소셜 미디어 기업으로 인식되고 있지만 근본적으로 우리는 사람들을 연결하기 위한 기술을 만드는 회사이고 메타버스는 우리가 시작할 때 소셜 네트워킹이 그랬던 것처럼 다음 개척지"라고 말했다.[6]

그런데 2014년 7월 정작 저커버그는 "VR 분야는 차세대 컴퓨팅 플랫폼으로써 거대한 기회가 있다고 본다. 페이스북은 그동안 다른 기업들이 구축해 둔 모바일 토대 위에서 활동해 온 기업이었다면 가상현실(VR)에서는 장기적으로 보고 많은 투자를 먼저 할 것"이라고 말한 바 있다.[7] 또한 그는 스페인 바르셀로나 컨벤션 센터에서 열린 갤럭시 S7 공개 행사에 깜짝 등장해 이렇게 강조했다.

> 불과 10년 전에는 사람들이 자신의 경험을 텍스트로 공유했고, 최근까지 사진으로 공유했다. 조만간 우리 모두는 마치 함께 있는 것 같은 경험을 VR로 나누게 될 것이다. 당신이 원하는 언제라도 모닥불 앞에 앉아 있거나 친구들과 어울릴 수 있다고 상상해 보라. 아니면 개인 극장에 친구들과 앉아 영화를 볼 수 있고, 세계 어디에서라도 단체 미팅이나 이벤트를 주최할 수 있다고 상상해 보라. 이 모든 게 가능해진다. 그것이 우리가 일찌감치 VR에 많이 투자한 이유이다. 지금은 VR이 주로 게임이나 오락에 사용되지만, 나중에는 우리의 생활, 작업, 소통 방식 모두를 바꿀 수 있다.[8]

VR을 강조했던 그가 지금은 VR이 아닌 메타버스를 강조해 우리를 혼란스럽게 한다. 저커버그가 과거에 강조했던 VR과 지금 강조하고 있는 메타버스는 동일하다. 메타버스라는 유행어가 등장하고 VR의 시장 가능성이 약화되자 용어를 바꿔치기한 것에 불과하다.

컨설팅 기업도 이런 원죄에서 자유롭지 않다. 메타버스가 유행하기 이전인 2016년 골드만삭스는 VR이나 AR이 차세대 디지털 플랫폼이 될 파괴력을 지니고 있다고 발표한 바 있었다. 그들은 PC나 스마트폰의 등장과 같이 VR에 의해 새로운 시장이 창출되고 기존 시장이 교란될 것으로 예상했다. VR, AR에서 집을 사고, 의사와 소통하며, 스포츠 경기를 관람하는 등 기존의 작업과 삶의 방식을 획기적으로 변화시킬 수 있다는 것이다. 기술 발전과 더불어 애플리케이션(비즈니스, 소비자 모두 포함)이 시장에 출시됨에 따라 VR, AR 같은 실감 미디어는 수십억 달러 규모의 산업을 창출할 수 있는 잠재력을 지니고 있으며, PC의 등장만큼이나 충격적으로 시장의 판도를 바꿀 것으로 예상했다.[9]

이런 컨설팅 업체의 예측에 따라 당시 정부기관 중 산업통상자원부는 VR 쇼핑몰 구축 시범 사업을 추진했다. 백화점, 유명 거리 상권, 전통시장 등을 VR 속에서 체험하고 상품을 구매할 수 있도록 하는 VR 쇼핑몰을 2017년 10월 코리아세일 페스타에서 공개한다는 것이다. 선정된 사업자는 가상현실(VR) 쇼핑몰의 전체 시스템을 구축하고, 유명 거리 상권과 전통시장을 가상현실 환경에서 구현하는 역할을 수행할 예정이었다. 백화점 등 대형 유통 업체와 일부 제조 업체는 매장을 자체적으로 VR 속에서 구현하여 쇼핑몰에 입점하는 방식이다.

산업통상자원부는 이 사업 발표에서 "가상현실(VR) 쇼핑은 시공간 제약을 탈피하여 상품과 서비스 유통 방식의 혁신을 가져올 수 있다는 점에서 새로운 유통 채널로써 잠재력이 큰 분야"라고 강조하기도 했다. 그러나 VR 쇼핑몰은 개발 일정의 지연과 액티브X의 문제로 제대로 오픈하지도 못하고 막을 내렸다. 상품 결제를 위해서 반드시 실행해야 하는 보안 프로그램 액티브X의 문제로 상품을 결제하려 하면 VR 프로그램 자체가 종료되는 기술적인 문제를 극복하지 못했다고 한다. 결국 VR 쇼핑몰은 흔적도 없이 소멸해 버렸다.

VR, AR 붐이 사그라들자 골드만삭스도 저커버그처럼 VR, AR이라는 용어를 메타버스로 황급히 바꿔치기 했다. 2022년 1월 골드만삭스의 애널리스트는 메타버스에서 8조 달러(약 1경 원) 규모의 기회를 확인했다고 밝혔다.[10] 메타버스 시장의 잠재 가치를 2조 달러에서 12조 달러까지 다양하게 도출할 수 있으며 가능한 모든 전망치의 중간값이 8조 달러라는 것이다. 팟캐스트 방송 '익스체인지앳골드만삭스'의 '메타버스와 웹 3.0의 이해'에 출연한 골드만삭스 애널리스트 에릭 셰리든(Eric Sheridan)이 메타버스의 잠재 가치를 묻는 질문에 답변한 내용이다. 그는 "디지털 경제는 현재 세계 경제의 약 20~25%를 차지하고 있으며 디지털 경제는 지속적으로 성장 중이고, 가상 경제는 디지털 경제와 동반 성장할 것"이라고 전망했다. 놀라운 시장 전망의 변화가 아닐 수 없다. 하지만 골드만삭스가 과거 자신의 VR 산업 추정치가 왜 잘못되었는지 설명한 적은 없다.

∞

메타버스 기반 교육이라는 허상

이투스교육이 입시업계 최초로 메타버스 플랫폼 '엘리펀(ELIFUN)' 서비스를 시작하겠다고 밝혔다. 엘리펀은 'Elite'와 'Fun'의 합성어로서 학습 성취도와 재미를 둘 다 잡겠다는 취지라고 한다. 메타버스 교육을 하겠다는 대학도 등장하고 있다. 동신대의 경우 일부 전공, 교양 교과목에 메타버스 강의를 도입했다. 학생들은 메타버스 플랫폼에 접속해 자신의 이름으로 아바타를 생성한 후 강의실에 들어가 수업을 듣는다. 오프라인 강의처럼 학생들이 아바타의 손을 들어 교수에게 질문을 하면 교수는 아바타를 통해 질문에 대답할 수 있다.[11] 동명대 시각디자인학과는 2학기 4학년 학생들이 수강하는 '디자인 프리젠테이션'(3학점)과 3학년 학생이 수강하는 '캡스톤강좌'(3학점)를 메타버스 방식으로 강의하고 있다. 실제 수업에는 아바타가 들어가지만, 실제 학생 모습을 볼 수 있고 학습 피드백도 가능하다고 한다. 4학년생들은 졸업작품전도 메타버스로 한다.[12]

메타버스는 이제 대학과 학원 교육까지 진입하고 있다. 여러 대학은 입학식과 졸업식을 메타버스상에서 진행한 바 있으며 대학 수업을 메타버스에서 진행하는 경우도 생기고 있다. 그렇다면 메타버스 기반 교육은 교육의 기본 목적을 달성할 수 있는가, 또 메타버스 기반 교육은 얼마나 효과적일지 생각해 볼 필요가 있다.

나는 메타버스 기반 수업을 이미 2008년도에 진행한 바 있었다. 세컨드라이프 내에 중앙대 건물을 세우고, 메타버스 내 강의실에서 수업을 진행했다. 내 아바타가 강의하고 학생들이 자신의 아바타로 강의실에 입장해 강의를 듣거나, 토론하는 방식이다. 그런데 처음 몇 주간은 학생들을 강의실에 입장시켜 의자에 앉히는 것만 해도 시간이 꽤 걸렸다. 세컨드라이프에서는 처음 로그인해서 접속하면 천정에 떠 있게 된다. 그리고 갑자기 강의실 바닥으로 아바타가 떨어진다. 생각해 보라, 갑자기 강의실 여기저기서 학생들이 우수수 떨어져 내리는 광경을! 그나마 떨어지면 다행이다. 어떤 학생은 낙하하는 조작을 못해 강의실 천정에 그대로 떠있기도 했다. 그러면서 외친다. "교수님, 어떻게 내려갈 수 있나요?"

한 번은 어떤 여학생이 횃불을 들고 강의실로 입장했다. 수업 중에 횃불을 들고 있으면 안 된다고 농담삼아 말했더니 그 여학생은 이렇게 말했다. "누군가가 저에게 이 횃불을 주고 갔는데 어떻게 끄는지를 모르겠어요. 어떻게 하면 되지요?"

그냥 내버려 두었더니 수업 시간 내내 횃불을 들고 있었다. 만일 강의실에 불이 나면 책임을 져야 한다고 엄히(?) 훈계했다. 나는 가상의 강의실 내에서 파워포인트를 띄워 놓고 강의를 했다. 수업 중에 소니MGM이나 IBM, 도요타자동차 같은 글로벌 기업 건물에 가서 그들의 비즈니스 모델을 토론하기도 하고, 해외 유저들을 대상으로 인터뷰도 하는 등 자유분방한 수업이었다.

그러나 메타버스 수업의 한계도 곧 드러났다. 세컨드라이프는 유저의 자율성이 높은 대신 사용이 까다롭다. 자율성이 높다는 것은 유저들이 필요한 공간 구성이나 물건 제작 등이 가능한 대신 초보 유저들이 조작하기 어렵다는 말이다. 세컨드라이프는 조작이 어렵기 때문에 학생들은 수업시간에 별다른 행동(조작)을 하지 못하고 아바타를 고정시키고 강의를 들어야 했다. 그런 점에서 메타버스 수업 방식은 기존의 인터넷 강의와 별반 차이가 없었다. 특히 강의의 효과에 있어서는 메타버스 수업이 대면 강의를 따라갈 수 없다는 점이 분명했다.

토론이나 아이디어를 창출해야 하는 수업에서 메타버스의 한계는 너무도 분명했다. 이런 방식은 비판적으로 사고하는 훈련이 필요한 수업에도 적합하지 않다. 대면 수업과 메타버스 수업은 서로 보완적 관계가 유지되어야 한다. 아니 메타버스 수업이 인터넷 강의보다 더 열악한 부분도 있었다. 그것은 음질이었다. 양방향 소통에서 가장 간단하고 효과적인 것은 음성 혹은 음성+영상이다. 그러나 학생 개개인이 사용하는 PC의 성능이 천차만별이기 때문에 음성조차 뚜렷하게 전달되지 않는 경우가 많았다. 이점은 지금의 온라인 줌 회의에서도 마찬가지이다.

세컨드라이프 수업에서 탁월한 효과를 발휘했던 부분이 있다. 그것은 가상 환경에서의 비즈니스 훈련이다. 글로벌 유저가 모여 있는 가상 경제 환경 속에서 메타버스는 학생들이 비즈니스 모델을 구축하고, 실행하고, 수정 후 재실행하는 과정을 체험하는데 더없이 좋은 환경이었다.

이런 관점에서 보면 일부 대학과 이투스교육이 실행하고자 하는 메타버스 기반 수업이 별다른 효과가 없을 것이라는 점은 자명하다. 메타버스를 교육에 도입하고자 하는 시도는 기존의 대면 강의에서 부족한 부분이나, 시간과 공간이 한정되어 있는 대면 강의를 보완하는 차원에서 실시하는 것이 맞다. 사실 '메타버스'라는 용어를 제외하고 보면 이투스가 더 효율이 떨어지는 교육적 방법을 채택했다고 할 수 있다. 아바타를 기반으로 한 의사소통이 얼마나 교육에 효과적인지도 알 수 없는 상태에서 일방적인 메타버스 교육은 많은 문제를 야기할 것이다.

메타버스 수업은 통신 트래픽 문제도 있다. 코로나로 인해 익숙해진 줌 화상 수업조차 영상과 소리의 동시 처리에는 데이터 트래픽의 부하가 걸린다. 메타버스는 보통 3D로 구축되며, 그래픽 정보와 음성 정보가 동시에 실시간으로 연동되어야 아바타 간 의사소통이 가능하다. 그런데 실시간으로 메타버스 회의를 해 보면 서버와의 연결이 불안정해 끊기는 경우가 많다. 이런 통신의 불안정성은 교육의 몰입을 방해한다.

이투스의 메타버스 시도는 실제 대면 강의를 듣는 대치동 학생들과 인강을 수강하는 전국의 학생들 간의 차이를 극복하고자 하는, 그래서 대치동 학원 수업의 전국화를 시도하는 것으로 보인다. 시간과 공간의 한계를 메타버스를 통해 극복하려는 것이다. 지금도 인터넷 강의 수강생들이 인터넷에 남기는 수많은 질문들에 대한 응답은 실제 강사가 아닌 조교가 담당한다. 이런 커뮤니케이션 방식을 메타버스상의 아바타로 대체하려는 시도이다.

이투스가 엘리펀을 이용하여 학생들의 학습 효과를 올리려는 시도는 기존의 학원이 가지고 있던 시공간의 제약을 넘어 학생과 강사의 활발한 자발적인 참여를 통해 살아 있는 교육 공간을 만드는 것이다. 그러나 가상 공간 속에 만드는 아바타만으로 지방에 있는 학생들의 심리적 소속감을 유발할 수 없다. 메타버스가 공간으로 작동하기 위해서는 상주 인력이 존재해야 한다. 제페토 내 서울시 창업센터 등 기존의 공공 기관 메타버스가 상주 인원 및 방문자가 없어 실패했던 전례가 존재한다. 이투스의 메타버스 역시 학생들이 지속적으로 방문할 만한 이유가 없기에 살아 있는 공간이 될 수 없을 것이다.

코로나로 인한 비대면 교육은 인간관계의 파편화와 소속감 부재라는 부작용을 낳고 있다. 지금의 대학교 2학년의 경우 2년 동안 온라인 수업이 진행되었지만 실제로 오프라인에서 만나는 친구는 고등학교 시절 형성된 친구이다. 여러 대학이 메타버스 형식을 활용해 학생들을 한 자리에 모으려고 해도 가상 세계에서 인간관계의 형성은 곤란하다. 일부 지방대학이 메타버스 구축을 위해 노력하고 있지만 역설적이게도 메타버스를 도입하면 할수록 학생의 이탈은 가속화된다. 학생들의 소속감을 높이기 위해 도입하는 메타버스가 학생의 이탈을 부추기는 모순의 발생이다. 이런 절망감을 한 대학생은 이렇게 말하고 있다.

> 대면 수업이 사라졌기에 친구와 함께 시간표를 맞추는 것 또한 더 이상 의미가 없어졌으며, 팀플조차 제대로 진행되지 못하였다. 비대면 팀플은 보통 줌이나 카카오톡과 같은 메신저를 통하여 이루어졌는데, 한 학기의 수업이 끝날 때까지 서로의 얼굴이나 목소리조차 모르는 상태로 팀플이 진행되는 경우가 허다하였다. 기본적인 상호 간의 소통조차 제대로 이루어지지 못했기 때문에, 팀플의 결과물 또한 처참할 수밖에 없었다. 겨우 3학년에 진입하였지만 비대면 수업을 진행하면서 인간관계에 대해 심한 회의감을 느꼈고, 서서히 학교에 대한 애정이 식어 가는 것을 느끼게 되었다. 함께 다니며 어울렸던 대학교 친구들은 각자의 진로를 찾아 뿔뿔이 흩어졌고, 현재 연락하고 지내는 대학교 친구는 단 세 명 밖에 남지 않았으며, 이들조차 한 학기에 한두 번 정도 연락하는 사이가 되어 버렸다. 대학생들 사이에서도 코로나 시국에 누군가를 만나 어울리는 것 자체가 금기시되는 분위기가 조성이 되었기에, 마음 놓고 만날 수 있는 친구는 중학교나 고등학교 친구밖에 남

지 않았다. 적어도 이들은 얼굴도 모른 채 서로 알아듣지 못할 카톡이나 주고받는 답답한 대학생 동기가 아니기 때문이다.[13]

대학 경영학부처럼 입학 정원이 많으면 친구 간, 선후배 간의 깊은 인간관계를 맺는 것은 어렵다. 신입생이 되면 선배들은 학생회에 가입하지 않으면 4년 내내 학교를 혼자 다니게 될 것이라는 조언도 해준다. 고등학교와 달리 대학교는 모두의 시간표와 방과 후 스케줄이 각자 다르기에, 자연스러운 인간관계 형성이 힘들다. 따라서 학생들이 자연스럽게 대면으로 모일 수 있을 만한 MT, 주점, 체육대회와 같이 특정한 콘텐츠가 항상 있는 학생회에 가입하는 것이 시간표를 맞춰 함께 다닐 같은 학부 친구를 사귈 수 있는 유일한 방법이다. 하지만 이와 같은 역할을 메타버스가 대신해 줄 수는 없는 것이다.

'메타버스 게임'이라는 용어에 숨겨진 P2E 게임

게임 회사들이 메타버스라는 용어를 사용하는 경우가 늘어나고 있다. 단순히 메타버스라는 플랫폼을 만들겠다고 이야기하는 것이 아니라 메타버스 게임을 만들겠다고 선언하는 경우이다. 펄어비스는 'DokeV(도깨비)'라는 메타버스 게임을 만들겠다고 발표했다. 도깨비는 하이퍼리얼리즘을 기반으로 한 사실적인 배경과 그래픽의 게임이다. 2021년 8월 게임스컴 오프닝 나이트 라이브에서 공개된 트레일러가 많은 관심을 끌었다. 펄어비스는 게임 내 캐릭터 모션의 섬세함을 추구하는 것으로 유명한 기업으로 캐릭터가 실제 장소에 있는 것과 같은 일치감을 보여 주었다. 도깨비는 자신의 야망을 위해 도깨비들을 납치하여 세뇌시키는 기업에 대항하는 아이들의 스토리이다. 도깨비라는 메타버스 게임 개발 계획이 발표된 이후 펄어비스의 주가는 크게 올랐다. 다른 게임사의 경우도 메타버스라는 사업을 추가하면 주가는 상승한다.

그러나 펄어비스의 도깨비가 메타버스인지는 의문이다. 펄어비스는 이를 '도깨비 수집 오픈월드 액션 어드벤처(Creature-collecting open world action-adventure)'라고 부르고, 자유롭게 월드를 이동할 수 있다고 한다. 오픈월드형 메타버스 게임이라고 하지만 메타버스보다는 어드벤처와 RPG의 결합에 가깝다. 한국의 게임 시장은 MMORPG 중심의 시장이다. 제페토와 같은 소셜 게임형 메타버스가 한국에서 성공한 것은 이례적이기는 하다. 이런 시장에서 향후 펄어비스의 어드벤처와 RPG의 결합이라는 새로운 시도는 가치가 있다. 다만 그것은 메타버스가 아닌 게임으로서 도전이라고 보는 것이 타당할 것이다.

게임 회사들이 메타버스 게임이라는 용어를 사용하는 것은 주가 부양 이외에 또 다른 복선이 있다. P2E 게임이라는 시스템을 메타버스라는 용어 속에 감추어 출시하기 위함이다. P2E게임이란 'Play to Earn'의 약자로 유저가 게임을 플레이하면서 동시에 돈을 벌 수 있다는 의미이다. 흔히 말하는 P2W(Pay to Win, 게임에서 이기기 위해서는 돈을 써야 하는 게임) 게임의 반대 개념으로 사용되기도 한다. 게임사 위메이드가 서비스하는 '미르의 전설 4'의 경우 유저는 흑철이라는 광물을 채굴할 수 있다. 이 흑철을 드레이코라는 게임 내 화폐로 교환하고 다시 드레이코를 위믹스라는 가상 화폐로 교환하는 과정을 거쳐서 최종적으로 위믹스를 현금으로 환전한다. 그런데 문제는 게임을 하는 과정에서 유저가 돈을 벌기 극히 어렵다는 데 있다. 어떤 기자가 직접 돈을 벌기 위해 미르의 전설 4를 해 본 경험담을 이렇게 기록하고 있다.

> 흑철 10만 개를 모으면 드레이코 1개로 교환할 수 있다. 이 드레

이코를 위메이드의 가상 화폐 지갑인 '위믹스 월렛'에서 위믹스로 다시 바꾸면 된다. 위믹스는 국내 가상 화폐 거래소인 '빗썸'에서 현금화할 수 있다. 이런 과정을 모두 해내려면 미르 4뿐 아니라, 위믹스 월렛, 빗썸의 모바일 애플리케이션(앱)과 계정을 모두 등록해야 한다. 게임만 한다고 돈을 벌 수 있지는 않았다. 보름을 투자해 겨우 흑철 10만 개를 모았건만, 1드레이코는 0.03위믹스 밖에 되지 않았다. 1위믹스로 바꾸기 위한 드레이코의 수량은 33개쯤으로, 흑철이 330만 개 있어야 하는데, 이는 하루 2만 개의 흑철 획득 시간을 고려하면 170일이 걸리는 셈이다. 1위믹스는 3일 현재 기준 시세가 1만 2,000원쯤이다. 보름 동안 배우자에게 원성을 들어가며 게임을 한 결과가 겨우 360원이라니, 게임으로 돈을 벌겠다는 원대한 꿈은 오간 데 없어졌다. 더 게임을 해야 하나라는 회의감도 몰려왔다.[14]

보름을 투자해서 흑철 10만 개를 모았지만 번 돈은 고작 '360원'이라는 자신의 경험담이다. 위믹스 시세는 기자가 플레이할 당시의 1만 2,000원에서 6,000원으로 하락해 있다. 다시 현재의 시세로 따지면 수익은 180원으로 하락한다. 한국의 시간당 최저 임금이 9,160원이니 돈 버는 게임이라는 P2E의 정의가 무색해지는 순간이다. 또 한 유저는 재미있는 손익 계산을 했다. 두 개의 캐릭터를 개인용 PC로 하루에 24시간, 한 달을 채굴하면 전기료는 10만 5,590원이 들지만, 수익은 6만 5,800원이라는 것이다.[15] 이렇게 되면 최종 손익은 3만 9,790원 적자이다.

P2E는 돈 버는 게임이라는 말이 무색하게 돈이 드는 게임이기도 하다. 예를 들어, 대표적인 P2E게임인 엑시인피니티를 보면 최소 3마리의 엑시 캐릭터를 사야 하고 여기에 최소 100만~150만 원을 지출해야 한다. 여기다 유저가 환전하려면 엑시인피니티에 수수료 5.25%를 지불해야 한다. 엑시인피니티의 월 환전수수료는 8,500만 달러(1,100억 원) 수준이다. 따라서 유저들이 게임에 모여들수록 엑시인피니티는 캐릭터를 팔아 돈을 벌지만 채굴 효율성이 하락해 유저들은 돈을 벌지 못하는 구조로 정착된다. P2E 게임은 사행성으로 비난받고 있는 확률형 아이템과도 결합되어 있다. 게임 내에서 채굴의 효율성을 높이려면 캐릭터 레벨을 높여야 하고, 이를 위해서는 게임사가 판매하는 아이템을 구매해야 한다.

지금 한국에서는 게임사가 P2E 게임을 출시하는 것이 법으로 금지되어 있다. 과거 2008년경 성인용 도박 게임인 '바다이야기'가 전국으로 확산되고, 국가적 재앙으로 번진 이후 게임산업진흥법에서 게임머니의 환전을 금지했기 때문이다. 게임사들이 P2E 모델에 관심을 가지게 된 것은 게임 유저들의 저항에 의해 이전처럼 강력한 확률형 아이템을 게임에 투입할 수 없게 되었기 때문이다.

게임사의 확실하고 가장 쉬운 비즈니스 모델은 확률형 아이템이다. 확률형 아이템이 아닌 다른 비즈니스 모델은 거의 존재하지 않는다. 확률형 아이템에 비하여 광고 모델이나 월정액, 패키지 모델을 도입하는 것은 어렵고 번거롭다. 따라서 무료 게임 유저를 기반으로 풀을 형성하고 대략 5% 정도의 유료 유저를 대상으로 과금하는 것이 가장 쉽고 확실한 방법이다. 하지만 2020년에 터진 게임 유저들의 트럭시위는 확률형 아이템에 대한 강력한 저항이었다. 이때 유저들의 타깃이 되었던 기업 중 하나가 엔씨소프트이다. 엔씨소프트는 리니지M과 리니지2M을 통해 조 단위의 매출을 기록했다. 하지만 이후 출시된 모든 게임이 동일한 방식의 확률형 아이템에 기반하면서 유저들이 강력하게 반발했다. 트릭스터M과 블레이드앤소울이라는 신작도 리니지M과 리니지2M과 동일한 구조의 확률형 아이템을 기반으로 한 게임이었기 때문이다. 이후 주가가 폭락하면서 엔씨소프트는 큰 충격을 받게 된다.

확률형 아이템이 유저의 비난이라는 장벽에 직면했기 때문에 게임사는 P2E 게임이라는 형태를 통해 이런 비난을 우회하려고 한다. 그리고 P2E 게임을 한국에 도입하기 위해 메타버스라는 범주를 동원하는 것이다.

다만 게임에 메타버스와 P2E, NFT를 결합시키려는 시도는 게임사의 의도와 달리 게임 아이템에 대한 소유 개념을 근본적으로 변화시킬 것이다. 메타버스에서 가상 재화 소유권에 대한 혁명적인 변화는 이미 온라인 게임의 등장 과정에서 발생한 바 있다. 게임이 콘솔과 PC 게임에서 파괴적 혁신을 거쳐 온라인 게임으로 진화하면서 개발 과정에 유저의 참여가 처음으로 발생했다. 온라인 게임은 게임 개발자와 유저의 끊임없는 상호작용에 의해 진화해 가는 제품이다. 온라인 게임 유저는 콘솔처럼 개발자가 일방적으로 완성한 게임 세계에서 플레이 하는 것이 아니라, 게임에 대한 룰의 설정에 직접 참여하고, 개발자들의 게임 업데이트에도 중요한 영향을 미친다. 그리고 이런 유저의 게임 개발 과정 참여에 대한 결과는 게임 아이템 거래라는 형태로 나타났다. 게임 개발 과정에 기여한 유저는 게임사의 저작권에 대해 전혀 다르게 인식하고 있다. 게임사의 배타적 소유권에 대한 도전이다. 조사해 보면 〈그림1〉처럼 게임 내에서 플레이 하는 유저 중 청소년의 55%, 성인의 67.7%는 게임 아이템을 유저 자신의 소유물로 인식하고 있다. 이런 유저와 게임사의 인식 차이는 향후 아이템 소유권을 둘러싼 분쟁으로 발전할 여지를 남겨두고 있다.

<그림1> 게임 아이템의 소유에 관한 인식

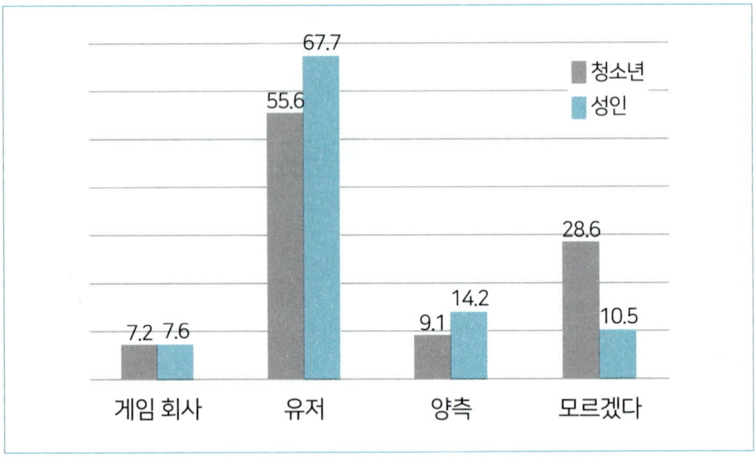

출처: 위정현(2006), p. 260.

한국의 게임사는 게임 내의 모든 정보나 기호는 자사의 소유라고 약관에서 명시하고 있다. 엔씨소프트의 경우 저작권 등 기타 재산권은 회사의 소유이며, 게이머들은 이를 이용할 수 있는 권한만을 부여하고 있다. 다음은 엔씨소프트의 약관이다.

> PLAY NC - 게임서비스에 관한 이용약관
> 제17조 (저작권 등의 귀속)
> ①게임서비스 내 회사가 제작한 콘텐츠에 대한 저작권 기타 지식재산권은 회사의 소유이며, 회사는 회원에게 이를 게임서비스와 관련하여 회사가 정한 조건 아래에서 이용할 수 있는 권한만을 부여합니다.

그러나 이러한 배타적 소유권은 메타버스, P2E, NFT의 결합 과정에서 변화를 요구받을 것이다.

메타버스 내 가상 화폐나 가상의 경제가 게임 활동의 결과물이지 목적이 될 수 없다는 점도 중요하다. P2E의 게임이 나올 때 문제가 되는 부분이 소위 '작업장'이다. 작업장은 유저가 게임을 하는 것이 아니라 돈을 벌기 위한 목적으로 오직 채굴이나 사냥에만 집중하는 행위이다. 심지어 이들은 해킹툴을 사용해 게임을 하기도 한다. 만일 엔씨소프트가 리니지에 P2E를 붙인다면 바로 작업장이나 돈을 목적으로 하는 유저들이 대거 들어올 것이다. 작업장이 많으면 많을수록 게임이 황폐화된다. P2E 게임이 게임이라는 본질에서 벗어나게 되고 이는 결국 한국의 게임 산업을 몰락시킬 수 있는 가능성을 가지고 있는 것이다.

∞

철학이 부재한 한국의 메타버스

한국의 메타버스 붐이 실체가 없는 데에는 철학적 기반이 부재하다는 문제도 있다. 메타버스는 미래 사회에 대한 비전이 아닌, 단지 비즈니스와 홍보의 수단으로 전락하고 있다. 메타버스 1.0인 세컨드라이프의 가장 중요한 특징은 철학적 기반이다. 세컨드라이프는 개방과 이용자의 참여, 공유라는 철학을 기반으로 탄생했다. 소프트웨어 자산의 공유를 주창하는 리눅스에 이어 세컨드라이프에서는 유저가 창조한 자산에 직접 저작권을 부여하는 정책을 수립했다. 메타버스2.0인 로블록스, 마인크래프트도 이러한 세컨드라이프의 철학적 기반을 계승하고 있다.

먼저 개방은 참가자를 제한하지 않아 원하는 개인과 기업은 누구든지 자유롭게 메타버스에 진입하거나, 철수할 수 있음을 의미한다. 이는 마이크로소프트의 소프트웨어처럼 자신의 통제하에 서드파티나 일반 유저의 참여를 제한하는 모델과 구별된다. 마이크로소프트는 자사의 저작권을 인정하거나 자사의 개발 툴을 구입하는 기업에 한해 참여를 인정하는 전략을 취하고 있다. 이점은 현재 모바일 플랫폼의 지배자인 구글 마켓이나 애플의 스토어도 마찬가지이다. 구글이나 애플의 마켓에 진입하려면 철저하게 그들이 요구하는 기준과 포맷에 맞추어야 한다.

참여는 메타버스에 참가한 모든 유저의 창작에 의해 구성되는 세계를 의미한다. 로블록스, 마인크래프트, 세컨드라이프는 유저의 직접적인 참여에 의해 형성되는 세계이다. 기존의 온라인 게임이나 커뮤니티는 유저의 참여를 간접적인 수준에서 인정하는 모델이다. 온라인 게임에서 유저의 요구는 GM(Game Master: 게임의 관리자. 유저와 게임을 연결하는 역할을 한다)를 통해 간접적으로 게임 개발에 반영되는 모델이다. 콘텐츠의 창작에 유저의 직접적인 참여는 제한되고, 유저는 그들의 요구 사항을 전달해 게임사가 이들의 니즈를 판단해 반영 여부를 결정하는 것이다. 그러나, 로블록스 등은 직접적으로 유저가 콘텐츠를 창작해 업로드한다. 세컨드라이프 내 캐릭터 수정의 자유도에 대해 린든랩의 캐더린 마케팅 이사는 이렇게 말한 적이 있다.[16]

> 만약 한국인들에게 아바타가 귀여운 게 정말 중요하다면 여러분이 우리의 기술 인프라를 사용해 바꾸면 됩니다. 세컨드라이프에서 귀여운 이미지의 아바타는 한국이나 일본 유저일 가능성이 높습니다. 한국이나 일본 사람들은 눈이 크고 귀여운 자신 만의 독창적인 아바타를 좋아하는 것은 사실인 것 같습니다. 요즘 세컨드라이프에 접속해 보면 귀엽고 예쁜 캐릭터가 많이 만들어져 있는 것을 알 수 있을 것입니다. 대부분 일본인들이 만든 것인데, 이

것은 누구나 캐릭터를 수정할 수 있다는 것을 의미합니다.

메타버스의 세 번째 철학인 공유는 형성된 지적 자산이 개별 기업의 독점적 소유가 아닌 참여하는 유저의 자산임을 말한다. 세컨드라이프에서 유저는 자신의 창작물에 대한 저작권을 가지게 된다. 이는 기존의 인터넷 비즈니스에서 인정되지 않았던 전략적 선택이다. MMORPG와 같은 온라인 게임의 경우, 유저는 캐릭터의 레벨업이나 획득된 아이템의 소유나 점유에 대한 일체적인 권리를 인정받지 못했다.

메타버스의 철학인 참여와 공유는 개발자로서의 유저의 진입과 수익 창출을 가능하게 한다. 로블록스에서 대략 1,200명의 개발자가 게임 개발로 벌어들인 수입 평균은 1만 달러(약 1,200만 원)로 나타났다. 이 중에서도 상위 300명은 연간 평균 10만 달러(약 1억 2,000만 원)를 벌었다. 하지만 세컨드라이프에서 아이템 개발기업의 등장과 매출은 더욱 극적이었다. 바로 안시 청의 사례이다. 안시 청은 세컨드라이프에서의 아바타 아이디이다. 실제 이름은 아일린 그라프(Ailin Graef)로 중국계 기업가이다. 남편 건트램 그라프(Guntram Graef)와 함께 세컨드라이프에서 안시 청 스튜디오를 운영했다.

이 기업은 세컨드라이프에서 부동산 개발업을 바탕으로 가입비 9.95달러를 내고 3년 만에 연매출 250만 달러를 올리는 기업이 되었다. 그녀가 처음 수익을 올린 사업은 제작 기술을 이용한 아이템 판매였다. 이것을 바탕으로 세컨드라이프 내에 상점을 열고 후에 가상 부동산 사업을 시작했다. 맨 처음 오픈한 애쉬론 콜에서는 사람들을 위해 마법의 무기를 개발해 인기를 끌었다. 그러나 가상현실이지만 자금의 한계에 부딪혀 게임 머니를 충전하는 과정에서 가상의 돈을 현금으로 바꿀 생각을 하게 되었다. 2004년 6월 아일린 그라프는 세컨드라이프에서의 부동산 사업을 '진짜'로 바꾸기로 결심하고 다른 유저들과 채팅을 하며 그들이 원하는 것을 학습해 가기 시작하였다.

결국 그녀는 세컨드라이프 내의 소비자들은 정해진 가격의 부동산 중개와 아늑한 이웃 동네 같은 세계를 원한다는 것을 알았다. 그녀는 남편과 함께 안시 청 스튜디오를 열고 애니메이션 기술을 팔아 벌어들인 린든달러로 세컨드라이프 내에서 더 많은 땅을 사들였다. 그 땅을 드림랜드라 이름 짓고 포토샵을 이용해 풀을 기르고 풍경을 가꾸며 강, 산, 도로, 공공시설과 같은 인프라를 만들었다. 부동산, 빌딩, 커뮤니티 등 다양한 종류의 콘텐츠를 개발하면서 세컨드라이프 내 잡지를 통해 그것들을 좋은 가격에 임대하거나 파는 '부동산 매매' 광고를 내보냈다. 안시 청 스튜디오는 실재의 기업이었지만 사이버 상에서의 비즈니스에 중점을 맞추고 있었다.

참여와 공유의 개념은 한국형 메타버스에서 결여되어 있다. 예를 들어, 제페토를 보면 가장 중요한 메타버스 월드나 맵의 구축은 전적으로 제페토라는 기업에서 수행한다. 이점은 로블록스나 마인크래프트, 세컨드라이프와 전적으로 다른 점이다. 제페토에서 유저에게 준

권한은 캐릭터를 장식하거나 치장할 수 있는 아이템 개발과 판매 수준이다. 이점에서 실리콘밸리 개발자의 좌파적 전통을 계승하고 있는 로블록스나 세컨드라이프와 같은 서구형 메타버스와 한국형 게임의 전통을 잇는 제페토는 근본적으로 다르다. 제페토는 출발부터 '아이러브커피'와 같은 소셜 게임에 뿌리를 두고 있지 서구형 메타버스의 좌파적 철학에 근거하고 있지 않기 때문이다.

한국형 메타버스에서 이러한 철학적 기반의 결여는 메타버스가 플랫폼으로 진화하는 데 있어 크나큰 한계로 작용한다. 이는 지난 20여 년간 한국의 게임이 가상 화폐, 가상 경제의 플랫폼으로 진화할 수 있는 가능성을 내포하고 있었음에도 불구하고 결국 비트코인이라는 가상 화폐의 등장 이전에 글로벌 가상 화폐와 거래소를 만들어내지 못했다는 점에서도 알 수 있다. 한국의 메타버스는 이런 관점에서 보면 '제품'의 수준에 머물러 있지, 플랫폼으로 진화하지 못하고 있다. 철학적 기반을 가지고 플랫폼으로 진화하는 것, 이것이 한국의 메타버스가 지향해야 할 방향이다.

∞

한국 정부가 추진한 메타버스, 4대강 속에 잠들다

한국의 메타버스 1.0 실패에는 정부의 문제도 크다. 세컨드라이프의 등장 이후 한국 정부는 메타버스 산업을 육성하기 위한 다양한 정책을 펼쳤다. 노무현 정부 당시 세컨드라이프가 등장해 메타버스, 가상 세계 발전에 대한 여러 정책이 수립, 집행되었다. 나아가 당시 정부는 메타버스 정부를 구현하기 위한 계획을 세운 바도 있다. 실제로 당시 정보통신부가 계획한 메타버스 정부안에는 전자정부와 유사하게 메타버스 정부를 수립하고 교육부, 행정안전부, 통일부 등 다양한 부처가 자신의 메타버스 부처를 만드는 것을 계획하고 있었다. 그 계획안에는 대통령 아래 민간 추진위원장, 부위원장이 존재하고, 각 부처 장관이 들어가는, 부처별 메타버스를 구축하는 구상이 존재했다(〈그림2〉 참조). 그러나 이러한 보고서는 모두 실행되지 못하고 사장되었다. 그 이후 메타버스 산업에 대한 실험, 시도들은 한국에서 실패, 소멸하고 말았다.

이후 15년 만에 코로나 위기와 맞물려 다시 정부의 메타버스 정

<그림2> 2008년 메타버스 정부 추진 체계

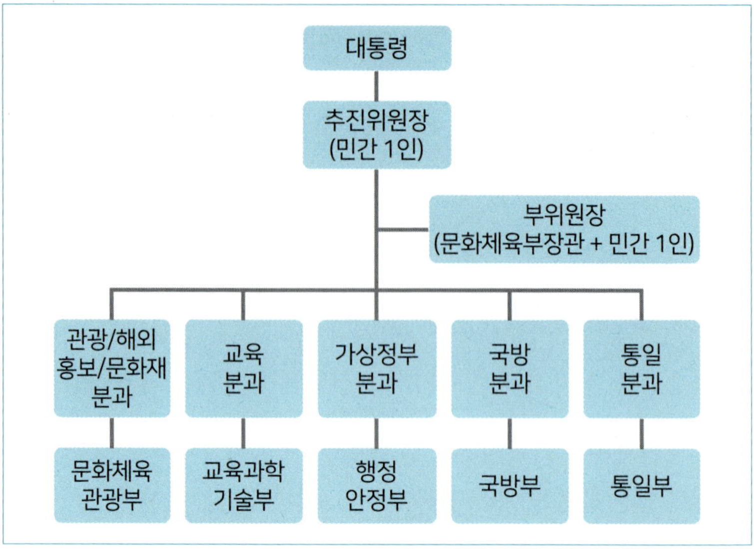

주) 외교, 복지 등 분과 설치 가능.

책이 등장하고 있다. 하지만 지금의 메타버스 정책은 과거 정부의 시행착오에서 배우지 못한, 학습효과가 없는 사상누각이다. 불과 15년 만에 민간 기업은 물론 정부조차 자신의 실수를 망각하고 있는 현실은 놀라울 뿐이다. 앞으로 정부의 메타버스 산업 정책을 설계하기 위해서는 과거 정부의 메타버스 정책의 실패를 분석할 필요가 있다.

먼저 정부의 메타버스 1.0 정책의 실패 요인 중 하나로 꼽을 수 있는 것이 정책의 혼선이다. 노무현 정부 말기에 메타버스 정부에 대한 개념이 등장했지만 정책적 우선순위와 추진 체계가 제대로 잡혀 있지 않았다. 이로 인해 이명박 정부가 등장하자 메타버스에 대한 관심과 지속성이 소멸하였다. 이명박 정부 들어 IT 관련 주무 부처인 정보통신부가 해체되고 관련 예산이 삭감되면서 IT 산업이 제조업보다 가치 없는 산업으로 인식된 점도 영향을 미쳤다. 4대강 사업에 집중하기 위해 그 외 사업들의 예산을 삭감한 것도 문제였다. 2009년 추경예산 중 IT 관련 예산은 4대강 예산의 1%에 불과했다.

영국 경영분석 업체 이코노미스트 인텔리전스 유니트(EIU)는 한국 IT 산업의 경쟁력이 2007년 3위에서 2008년 8위, 2009년에는 16위로 떨어졌다고 발표한 바 있다.[17] 전자정부 지원 사업 예산은 1,052억 원으로 2008년 대비 27%, 당초 행정안전부 제출 예산(2,300억 원) 대비 60% 가까이 삭감되었다. 행정안전부가 중점적으로 추진하려 했던 정부 대표 포탈구축사업, 지방자치단체의 서버 등 전산 시스템을 한 곳으로 모아 관리 효율성을 높이는 지역정보통합센터 구축사업 등은 예산배정에서 제외되었다.

두 번째는 메타버스 관련 민간 기업의 활용 동기 부족이다. 메타버스 사업에서 정부는 어디까지나 보조적인 기능을 하고 민간 기업을 중심에 놓고 추진해야 한다. 그런데 정부는 민간 기업이 중심이 된 산업 생태계보다는 정부 주도형의 산업 생태계를 형성하려고 했다. 메타버스에서 민간 기업이 비즈니스 모델을 만들어내지 못하면서 민간이 중심이 된 산업 생태계 구축에 실패하였고, 비즈니스 모델의 도출 또한 실패하였다. 또 메타버스 대기업과 중소기업의 상호 협력도 실패했다. 대체로 대기업은 정부 도움 없이 메타버스 사업을 진행한다. 예를 들어, 현대차의 경우 VR 기술을 가지고 신차 프로토타입을 만들거나 유저들의 실제 시승 테스트를 한다. 문제는 중소기업으로 이 취약한 부분이 보완되지 않으면서 생태계 형성에 실패한다. 지금도 이점은 동일한 문제로 작용하고 있다.

당시 정부의 메타버스 정책 실패는 R&D 사업의 실패와도 연관되어 있다. 정부의 메타버스 지원 사업은 좀비 기업의 온상이 되고 있었다. 정부의 메타버스 사업이 도태되어야 할 기업을 온존시키는 지원 사업이 되고 있었다.

이런 점에서 본다면 현재의 메타버스 정책 상황도 과거와 유사하다. 한국이 메타버스에 본격적으로 관심을 갖게 되는 계기는 2020년에 붐을 이룬 온라인 마피아게임 '어몽어스'였고, 코로나 시대인 2020년, 2021년 2년 간 문재인 정부에서 메타버스는 사회적 이슈가 되었다. 그런데 지금은 차기 정부로 넘어가는 과정에 있기 때문에, 과연 차기 정부가 메타버스에 대한 관심을 지속할지에 대한 문제가 중요한 상황이 되어버렸다. 만약 이명박 정부처럼 메타버스에 대한 관심을 잃어버리고 다른 어젠다를 제시하게 되면 이명박 정부 당시와 똑같은 상황에 놓일 수 있다.

문재인 정부와 윤석열 정부의 메타버스 정책도 당시의 문제점을 그대로 내포하고 있다. 먼저 당시와 동일하게 정부의 메타버스 사업의 체계와 내용이 모호하다. 현재의 정부 메타버스 정책은 과학기술정보통신부가 주도하여 11개 부처가 협조하고 있다. 거의 모든 관련 정부 부처들이 다 들어간 정책임에도 나열식으로 체계도 없고 내용도 모호하다.

내용을 들여다 보면 기존 사업, 예를 들어 VR, AR 등의 명칭만 메타버스로 변경한 정책도 많다. 메타버스 이전의 한국 사회에서 중요한 키워드가 VR, AR과 같은 실감미디어이다. 그런 기존의 VR, AR 사업에서 사용한 정책을 그대로 다시 끌고 들어와 메타버스로 포장한 내용도 많다.

타 정부 부처의 기존 사업과 중복되는 부분들도 있다. 특히 인력 양성 같은 경우가 그러하다. 예를 들어, 석박사 대상의 메타버스 랩을 운영하고 실감 미디어 분야 핵심 인재 및 연구 인력 양성을 위한 학사 및 석박사 과정을 지원한다고 하지만 이런 것은 교육부의 공유대학 사업으로 6년짜리 실감미디어 교육 사업이 이미 존재한다. 똑같은 사업을 메타버스라는 간판을 달고 다시 발표하는 것은 문제이다.

또한 글로벌 플랫폼 실현 등 실현 곤란한 사업들을 열거한다는 문제도 있다. 예를 들면 '세계적 수준의 메타버스 플랫폼에 도전'이나 '10대 분야의 메타버스 플랫폼 발굴' 등이 그것이다. '제페토'의 경우 대기업이 혼신의 힘을 다해 겨우 글로벌 시장에서 성공을 거두게 된 사례이다. 과거에도 그랬지만 현재도 메타버스 플랫폼을 정부가 육성해 글로벌 시장에 나가기는 대단히 어렵다.

그렇다면 메타버스 산업을 4대강에 수장시킨 이명박 정부와 같은 오류를 범하지 않으려면 어떤 노력이 필요할까. 먼저 메타버스를 기술적으로 VR, AR, XR 등 실감미디어라는 개념을 중심으로 집중할 필요가 있다. 거울 세계, 라이프로깅 같은 개념들이 메타버스의 일종이라고는 하지만 현실적으로 의미 있는 글로벌 사업들이 메타버스에서 나오지 않고 있고 한국 기업들의 관심조차 없다. 한국의 정부나 기업이 마이크로소프트나 메타와 같이 연간 10조 원이 넘는 금액을 투자할 수도 없다. 그렇다면 기술적으로 한국의 기업이 축적한 실감미디어라는 부분에 집중할 필요가 있다.

둘째 현재 정부 정책에서 B2B, B2C가 혼선을 빚고 있지만 산업의 돌파구를 연다는 점에서 B2C에 집중해서, 예를 들어 엔터테인먼트와 같은 폭발력이 있는 산업에서 먼저 돌파구를 찾을 필요가 있다. 지금과 같은 상태로 가면 이명박 정부와 마찬가지로 향후 5년 동안 메타버스는 혼란 속에서 끝날 가능성이 크다. 그렇게 되면 또 한 번 10년 전과 같은 실패가 재현될 것이다.

셋째, 메타버스의 구성 가능한, 요소 구현이 가능한 기술 플랫폼이 구축되어야 한다. 이를 통해서 가상 화폐나 AI, 빅데이터, NFT 같은 모듈의 자율적인 활용이 가능해져야 한다. 특히 이것은 중소기업과 관련되기도 한다. 대기업들, 네이버나 카카오 같은 경우 자체적인 기술적 플랫폼을 이미 구축하고 있고 메타버스에 필요한 요소들을 가지고 있다. 하지만 중소기업은 그런 기반을 갖고 있지 못하고 생태계 구성이 어렵다. 그래서 기술적 플랫폼을 구축해서 중소기업, 더 나아가 개인이 사용할 수 있을 정도의 자유로운 기술적 기반을 구축하는 노력이 필요하다.

넷째, 게임 산업의 노하우를 기반으로 해야 한다. 현재 메타버스 규제를 피하기 위해 게임 산업과 거리를 두어야 한다는 주장도 있다. 그러나 그렇게 되면 게임 산업의 노하우를 끌어낼 수 없다는 문제에 직면하게 된다. 현재 메타버스에 대한 요소는 게임 산업에서 가장 잘 구현되어 있고, 실제로 지금 메타버스로 보이는 플랫폼들의 구축 주체는 대부분 게임사이다. 지방자치단체 등의 메타버스 구축 SI 사업도 중소 게임사들이 수행하는 경우가 많다. 그래서 게임 산업의 노하우를 기반으로 해서 메타버스 산업 모델을 진화시켜야 한다.

미주

1. 가상 공간은 기업 퀀텀점프 기회, 뉴시스, 2021년 4월 28일.
2. 세금 수십억 쓴 '공공 메타버스'… 볼거리가 없네, 조선일보, 2022년 1월 8일자.
3. Underhill(2000).
4. 위정현 편저(2008), p. 202.
5. 절치부심 신동빈 "메타버스는 반드시 선점", 한국경제신문, 2022년 1월 14일.
6. "메타버스는 인터넷의 미래" 저커버그 '도박' 성공할까, 한겨레, 2021년 11월 15일.
7. 저커버그 페이스북 CEO "가상현실에 대대적 투자", 이데일리, 2014년 7월 24일.
8. 가상현실로 삼성과 손잡은 저커버그 "차세대의 플랫폼은 VR", 매일경제, 2016년 2월 22일.
9. VR·AR·MR 관련 기술 및 정책 동향, 주간기술동향, 정보통신기획평가원, 2019년 1월 16일.
10. 골드만삭스 "메타버스서 8조 달러 기회 본다", investing.com, 2022년 1월 25일.
11. "가상 세계서 공부하고 즐겨요" … '메타버스' 올라탄 대학들, Ai타임즈, 2021년 12월 26일.
12. 부산지역 대학 메타버스 활용 확산...'강의는 물론 실기수업까지', 헬로T, 2021년 9월 22일.
13. 중앙대 경영학부 3학년 학생 인터뷰. 2022년 2월 28일.
14. P2E 게임 '미르4' 보름 간 해봤더니… 손에 쥔 돈 360원, 조선비즈, 2022년 1월 4일.
15. 미르4 흑철 채굴 과연 한 달에 얼마버는지 궁금하다면..?, 티스토리 블로그 하트구름, 2022년 1월 11일.
16. 위정현(2007).
17. '삽질'에 묻힌 IT … MB정부, 정통부 해체·관련예산 삭감, 경향신문, 2010년 1월 28일.

01 메타버스라는 유령 — 1

2부

메타버스라는 유령 — 2

IBM의 메타버스 1.0 도전과 좌절

저커버그의 메타보다 훨씬 더 의욕적으로 메타버스 사업을 추진한 기업이 있었다. 바로 글로벌 IT 기업인 IBM이다. IBM은 기업 경영 전반에 메타버스를 도입하려고 시도했었다. 하지만 지금 IBM은 메타버스와 거리를 두고 있다. 과거 메타버스 1.0인 세컨드라이프를 진지하게 고민하고 실행해 본 기업일수록 지금의 메타버스 현상을 냉정하게 거리를 두고 보고 있다.

세컨드라이프가 폭발적인 인기를 끌자 2007년 초, IBM은 직원 3,000명에게 세컨드라이프 내에 아바타를 생성할 것을 지시하였다. 샘 팔미사노 IBM CEO는 전 직원에게 아바타를 할당해 세컨드라이프를 통해 업무를 보게 하겠다고 선언했다. IBM은 세컨드라이프를 마케팅과 고객 지원, 기업 커뮤니케이션의 툴로 만들고자 시도했다. 600명 이상의 직원이 세컨드라이프 IBM 섬에 상주하며 비즈니스 센터, 가상 회의 공간, 직원의 재교육 등에 활용하였다. 또 IBM은 8만 달러를 투자해 가상 컨퍼런스 센터를 짓고 250여 명이 참여하는 가상 회의를 여는 등 의욕적으로 참여했다. 이런 메타버스 활동을 통해 IBM은 35만 달러에 달하는 비용 절감 효과를 볼 수 있었다고 발표한 바도 있다.

나아가 IBM은 이후 2년간 메타버스에 천만 달러를 추가 투자했고, 세컨드라이프 내의 신사업 전담 조직인 EBO(Emerging Business Opportunity)를 출범시키는 등 세컨드라이프에서 가장 공격적인 기업 활동을 벌였다. 직원들이 가족이나 파트너, 동료들과 아이디어를 내놓을 수 있는 공간인 3D 잼(3D Jam)과 포비든 시티(Forbidden City), 윔블던 섬(Wimbledon island) 등을 마련해 커뮤니케이션 도구로 활용하였다. IBM에 관심이 있는 고객이나 투자자는 세컨드라이프에서 IBM이 제공하는 서비스를 통하여 IBM에 대한 필요한 정보를 얻을 수 있었다. 세컨드라이프 내 곳곳에 설치된 구조물을 통하여 IBM의 제품 홍보 및 서비스 마케팅도 이루어졌다. 뿐만 아니라 IBM의 채용 정보 서비스를 제공하여 세계 어디에 있든 시간과 공간의 제약 없이 IBM의 채용 정보와 계획을 제공하고 실제로 신청까지 가능하게 했다. 메타버스를 활용하여 세계 각지에 있는 잠재적인 우수 인재를 확보할 수 있는 가능성을 열어놓은 것이다.

IBM은 온라인 공동 작업과 정보의 축적, 분석으로 제휴 업체에 고객 지원 서비스를 제공하여 비즈니스의 효율을 높이는 작업도 하였다. 엔지니어를 위한 공간인 '코드스테이션'을 만들어 개발자의 온라인 공동 작업을 지원하였다. 코드스테이션은 교육, 기술 공유, 정보 교류 등의 역할을 담당하며 코드스테이션 안에 코드 도서관 기능을 생성, 개발자가 필요한 코드를 직접 내려받아 작업을 할 수 있도록 했다. 원격으로 떨어져 있는 개발자가 세컨드라이프 안에 모여 시너지를 낼 수 있는 다양한 연구를 할 수 있게 하였다. 하지만 IBM의 노력은 결국 빛을 보지 못했다. 메타버스라는 구조가 가지고 있던 근본적인 한계를 넘어서지 못했기 때문이다.

소니도 적극적으로 메타버스에 참여한 글로벌 기업 중 하나이다. 소니는 2007년 샌프란시스코에서 열린 개발자 회의에서 PS3판 세컨드라이프인 '홈' 서비스 계획을 발표했다. 필 해리슨 소니 컴퓨터 엔터테인먼트 CEO는 당시 기조연설에서 홈 서비스 계획은 커뮤니티, 공동 작업, 그리고 개인 맞춤 서비스와 관련된 것이라고 언급했다. 홈 사용자는 자신의 아바타를 만든 뒤 얼굴, 헤어 스타일을 비롯해 각종 외모를 취향대로 조작할 수 있다. 또 PS3 콘트롤러를 이용해 아바타의 움직임을 통제할 수 있다. 개인만의 아파트를 소유할 수도 있으며, 아파트를 각종 장식으로 꾸밀 수도 있는 등 현실 공간의 삶을 그대로 옮겨놓을 수 있도록 만들려는 시도였다.[7] 소니는 홈을 단순히 유저의 3D 커뮤니티에 머물지 않고, 기업들이 마케팅 공간으로 활용하도록 하겠다는 계획도 가지고 있었다. 필 해리슨 CEO는 홈을 게임 3.0 시대에 적합한 서비스로 규정하고, 3D 공간을 통해 실제 생활 같은 게임을 즐길 수 있는 것이 게임 3.0 시대라고 설명한 바 있다. 지금의 메타버스 논리와 너무도 유사하다.

IT 기업인 델은 세컨드라이프에 가상 체험 공간을 구축했으며, 네트워크 장비 업체인 시스코는 방 8개짜리 집을 홈네트워크로 구성해 TV와 컴퓨터를 통해 메타버스를 즐길 수 있게 만들었다. 그러나 소니, 델, 시스코의 도전적인 시도 역시 모두 실패했다.

메타버스 1.0인 세컨드라이프 실패의 교훈을 기반으로 '메타버스의 비즈니스적 본질은 변화하였는가', 'VR 혹은 AR에서 벗어나 메타버스가 기술적 진화를 이루었는가', 아니면 '새로운 비즈니스 모델이 등장하였는가'와 같은 본질적인 질문을 던져볼 필요가 있다. 그러나 '망각의 사회'인 한국에서는 이런 질문은 실종된 채 콘텐츠를 넘어 하드웨어, 반도체까지 메타버스 산업이라고 주장하는 일이 생기고 있다. 이런 현상에 대해 워싱턴포스트는 "메타버스는 아직 존재하지도 않고, 아마 곧 그렇게 되지도 않을 것이다. 아이디어와 현실 사이의 명확한 경로가 없이 아이디어, 과대광고, 경쟁 앱 및 플랫폼에서 돈을 벌고자 하는 사례가 존재할 뿐이다. 지금의 메타버스는 기존 기술을 리브랜딩한 것뿐, 실제 메타버스로 말할 만한 구체적인 내용물과 기술이 존재하지 않는다"[2]고 비판한 바 있다. 혹세무민에 경종을 울리는 지적이다.

∞

매직리프, 마법 같은 거품

'증강 현실(AR)계의 테라노스인가'라고 비난을 받은 메타버스 기업이 있다. 테라노스는 한 방울의 혈액으로 수백 가지 질병을 진단해낼 수 있다며 투자자를 모집했다가 미국 검찰에 기소되어 실리콘밸리 최대의 사기꾼으로 낙인찍힌 엘리자베스 홈즈의 바이오 벤처 이름이다. 홈즈는 열 가지 죄목으로 기소되어 이 중 네 가지의 죄목에서 유죄 평결을 받아 최소한 80년을 감옥에서 살아야 할 것으로 예상되고 있다. 바로 이 테라노스에 비유되는 기업이 미국의 AR 기업인 '매직리프'이다.

2011년에 설립된 매직리프는 구글의 모회사인 알파벳과 알리바바, 퀄컴, 사우디아라비아 등의 투자자로부터 26억 달러(약 3조 2,060억 원)가 넘는 자금을 유치하기도 했다. 그러나 2011년 창업 이후 2016년까지 실제 제품을 선보이지 않아 IT 전문매체 더버지(The Verge)로부터 '증강 현실계의 테라노스인가'라고 비판받았다. 매직리프의 창립자 로니 아보비츠는 일상적으로 끼고 다니는 안경을 통해 현실과 다름없는 증강 현실을 볼 수 있을 것이라고 주장했다.

매직리프가 제시하는 미래 가능성을 가장 인상적으로 사람들에게 전달한 영상이 있다. 매직리프는 유튜브를 통해 자사 기술을 영상 시연하면서 사람들의 손바닥에 있는 작은 코끼리와 체육관 바닥에서 하늘로 튀어 오르는 고래를 보여 주었다. AR 안경을 쓰면 이런 현실과 가상이 혼합된 환상적인 세계가 눈앞에 펼쳐진다는 매직리프의 설명에 설득되는 순간이었다. 그러나 이 영상들 중 적어도 하나는 웨타 워크숍(Weta Workshop)이라는 시각 효과 스튜디오에서 만들어졌다는 폭로가 나왔다. 또 매직리프 직원들이 사무실에서 실제로 플레이하는, AR 게임이라며 올린 영상 역시 사실이 아닐 수 있다는 주장도 나왔다.[3] 어떤 특수효과도 사용되지 않았다는 매직리프의 주장과 다른 부분이다. 이 주장에 따르면 매직리프의 증강 현실 기술은 제대로 완성되기까지 오랜 시간이 걸릴 것이며, 마이크로소프트의 홀로렌즈보다 성능이 현저하게 떨어진다.

매직리프의 창업자 로니 아보비츠는 2011년 시드머니를 마련한 후 대규모 투자 유치를 통해 기업가치 45억 달러의 대기업으로 변신시켰다. 그러나 2015년 5월 증강 현실 앱을 비롯해 서비스 개발을 위한 개발자 키트와 개발자 플랫폼을 공개했으나 정확한 직원의 숫자도 파악되지 않는 등 의혹투성이였다. 사기 논란에 급히 '매직리프 원'을 출시했으나 가정용 AR 시장은 커지지 않았다. 2018년에야 선보인 매직리프 1세대 제품의 가격은 2,800달러(약 284만 원)에 달해 대중화와는 거리가 멀었다. 기술은 물론 상업적으로 성과를 거둔 AR 헤드셋 제품은 현재 2세대 제품까지 선보인 마이크로소프트의 홀로렌즈가 유일하다.

매직리프 주장의 사실 여부를 떠나 현재 매직리프의 판매 실적은 극히 저조하다. 2019년 매직리프의 AR 기기 판매는 6천 대로 목표 판매량이었던 10만 대에 크게 못 미치는 수준이다. '매직리프 원 크리에이터 에디션'의 가격이 2,295달러(약 272만 원)로 고가라는 점이 문제의 원인 중 하나였다. 광케이블을 통해 레이저를 비추는 '광섬유 스캐닝 디스플레이(fiber scanning display)' 기술에 대한 논란도 또 하나의 원인이기도 하다. 매직리프는 이 기술을 통해 내부적으로는 '비스트(Beast)'라고 알려진, 냉장고 크기만 한 장치를 안경 크기로 줄일 수 있다는, 고성능, 고가의 하드웨어를 경량화할 수 있다고 투자자들에게 설명했다. 그러나 이 기술 개발은 단기가 아닌 장기적인 연구 프로젝트로 변질되어 버렸고, 매직리프는 현재 외부의 시연을 거절하고 있다.

결국 2020년 4월 매직리프는 가정용 증강 현실 시장(B2C)을 사실상 포기하고 기업 전용 기기 개발 부문(B2B)으로 급선회했다. 그러나 B2B로 전환하면 시장 상황은 완전히 달라진다. B2B 시장은 불특정 다수인 대중의 인지도와 달리 전쟁, 의료, 기계 수리와 같은 특정 목적의 달성에 얼마만큼 효과적인지가 중요한 포인트가 된다. 하지만 마이크로소프트와 달리 뒤늦게 B2B 시장으로 전환한 매직리프는 선발 주자인 마이크로소프트가 축적해 온 노하우를 단기간에 추격하기가 어려울 것이다. 현재 매직리프는 천여 명의 직원을 구조조정했으며, 매직리프의 창업주들이 기업 매각을 시도하고 있다는 보도까지 나왔다.

메타버스 관련 기업의 버블은 국내도 마찬가지이다. 사업 영역에 메타버스라는 용어가 들어가는 것만으로도 해당 기업의 주가가 폭등하는 기현상이 발생하고 있다. 메타버스 및 NFT 관련주로 꼽히는 위메이드맥스는 2021년 1500% 급등해 국내 증시에서 수익률 1위를 기록했다. 메타버스 관련 콘텐츠 제작사인 위지윅스튜디오와 덱스터, 엔피 등도 급등했다. 위지윅스튜디오는 6,000원 초반대였던 주가가 2021년 말에는 3만 9,800원으로 뛰면서 545%의 상승률을 기록했다. 덱스터와 엔피는 주가가 400%가량 상승했다. 엔피의 시가총액은 1년 사이 4,000% 증가했다.

하지만 2022년 들어 메타버스 관련 회의론이 확산되면서 미국의 메타를 비롯하여 국내 메타버스 관련 주식들이 폭락하고 있다. 2022년 메타는 처음으로 리얼리티랩스 사업 부문 실적을 별도로 공개했다. 리얼리티랩스는 메타버스 관련 사업을 수행하는 조직이다. 메타의 리얼리티랩스 실적은 VR, AR 하드웨어 및 소프트웨어 매출을 포함한다. 메타에 따르면 리얼리티랩스 부문은 지난 2019년 45억 달러(약 5조 원), 2020년 66억 달러(약 8조 원), 2021년 102억 달러(약 12조 원)의 연간 손실을 기록했다. 메타 주가는 실적 발표 이후 시간 외 거래에서 27% 가까이 폭락했다. 국내 메타버스 기업의 주가도 폭락하고 있다. 위지윅스튜디오는 22%, 덱스터는 34% 등 메타버스 소프트웨어 관련 기업의 주가가 폭락하고 있는 것이다.

매직리프가 환상이었던 것처럼 국내 메타버스 관련 기업의 가치도 결국은 버블이 만들어 낸 하나의 착시에 불과한 것이다.

∞

페이스북이 '메타'가 된 진짜 이유

2021년 10월 28일 페이스북은 '메타'로 사명을 변경하였다. 마크 저커버그 페이스북 CEO는 "오늘날 메타버스를 통해 어디든 가고, 무엇이든 할 수 있는 것처럼 기술은 더 많은 사람을 연결한다"라고 메타버스 사업에 집중하는 배경을 설명했다. 많은 사람들은, 특히 국내의 메타버스 추종자들은 페이스북의 사명 변경에 열광했다. "회사명까지 메타로 변경했다는 것은 그만큼 메타버스 사업에 집중하기 위해서라는 것 아닌가?"

그런데 국내의 이런 분위기와는 달리 미국과 유럽의 언론은 이번 사명의 변경이 내부 고발로 인해 추락한 이미지를 세탁하기 위한 것이라며 비난했다. 영국 가디언은 페이스북의 저커버그를 비롯해 테슬라의 일론 머스크, 아마존의 제프 베이조스 등이 현실 세계를 망쳐 놓고 메타버스와 화성으로 탈출하려 한다고 지적했다. 페이스북이 알고리즘 조작으로 민주주의 사회를 오염시켜 온 사실이 드러나 곤경에 처하자, 저커버그가 대중의 관심을 돌리기 위해 메타버스를 들고 나왔다는 비판이다. 현재 페이스북은 전 직원 프랜시스 하우겐의 내부 고발로 기업 설립 이후 최대 위기를 맞았다. 사명 변경을 통해 추락한 이미지를 벗어나려 한다는 비판을 받는 이유이다. 미국 언론은 담배 기업 필립모리스가 알트리아로, 항공사 밸류제트가 1996년 추락사고 뒤 에어트랜으로 개명한 것을 거론하며 사명 변경을 통한 스캔들 탈출 시도 기업에 페이스북을 포함시켰다.

사실 국내에서는 보도가 많지 않았지만 페이스북은 2021년 9월 직원의 내부 고발로 큰 위기를 맞았다. 페이스북에서 제품 매니저로 있던 내부 고발자 프랜시스 하우겐은 페이스북 내부 자료를 월스트리트저널을 통하여 폭로하였다. 그녀가 공개한 내용에 따르면 페이스북은 내부 연구를 통하여 인스타그램이 10대 소녀들의 정신 건강에 좋지 않은 영향을 끼치고 있음을 반복적으로 확인했지만 이를 묵인하였다. 페이스북이 진행한 설문 조사에 참여한 10대 소녀 중 32%가 '나의 몸에 대해 부정적으로 생각할 때 인스타그램이 기분을 더 나쁘게 만든다'고 답했다. 인스타그램 관련 내부 연구는 또한 '최고의 순간만을 공유하려는 경향, 완벽해 보이려는 압박, 중독성 있는 제품이 10대들을 섭식장애와 자신의 신체에 대한 건강하지 않다는 감각, 그리고 우울증으로 이끌 수 있다'고 경고했다.

그러나 페이스북은 청문회에서 13세 미만 이용자를 위한 인스타그램 출시 계획에 대해 비판받았을 때나 이후 이 앱이 청소년에 미치는 영향에 대해 자체 연구한 결과를 공개하라고 요구받았을 때 이런 내용을 공개하지 않았다. 2018년 페이스북은 기존 알고리즘을 공유나 댓글이 더 많이 달릴 것으로 전망되는 글을 더 노출시키는 알고리즘으로 변경하였다. 하지만 이러한 알고리즘은 유해한 결과를 발생시켰다. 2018년 4월 내부 문서에 의하면 유럽 국가 정당들이 페이스북의 알고리즘이 공유되기 쉬운 글에 우선순위가 매겨지다 보니 질 낮은 글을 올리게 되고, 결국 정치를 나쁜 방향으로 변화시켰다고 지적한다.[4] 폴란드의 한 정당 소셜미디어 담당자는 알고리즘이 변경되고 부정적인 글이 더 많이 공유되고 확산되고 있기 때문에 예전에 비하여 부정적인 글을 올리는 비율이 더욱 높아졌다고 밝혔다. 스페인 정당 역시 페이스북 확산 효과를 최대화하기 위해서는 상대 정당을 격렬하게 공격하는 글을 올려야 한다는 것을 배웠다고 페이스북 조사에 답한 바가 있다.[5]

2019년 12월에는 페이스북의 알고리즘은 중립적이지 않으며, 알고리즘의 변경으로 인하여 분노나 잘못된 정보가 더 확산되기 쉬워졌다는 것에 대한 문서가 기업 내에서 공유되었다. 2020년 1월에도 알고리즘이 변경되고 문맥이나 콘텐츠의 질이 문제임을 지적하였으며 '공유'의 우선순위를 재검토할 것을 제안하였다. 페이스북은 알고리즘을 더욱 안전하게 바꾸게 되면, 이용자들이 사이트에서 보내는 시간이 줄고, 광고도 더욱 적게 누르게 되며, 나쁜 콘텐츠를 감소시킬 수 있다는 것을 알았지만, 그렇게 되면 회사가 돈을 덜 벌 게 된다는 것 또한 알고 있었다. 대중의 이익과 회사 사이에서 페이스북은 계속해서 회사의 이익을 위한 최적화를 선택했다고 프랜시스 하우겐은 말한다.[6]

또한 페이스북은 전 세계 79억 명 중 28억 명이 이용하는 거대 플랫폼이며 이용자의 90%가 미국 외부 국가의 소속인데도, 정작 잘못된 정보를 바로잡기 위한 회사 예산의 84%는 미국에서 쓰였다. 페이스북은 중동의 인신매매, 멕시코 마약 카르텔의 암살자 모집, 에티오피아와 미얀마에서의 소수민족에 대한 폭력 선동, 베트남 권위주의 정부의 정치적 반대자 탄압 등에 자사 플랫폼이 이용됨을 알고 있었음에도 충분한 조치를 하지 않았다고 한다.

바로 이런 비난에 직면한 페이스북이 사명을 메타로 변경하면서 이미지 회복을 시도한 것이다. 그러나 메타의 도전적인 시도는 성공하지 못한 것으로 보인다. 2022년 2월 메타의 주가가 사상 최대 폭인 27% 하락했다. 이날의 주가 폭락으로 메타의 시가총액은 하루에만 300조 원 넘게 손실을 입었다. 하지만 이런 증가하는 적자에도 불구하고 메타는 향후 수익을 낼 수 있는 비즈니스 모델을 제시하지 못하고 있다. 더구나 메타의 곤란은 리얼리티랩스의 실적 부진만이 아니다. 중국 바이트댄스의 동영상 앱 '틱톡'이 페이스북을 위협하는 강력한 라이벌로 등장했기 때문이다. 저커버그는 2022년 콘퍼런스콜에서 틱톡을 다섯 번이나 언급하면서 '틱톡의 성장이 메타의 사업에 타격을 주고 있다'고 시인했다. 틱톡에 대항하기 위해 메타는 2020년 인스타그램에 짧은 동영상 기능인 '릴스'를 추가했다. 그러나 실적은 미미하다.

메타버스에서 메타의 고전과 사회적 비난은 내부 직원들의 충성심 저하로 이어지고 있다. '메타, 메타메이트, 나(Meta, Metamates, Me).' 마크 저커버그 메타 CEO는 엄숙한 표정으로 사내 회의를 마친 뒤 직원들에게 이런 문구를 소개했다고 한다. 나보다 동료(메타메이트)를 중시하고 회사(메타)를 최우선 순위에 두라는 주문이었다. 미국 해군이 사용하는 슬로건인 '배, 동료 선원, 나(Ship, Shipmates, Self)'의 패러디로 보인다. 하지만 저커버그의 이런 아이디어는 공감을 받지 못하고 있다. '우리가 침몰하는 배 안에 있다는 말이냐'고 비아냥거리는 직원이 있을 정도이고, 미국 경제 매체 포춘은 "저커버그가 직원들을 메타메이트라고 부르기 시작했지만 아무도 관심을 갖지 않았다"고 보도하기도 했다.

∞

가상 부동산이라는 또 다른 버블

코로나에 의한 글로벌 양적 완화는 전 세계적인 부동산 버블을 불러왔다. 경제협력개발기구(OECD)에 따르면 37개 회원국 주택 가격은 2019년 4분기에서 2020년까지 1년 동안 약 7% 올랐다. 최근 20년 동안 가장 높은 상승률이다. 미국은 주택가격지수가 전년 대비 12.2% 올라 1991년 이후 최고치를 기록했다. 오스트레일리아도 전국 집값이 2.8% 올라 1988년 이후 가장 높은 수준이었다. 유럽연합(EU)의 평균 집값은 5년 전보다 25% 올랐다. 영국 역시 부동산 가격이 8.5% 급등했고, 중국 선전의 부동산 가격 상승률은 16%까지 뛰었다.[7]

그런데 양적 완화에 의한 부동산 버블이 현실의 부동산에서만 발생하는 것은 아니다. 양적 완화와 메타버스 붐은 가상 부동산 버블이라는 또 다른 버블을 만들고 있다. 가상 부동산 가격은 폭등하고 있다. 어스2에서 서울시 압구정 현대아파트의 경우 2021년 1월 말에 1.6달러였으나 1년 뒤에는 39.5달러로 상승했고, 서울 마포 레미안푸르지오는 3.9달러에서 39.5달러로 폭등했다.

가상 부동산 플랫폼은 각자의 전략으로 투자자들을 끌어들이고 있다. 어스2처럼 실제 세계의 지형을 그대로 모방한 플랫폼도 있는가 하면, 샌드박스나 디센트럴랜드처럼 가상의 지형과 토지 단위를 사용하는 플랫폼도 있다. 이런 붐에 편승해 리서치 기업들은 가상 부동산의 성장 가능성을 광고하기에 여념이 없다. 메타 메트릭 솔루션스는 2022년 메타버스 내 가상 부동산의 판매 규모가 10억 달러(약 1조 2,065억 원)에 달할 것으로 예측했다. 이는 2021년 대비 2배에 육박하는 성장 폭이다. 특히 페이스북이 사명을 메타로 바꾼 직후부터 가상 부동산 판매 규모는 9배 가까이 뛰어올라 1억 3,300만 달러에 이르기도 했다. 이러한 붐을 기반으로 국내에서도 '세컨서울', '메타렉스', '메타버스2' 등 여러 개의 가상 부동산 플랫폼이 등장했다.

샌드박스 플랫폼은 현재 최대 규모의 가상 부동산 플랫폼이다. 가상 부동산 4대 플랫폼 중 샌드박스가 제공하는 가상 부동산이 62%나 된다. 2021년 가상 부동산 전체 판매의 4분의 3을 차지한 것도 샌드박스이다. 현재 샌드박스에서는 '판타지 제도'라 이름 붙은 100여 개의 섬을 개발 중인데 분양 첫날에 90개의 섬이 판매되었고, 섬 하나당 첫날 분양가가 1만 5,000달러였으나 지금은 10만 달러 이상의 가격을 기록한 섬도 있다고 한다. 샌드박스가 제공하는 가상 부동산 규모는 16만 6,464파슬(파슬은 94m × 94m 크기의 가상 공간의 단위이다. 다만 또 다른 가상 부동산 플랫폼인 디센트럴랜드에서는 16m × 16m 크기 공간의 단위를 파슬이라고 부르는 등 플랫폼마다 차이가 있다)이다.

어스2는 가상의 지구를 10m × 10m로 쪼개 땅을 사고파는 메타버스 부동산이다. 2020년 11월 호주 출신의 개발자 셰인 아이작이 구글 어스를 기반으로 출시했다. 어스2에서 사용하는 단위 E$는 달러와 같다. 가지고 있던 땅을 팔려면 매도 가격을 지정해서 내놓을 수 있다. 다만 모든 거래에는 5%의 수수료가 발생한다. 어스2에서는 '개선부담금(Improvement Fee)'이라 부른다. 시세 차익분에서 5%를 산정하는 방식이다. 어스2에서 각 랜드는 기본 가격인 0.1달러부터 시작하며 유저들 간 거래를 통해 가격 변동이 생긴다. 2021년 12월을 기점으로 랜드 가격 조정을 위해 랜드에 tier1과 tier2의 구분이 생겼는데 주인이 있는 랜드를 tier1, 그렇지 않은 랜드를 tier2로 분류했다. Tier1 토지는 유저 간 거래로만 획득 가능하며 tier2 랜드는 마켓 플레이스에서 구매 가능하다. 어스2의 중앙대 서울캠퍼스는 현재 한국과 룩셈부르크 유저들이 캠퍼스 대부분의 랜드를 구매한 상태이다.

어스2는 모노폴리 게임 같은 형태의 미완성 플랫폼이라고 할 수 있다. 투자자들은 세계 주요 도시의 가치 높은 땅을 매수해서 지역을 독점한다. 그리고 여기에 건물을 올리고, '쥬얼 시스템(jewel system)'(자신이 사들인 토지에서 보석이 생성되고 그 보석을 어스2에서 거래할 수 있다. 게임의 가상 화폐와 유사하다)으로 땅에서 부가 수익을 얻는 것이 게임 '모노폴리'와 유사하다. 현재는 토지 매매 및 광고 기능을 주력으로 하고 있으나 추후 VR을 적용한 게임까지 추가할 예정이라고 한다. 그러나 어스2 자체가 개발 초기 단계라 VR 게임까지는 상당한 시간이 걸릴 것으로 보인다.

어스2와 달리 디센트럴랜드는 가상 부동산 플랫폼인 동시에 일반적인 메타버스 게임으로서의 요소도 갖추고 있다. 유저는 x, y 좌표로 나뉜 랜드(LAND)라고 불리는 가상 토지를 구매할 수 있으며, 랜드의 소유권은 NFT로 기록된다. 랜드를 다른 유저에게 양도하는 것도 가능하다. 디센트럴랜드는 실제 지구의 땅이 아닌 가상 세계의 도시를 거래하도록 되어 있다. 랜드의 수는 총 9만 61개로 정해져 있는데, 이는 부증성(양이 증가하지 않는 성질) 측면에서 현실 부동산과 같다고 볼 수 있다.

메타버스 가상 부동산의 핵심 요소는 사람들을 지속적으로 유입시켜 가치를 유지할 수 있는가 여부이다. 현재는 유저의 투기적인 수요로 유지되고 있지만, 만약 이러한 수요가 줄어들어 유저가 감소한다면 가상 부동산이 추락할 가능성은 크다. 또 샌드박스, 어스2 이외에도 여러 유형의 가상 부동산 플랫폼은 늘고 있지만 이들 플랫폼 모두 투자 주체가 불분명하고 현금화가 어렵다는 문제가 존재한다.

가상 부동산을 둘러싼 사고도 발생하고 있다. 세컨서울의 운영사가 주식회사 엔씨티 마케팅에서 주식회사 엔비티로 바뀌면서 2021년 12월 말 돌연 베타 서비스를 중지시켜 논란이 되었다. 사기 사건도 있다. 가상 부동산 투자에서 피해를 주장하는 사람은 이렇게 말하고 있다.[8]

> 가상 부동산 주식 투자를 지인을 통해 알게 되었고 하게 되었는데

> 알고 보니 다단계 사기였습니다. 이쪽 그룹장인가 뭔가 하는 사람이랑 카톡 내역 있고 송금 내역도 있고 그 외 증거들도 다 있는데 문제는 법정에서 승소 후 이 사기 가해자들이 법정에서 피해 보상을 선고받았음에도 저에게 피해 보상을 안 주고 버티는 경우에는 어떻게 해야 하나요? 강제로라도 받아 낼 수 있는 방법이 있나요?

이런 사기는 가상 부동산을 사칭한 다단계 사기이다. 돈스코이호 사기와 같은 코인 투자 사기는 여러 건 있지만 가상 부동산 사기는 이제 본격적으로 발생하고 있다. 돈스코이호 사기 사건은 신일그룹이 2018년 150조 원 규모의 금괴가 실린 제정 러시아 함선인 돈스코이호를 울릉도 인근에서 발견했다고 홍보한 뒤 가짜 가상 화폐 '신일골드코인(SGC)'을 구매하면 인양 수익금을 올릴 수 있다고 투자자들을 속인 사건이다. 이들의 사기 금액은 115억 8,000만 원에 달했다.

현재 메타버스의 가상 부동산을 운영하고 있는 사이트가 성행하고 있지만 대부분 지속 가능하지 않은 비즈니스 모델을 가지고 있다. 이전에 가상 부동산을 운영했던 세컨드라이프의 경우 2009년 당시 투자된 돈이 4,000억 원에 육박하기도 했다. 그러나 세컨드라이프 서버가 폐쇄되면서 가상 부동산은 소멸했다. 지금 메타버스의 버블이 꺼질 징조가 보이고 있다. 메타버스의 버블이 꺼지게 되면, 가상 부동산 역시 추락하게 되어 있다. 향후 가상 부동산의 상당 부분은 소멸하게 될 전망이다.

∞

가상 부동산은 자산인가? 사기인가?

가상 부동산 투자자 중에는 심리적 위안을 위해 메타버스에서 구입하는 경우도 있다. 서울시 강남에 존재하는 아파트를 실제 세계에서는 구매할 수 없기 때문이다. 그러나 지금 가상 부동산에 대한 투자를 보면 상당수가 투기적 목적이다. 따라서 메타버스의 버블이 꺼지면 폰지 사기처럼 진입 시기가 늦은 유저들이 피해를 입을 수밖에 없는 구조이다. 폰지 사기(Ponzi game)란 투자 사기 수법의 하나로 실제로는 아무런 비즈니스적 이윤 창출 행위가 없이 투자자들이 투자한 돈을 돌려 투자자들에게 수익을 지급하는 방식이다. 일종의 돌려막기이다.

가상 부동산의 최대 위험은 플랫폼이 언제 소멸할지 모른다는 점이다. 글로벌 시장에서 선풍적인 인기를 끌었던 세컨드라이프에도 가상 부동산 매매가 있었다. 그러나 2009년 세컨드라이프가 한국 내 서비스를 종료하면서 가상 부동산의 소유권도 함께 소멸했다. 그 당시 투자자들은 세컨드라이프가 '법적인 자산'이 아니었기 때문에 아무런 보상을 받지 못했다. 지금의 가상 부동산 투자 역시 가격이 오를 것이라는 호기심과 기대감에 의한 것이라 투자의 자기 책임이라는 측면에서 볼 때 투자자들을 보호하기 힘들다. 만약 가상 부동산 플랫폼사가 유저 감소로 서버를 폐쇄한다면 가상 부동산은 바로 소멸한다. 특히 소수 유저의 마이너 플랫폼에 투자하는 투자자들은 상시적으로 위험에 노출되어 있다.

이처럼 가상 부동산에는 많은 위험이 존재한다. 그 위험은 다음과 같은 이유로 발생한다. 가상 부동산은 실제 부동산을 모방한 시장이지만 가상 부동산만의, 불합리하거나 예측하기 어려운 문제가 존재한다. 동일 지역이라도 가상 부동산 플랫폼에 따라 가격 차이가 심하고 '준비 예정'이라는 말로 유저들을 현혹하고 있는 경우도 많다.

가격 변동의 변수가 실제 부동산과 다르며 가격 상승과 하락의 원인을 알기 어렵다는 문제도 있다. 가상 부동산은 실제 부동산을 모방한 시장이지만 가상 부동산의 특징이 있어 가격 변동이 불합리하거나 예측하기 어렵다. 어스2처럼 실제 세계를 그대로 옮긴 가상 부동산에서, 세계적으로 가장 인기 있는 도시의 땅을 산다고 해서 실제 세계의 토지 소유자만큼의 수익이 생길 지는 미지수이다. 가상 공간은 이동이 자유롭기 때문에, 지리적인 장점보다도 누가 부동산을 소유하고 어떻게 부동산을 활용하는가라는 변수가 토지 가격에 크게 영향을 미친다. 미국의 유명 래퍼 스눕독(Snoop Dogg)이 구매했다고 알려진 샌드박스의 경우 이웃집이 45만 달러(약 5억 3,500만 원)에 거래되었다.

현금화가 어렵다는 점도 있다. 기본적으로 가상 부동산 시장 자체가 다수의 참여자와 거래량이 동반된 효율적인 시장이 아니다. 어스2에서 서울 마포 래미안푸르지오 아파트가 폭등했지만 시세는 언제든지 하락할 수 있다. 또 소유자가 원하는 시기에 거래가 이루어지기 어렵기 때문에 자산 유동화도 어렵다. 특히 어스2는 현금화가 까다로운 플랫폼으로 알려져 있는데 50달러 미만의 금액은 현금화가 안되고, 현금화 시 운영자의 승인을 받아야 한다. 복잡한 인증 절차를 마치기 위해서는 영어로 이메일을 회사와 주고받아야 한다. 메일로 환불 신청을 완료한 후에는 어스2가 발급하는 가상 'E2 마스터카드'를 발급받아 이 카드로 환불받아야 한다. 이 카드는 심지어 국내에서는 발급이 어렵다고 한다. 다른 플랫폼들도 현금화는 쉽지 않다. 가상 부동산 플랫폼 업랜드는 UPX라는 가상화폐가 쓰인다. 하지만 UPX는 아직 코인 거래소에 상장되지 않아 현금화를 할 수 없다.[9] 이렇게 되면 가상 부동산 플랫폼이 의도적으로 환전을 어렵게 만들었다는 비난을 받을 수도 있다.

가격 산정이 개발사 의도대로 이루어진다는 점도 문제이다. 이 점은 가치의 입증에 대한 주관성이라고 말할 수도 있다. 가상 부동산 공간은 만드는 데 제한이 없으므로 이론적으로는 희소성 개념을 적용하기 어렵다. 플랫폼은 늘어나는데 어느 플랫폼의 가상 토지가 더 희소성이 있는지 판단하기도 곤란하다. 이런 가치 입증에 대한 문제는 가격 산정의 모호함을 부른다. 실제 세계를 가상으로 옮긴 플랫폼은 많지만 각 플랫폼이 같은 시세를 공유하지는 않는다. 가상의 뉴욕 땅이 어느 플랫폼에서는 더 비싸거나 더 쌀 수 있다. 이 때문에 인디애나 대학의 에드워드 카스트로노바 교수는 '메타버스 부동산 판매는 대체로 피라미드 사기'라고 비판한 바 있다. 공급량이 정해진 실제 부동산과의 차이점 때문에 메타버스 플랫폼 업체 중 가상 부동산의 공급을 제한하고 있는 곳도 있기는 하다.

가치의 기준이 실물 자산만큼 명확하지 않은데다 가상 부동산의 가격 자체에 영향을 미치는 요인들도 밝혀져 있지 않다. 이러한 문제를 해소하기 위해 현실 부동산 가격을 반영하는 플랫폼도 2021년 말 등장했다. 실물 경제와 연동한 플랫폼인 메타렉스는 현실 부동산의 동향이 가격에 그대로 반영된다. 메타렉스는 초기 부동산 가격도 국토교통부에서 제공하는 부동산 실거래 가격의 5만 분의 1 수준으로 책정한다. 하지만 그럼에도 이런 플랫폼조차 가상 부동산의 가치를 평가하는 가치의 객관성을 제시하지 못한다.

위와 같은 불안정성과 불확실성은 메이저 가상 부동산 플랫폼에도 존재한다. 예를 들어 어스2의 경우 소개 영상에 제작진의 FAQ 번역본을 볼 수 있다. 거기에는 개발 중이라는 이유로 유저들이 궁금해할 만한 세부 업데이트 계획에 대한 이야기는 별로 없고 '건물을 지을 수 있다', '큰 계획을 가지고 있다', '건축 기능을 사용하는 데 프로그래밍 기술은 알 필요 없다' 정도의 단순한 답변으로 채워져 있다. 이들은 추후 업데이트 계획을 페이즈(Phase)로 나누어 소개하고 있다. 그러나 일반적인 게임 회사들이 대형 업데이트에 대해 명확한 시점을 제시하는 데 비해 이들은 구체적인 스케줄을 말하지 않고 있다.

플랫폼 간 호환이 불가능한 폐쇄성도 한계이다. 진정한 메타버스 시대가 도래하려면 가상 세계 상호 간에 호환이 가능해야 한다. 그러나 각 플랫폼 및 개발사는 개별적 운영을 하고, 상호 간의 호환은 불가능하다. 가상 부동산이라는 용어의 공통점 이외에는 사용하고 있는 엔진이나 기술도 다르고, 현실의 부동산의 모방인지 완전히 가상의 부동산인지도 다르다. 무엇보다 각 가상의 세계가 가지고 있는 '경제적 가치'가 전혀 다르다. 이런 상태에서 가치가 높은 가상 부동산은 가치가 낮은 부동산과의 호환을 선택할 이유가 없다. 결국 가상 부동산은 각자도생의 길을 걸어야 하는 운명인 셈이다.

가상 부동산 플랫폼 운영사가 가지는 리스크도 있다. 가상 부동산 플랫폼은 서버를 닫을 때 소송에 노출될 수 있다. 실제로 2010년 세컨드라이프에 돈을 지불하고 토지나 건물을 분양받은 입주자들이 회사와 설립자 필립 로즈데일을 상대로 집단소송을 한 적이 있다.[10] 세컨드라이프 입주자들이 가상 공간에서 재산 소유권 조건이 바뀌었으며, 이에 따라 입주자들은 자신의 가상 재산과 물건에 대한 소유권을 침해하는 새로운 서비스 조항에 강제로 동의하게 되었다는 이유로 린든랩을 제소했다.

이들은 소장에서 세컨드라이프의 회사 린든랩과 로즈데일이 마케팅을 통해 그들이 구입한 가상의 땅을 소유하고 그들이 만든 콘텐츠에 실제 화폐를 투자하도록 유도했다며 일방적으로 고객의 양해나 고지, 또는 허락도 없이 서비스 합의 조건을 변경시켜 이 토지와 재산의 소유주가 만들어낸 것을 소유하거나, 매매하지 못하도록 했다고 말했다. 이들은 세컨드라이프 운영자들이 새로운 서비스 합의 조항에 동의하지 않으면 재산에 접근하지 못하게 했다고 주장했다.

세컨드라이프 운영자들은 2007년에도 소송에 연루된 바 있다. 당시에는 펜실베이니아 소액심판법정이 세컨드라이프 입주자를 대신해 소송을 제기했다. 마크 브래그라는 세컨드라이프 입주자는 그의 계정이 동결된 후 세컨드라이프에 있는 자신의 가상 물건과 재산의 가치에 해당하는 돈 8천 달러를 현금으로 돌려달라는 청구를 한 바 있다. 브래그의 소송은 그의 계정이 원상 복구되면서 해결되었다.

이처럼 가상 부동산은 언제든지 회사 방침의 변경이나 서버의 폐쇄로 인한 투자 자산의 손실이 발생할 수 있기 때문에 운영 기업은 소송을 당할 가능성이 열려 있다. 결국 가상 부동산 사업에서 투자자는 메타버스 서버의 소멸이나 가격 폭락에 의한 손실 가능성이, 그리고 '선량한 운영자'는 서비스 중단 시 사기 등의 혐의로 법적인 소송을 당할 수 있는 가능성이 항상 열려 있는 것이다.

메타버스 1.0 '세컨드라이프'의 실패

2002년 베타 테스트가 시작된 후 메타버스의 글로벌 열풍을 불러일으켰던 가상 세계가 바로 세컨드라이프이다. 지금의 메타버스는 한국과 미국의 몇몇 기업이 열광하고 있는 수준이지만 과거의 세컨드라이프는 말 그대로 전 세계가 열광한 콘텐츠였다.

세컨드라이프는 린든랩이 제공하는 기술적 기반 위에 유저가 콘텐츠의 창작에 능동적으로 참여하여 이루어지는 온라인 3D 커뮤니티였다. 유저들은 광대한 사이버 공간 속에서 현실에서 꿈꾸어 온 자신의 이상을 섬세한 아바타와 가상 건축과 재화를 통해 펼칠 수 있었다. 세컨드라이프 가이드는 이렇게 설명한다.

> 세컨드라이프는 모험과 탐험으로 가득한 끝없는 세계를 여행하게 해 준다. 나이트클럽, 교회, 대학, 도서관과 같이 현실에 존재하는 모든 장소뿐 아니라, 무인도, 우주정거장, 서부 개척 시대의 도시 등 상상력에서 나온 모든 가상현실의 세계를 탐험할 수 있게 해 준다. 여행의 방법 또한 다양하다. 공간을 날아다니거나, 유니콘을 타고, 또 순간 이동을 하는 등 자신의 취향과 능력에 따라 다양한 방법으로 가상 세계를 여행할 수 있다.

세컨드라이프 이용자들은 가상 세계 공간에서 시스템이 제공하는 제작 도구를 이용하여 건물을 만들고 아이템을 생산할 수 있다. 이렇게 생산된 창조물에 대한 지적 소유권은 제작자가 소유한다. 이러한 세컨드라이프의 특징은 이용자가 지속적으로 창조물을 생산하고 거래하여 가상 세계를 확장시키는 동기를 유발한다.

세컨드라이프에서 거주민은 개방적 제작 시스템을 이용하여 다양한 디지털 콘텐츠를 만들고 거래할 수 있다. 린든랩은 개발자인 이용자에게 가상 세계 안에서 소유의 개념을 주고자 거주민(resident)이라는 개념을 도입하였다. 거주민은 정육면체, 원통, 구와 같은 기본적인 형태를 활용하여 건물과 도구를 제작할 수 있고 작은 비용으로 이미지, 사운드 및 애니메이션을 업로드 할 수 있다. 거주민은 이처럼 다양한 형태로 구성된 가상 세계의 재화 및 가치를 공개적으로 현금, 부동산, 용역 및 제품과 거래할 수 있다.

현재 가장 뜨거운 관심을 보이고 있는 메타버스 플랫폼인 로블록스의 화폐 '로벅스'와 같이 세컨드라이프 내에도 린든달러(Linden Dollar; L$)라는 화폐가 존재하였다. 거주민들이 아이템을 사고파는 활동은 세컨드라이프의 공식 통화인 린든달러로 이루어진다. 린든달러는 '린덱스(LindeX) 서비스'를 통해 실제 미국 달러(USD$)로 바꿀 수 있다. 이러한 환전 활동은 세컨드라이프 내 린든달러의 안정화를 위해 린든랩에서 엄격하게 감독했다. 린든랩은 '싱크(sinks: 린든달러를 처분)'와 '소스

(sources: 린든달러의 구입)'라는 기능 운영 결과를 공개적으로 보고하며, 린든달러의 가치가 불안정해지는 것을 방지한다.

2007년에 이르면 세컨드라이프는 이용자 120만 명, 이용시간 6,500만 시간이라는 기록을 세웠다. 2008년 한 해 만해도 3억 4,500만 달러가 세컨드라이프 내 39개 가상 세계에 투자되었다. 2008년에는 한국 공식 서비스도 시작하였다.

세컨드라이프 내에서 100만 달러 이상의 수익을 창출한 유저가 나타났으며, 도요타, 닛산, 나이키, 소니, BMG 등 글로벌 기업 또한 세컨드라이프에 진입하여 홍보와 제품 판매 등의 목적으로, NASA와 같은 연구기관, 하버드대학 같은 교육기관 심지어 UN의 여러 기구들조차 입점할 정도였다. UN 산하의 국제기구들은 세컨드라이프에 모여 국제적인 분쟁과 해결 방법에 대해 토론을 거듭했다. 당시 세컨드라이프는 가상 세계 중 가장 많은 국가의 유저가 참여한 가상 세계 콘텐츠로 이러한 규모의 참여는 활발한 가상 세계 활동을 가능하게 하는 핵심 요소였다.

그러나 이러한 국제적인 관심에도 불구하고 한국에서 세컨드라이프는 등록 유저 20만 명에 미치지 못하는 실패로 끝났다. 세컨드라이프뿐 아니다. 다다월드, 미니라이프, 누리엔 등 한국에서 만들어진 다른 메타버스도 모두 실패로 막을 내렸다. 그리고 마침내 세컨드라이프 자신도 2016년 서버를 폐쇄하면서 메타버스 1.0의 거대한 실험을 마쳤다.

그렇다면 한국에서 가상 사회 비즈니스가 성공하지 못한 이유는 무엇일까. 그 이유는 다음과 같은 세 가지로 정리할 수 있다.

첫째, 메타버스의 목적성 부재이다. 메타버스에서 주의해야 할 점, 특히 비게임형 가상 세계 메타버스에서 조심해야 할 점이 바로 목적성이다. 메타버스에서 분명한 목적성이 존재하지 않으면 실패한다. 게임은 분명하고 특정한 목적성을 유저에게 던져주고 있다. MMORPG(Massive Multiplayer Online Role Playing Game: 대규모 다중 이용자 온라인 롤 플레잉 게임)는 게임 속 등장인물의 역할을 수행하는 형식의 게임인 RPG(롤 플레잉 게임)로 각 유저는 자신의 맡은 역할을 수행한다. 리니지의 경우 엘프, 다크엘프, 드워프, 휴먼 등 4개의 종족으로 나뉘며, 전사와 마법사 같은 직업으로 역할을 수행한다. 따라서 게임에 접속해서 자신의 캐릭터가 형성되는 순간 자신의 역할은 분명해진다.

그러나 세컨드라이프 같은 메타버스에서는 이용자가 도대체 무엇을 어떻게 해야 되는지에 대한 목적을 제시해 주지 않는다. 세컨드라이프와 같은 메타버스는 목적이 다양한 것에 비해 게임은 단일한 목적만을 유저에게 부여한다. 이용자가 메타버스에 접속하는 동기는 다양하다. 따라서 특정 메타버스에서는 특정 행위를 하도록 방향을 잡아주는 것은 중요하다. 메타버스에 들어갔을 때 무엇을 해야 되는지 목적을 알 수 없다면 그 메타버스 플랫폼은 실패한다.

둘째, 엔터테인먼트적 요소이다. 특수한 목적을 가진 경우를 제외하면 메타버스 세계는 엔터테인먼트적 요소를 기본으로 한다. 단지 게임에서와 같은 퀘스트 수행과 보상이라는 즐거움뿐 아니라 어떤 형태로든 유저를 만족시킬 수 있는 엔터테인먼트가 있어야 한다. 플랫폼이 유저에게 즐거움을 전달하지 못할 경우 유저의 이탈 가능성은 매우 높아진다.

그러나 세컨드라이프는 바로 이 엔터테인먼트적 요소가 제한적이었다. 세컨드라이프는 자유도가 매우 높고, 너무나 이질적인 유저들이 모여 있기 때문에 활동 목적을 스스로가 정할 필요가 있었다. 메타버스는 일종의 세계이기 때문에 유저들의 반복적인 방문은 중요하다. 그러나 세컨드라이프는 엔터테인먼트적 요소가 약하기 때문에 지속적인 방문을 하고자 하는 유저 풀이 크지 않았다.

셋째, 유저 인터페이스(UI)의 간편성이다. 이를 조작에서의 실용성과 편리성이라고 부를 수도 있다. 유저 인터페이스의 난이도가 높으면 유저는 메타버스에 정착할 수 없다. 세컨드라이프는 자유도가 높은 대신 유저 인터페이스가 대단히 어려웠다. 전문적인 교육을 받지 않은 일반 유저들이 세컨드라이프 안에서 아이템이나 건물을 생성하기는 대단히 어렵다는 이야기이다. 따라서 일부 소수의 기업적인 전문가 유저와 그들이 만들어내는 콘텐츠를 구매하거나 소비하는 일반 유저의 간극이 너무 컸다.

∞

세컨드라이프와 게임 유저는 어떻게 달랐는가[11]

세컨드라이프의 실패를 이해하기 위해서는 세컨드라이프 유저의 특성을 이해할 필요가 있다. 이 조사를 위해 세컨드라이프에 접속해서 캐릭터를 사용해 직접 상대방 캐릭터에게 질문하는 형태로 데이터를 수집했다. 조사 기간은 2008년 3월~4월이다. 캐릭터를 사용한 조사방법은 조사항목이 제한된다는 단점이 있지만 익명성 때문에 응답의 신뢰성이 높아지는 장점이 있다.[12] 〈표1〉처럼 당시 세컨드라이프를 이용하고 있는 유저들을 대상으로 FGI(Focused Group Interview)를 실시했다. 조사 결과 약 절반의 유저들이 미국, 영국 등 영어권 유저들이었다. 이는 기본적인 인터페이스가 영어로 제작되었다는 점에서 비영어권 유저에게 언어적인 장벽이 1차적으로 작용하였다는 것을 지적할 수 있다.

세컨드라이프에서 제공하는 국적 비율을 살펴보아도 일본 3.38%, 중국 1.31%, 한국 0.23% 등으로 아시아권 국가가 차지하는 비중은 작다.

<표1> 세컨드라이프 유저 FGI

구분	내용
방식	FGI
대상	세컨드라이프 유저 130명
국적	미국(33.8%), 영국 (10.8%), 일본(9.2%), 독일(8.5%), 프랑스(6.9%), 호주(4.6%), 기타(26.2%)

〈그림1〉은 세컨드라이프를 이용중인 주요 연령대에 대한 분석 결과이다. 세컨드라이프의 주 연령대는 활발하게 경제 활동을 하고 있는 30대와 40대의 비율이 높다. 특히 10대는 한국 온라인 게임 유저의 경우 약 32.2%를 차지하고 있는 것에 비하면 압도적으로 낮은 비율이다. 이는 콘텐츠의 성격과 인터페이스의 차이 때문으로 보인다. 게임의 경우 직관적인 인터페이스를 구비한 반면 세컨드라이프는 조작이 어려운 문제를 안고 있다는 점이 10대 유저를 끌어들이지 못한 이유로 보인다.

다음으로 세컨드라이프 이용자들의 사용 시간은 〈그림2〉와 같다. 세컨드라이프 유저들의 사용 시간은 1~2시간이 25%, 2~3시간이 22%로 약 절반을 차지했다. 또한 온라인 게임 유저 중 42%의 유저가 1~2시간을 이용해 가장 많은 반면, 세컨드라이프는 4시간 이상을 사용한다는 유저 비율이 26%로 가장 많았다. 이는 게임에 대한 몰입성이 대단히 높은 온라인 게임과 비교할 때 높은 수치이다.

유저들이 세컨드라이프를 이용하는 주요 동기에 대해 분석해 보

<그림1> 세컨드라이프와 온라인 게임 유저의 연령 비교

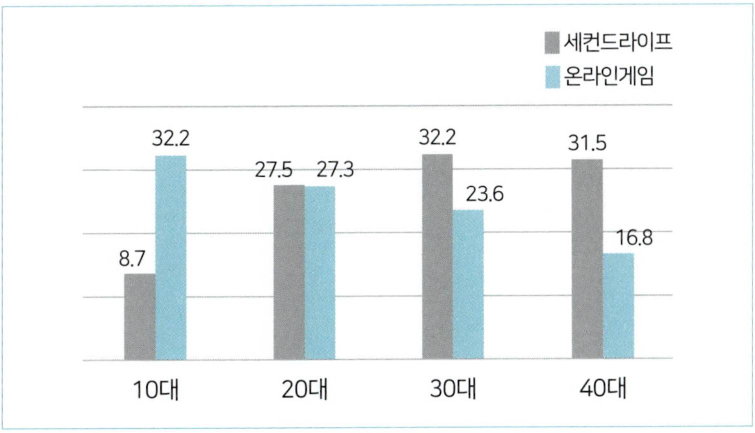

주) 온라인 게임의 유저 데이터는 2008년 '대한민국게임백서'에서 인용. 온라인 게임의 경우 N=1700, 조사기간은 2008년 1~2월이다.

<그림2> 세컨드라이프와 온라인 게임 유저의 사용 시간 비교

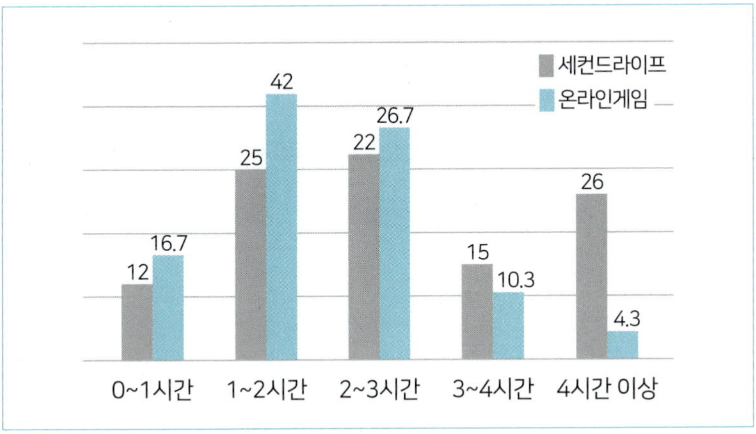

주) 온라인 게임의 유저 데이터는 2008년 '대한민국게임백서'에서 인용. 온라인 게임의 경우 N=1700, 조사기간은 2008년 1~2월이다.

<그림3> 세컨드라이프 사용 목적

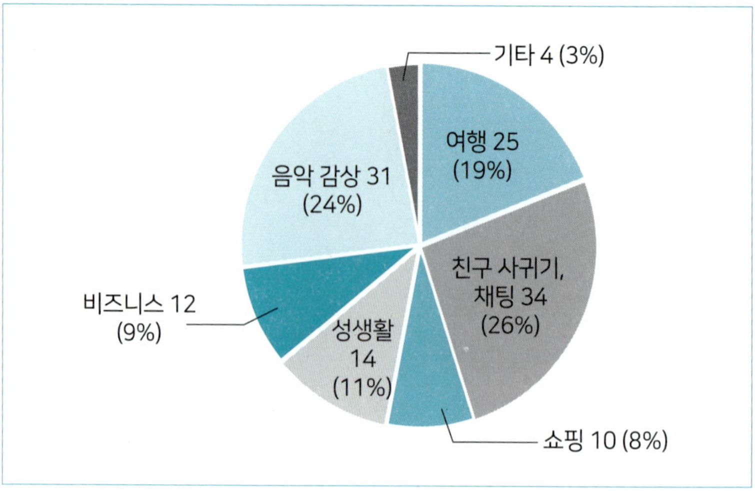

면 〈그림3〉과 같다. 가장 많은 비율을 차지한 항목은 친구 사귀기와 채팅과 같은 커뮤니티 목적이었으며, 여행이라는 항목을 응답한 비율이 19%의 높은 비율로 가상 세계를 실제 세계의 대체 수단으로 이용한다는 것을 알 수 있다. 또한 세컨드라이프가 비즈니스형 가상 세계라는 기존 인식과는 다르게 비즈니스적 목적에 의한 이용은 9%에 불과했다.

이러한 수치는 온라인 게임 유저를 대상으로 '게임을 하는 이유' 조사에서 '재미있으니까' 47.9%, '스트레스 해소' 21.4%로 다수를 차지하는 것과 비교해 큰 차이를 보이고 있다. 조사에서 '커뮤니티 목적'은 15.7%에 지나지 않고 있다.[13] 이점에서 온라인 게임 유저와 세컨드라이

<그림4> 세컨드라이프 불편 요인

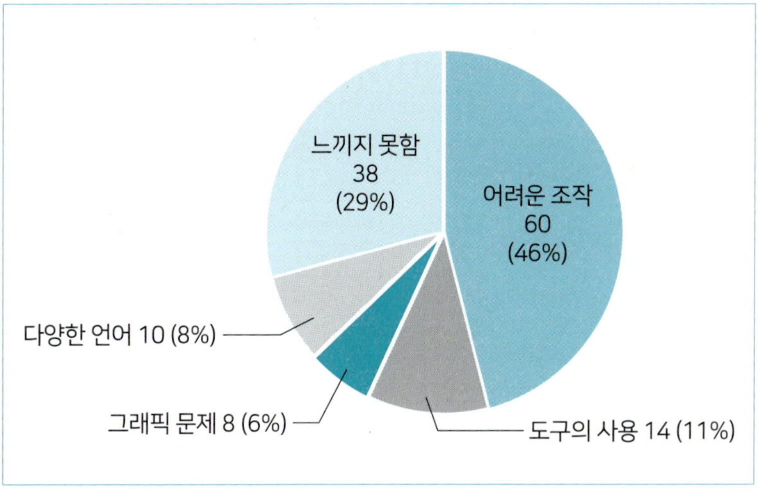

프 유저가 추구하는 가치는 다르다고 할 수 있다.

다음으로 세컨드라이프의 이용상 문제점에 대한 응답은 〈그림4〉와 같다. 세컨드라이프의 이용상 문제점으로는 조작에 대한 불편을 지적하는 경우가 많다. 질문에 응답한 대부분의 초기 유저가 조작의 문제점을 지적하였다. 또한 언어의 차이로 인해 생기는 유저 간 커뮤니케이션 장애로 활동에 한계를 느끼는 유저들이 있었으며, 이를 해결하기 위해 특정 공간에서 동일한 언어를 쓰는 유저들끼리 교류하는 모습을 보였다.

위의 세컨드라이프 유저 분석을 정리해 보면 〈표2〉와 같이 온라인 게임 유저와의 차이를 설명할 수 있다.

<표2> 세컨드라이프 유저의 특징

항목	특성
국적	언어적인 제약으로 인해 아시아보다는 서양의 국적 비율이 높게 나타남. 일본, 중국, 한국 유저의 총합이 5% 내외임
연령	온라인 게임은 연령이 증가할수록 가입 비율이 감소하는 반면 세컨드라이프는 경제 활동이 활발한 30대와 40대가 주요 구성원임
사용 시간	온라인 게임의 4시간 이상 사용하는 코어 유저의 비율이 5% 미만인데 반해 세컨드라이프는 26%로 높은 비율을 나타냄
사용 목적	유저들에게 목적성을 제시해 주는 온라인 게임에 비해 다양한 사용 환경을 제공해 주며 여행, 채팅, 음악 감상 등 취미 생활 위주로 사용함. 반면 비즈니스 용도의 유저 비율은 10% 미만을 나타냄

세컨드라이프 유저는 영어를 기본으로 한 언어상의 제약으로 서구 유저의 비율이 높게 나타났다. 연령을 볼 때는 30대와 40대 같은 청장년층이 주요 구성원으로 게임에 비해서 연령이 높다. 세컨드라이프는 커뮤니티형 메타버스임에도 불구하고 4시간 이상 사용하는 하드코어 유저의 비율이 높게 나타나고 있다. 또한 사용 목적을 보면 단일 목적의 게임과 달리 여행, 채팅 등 다양하게 나타나고 있다.

바로 이러한 세컨드라이프의 특성은 세컨드라이프의 글로벌 확장성에서 제약 요인으로 작용했다고 볼 수 있다. 세컨드라이프 유저는 영어를 기본으로 하기에 아시아 유저의 확장이 제한적이었다. 연령을 볼 때는 30대와 40대 같은 청장년층이 주요 구성원으로 이들은 20대 이하 청소년과 함께 커뮤니티 활동을 하기 곤란하다. 세컨드라이프는 장시간 사용하는 하드코어 유저의 비율이 높아 단시간 사용하는 라이트 유저를 흡수하거나 혼합되기 어렵다. 특히 사용 목적이 다양하여 신규 진입하는 유저는 어떤 목적으로 어떤 집단을 어떻게 선택할지 어려운 상황이 발생했다. 사용 목적의 다양성이 오히려 신규 유저의 진입을 방해하는 상황이 발생한 것이다.

∞

세컨드라이프 실패를 반면교사로 성공한 로블록스

실패한 세컨드라이프와 로블록스를 비교 분석해 보면 왜 로블록스가 성공했는지, 세컨드라이프가 소멸했는지 잘 이해할 수 있다. 로블록스는 최근 각광을 받고 있지만 돌이켜보면 세컨드라이프가 등장한 유사한 시기에 로블록스(2006년 9월)도 등장했다. 세컨드라이프가 2002년에 등장했으니 4년 정도의 차이이다. 로블록스는 세컨드라이프가 흥망성쇠하는 과정을 관찰하고 자신들의 차별적 역량을 축적했다. 메타버스 2.0의 선두주자 역할을 하고 있는 로블록스는 현재 시가총액 42조 원에 달하며, MAU라고 불리는 월간 이용자 수는 1억 7,000만 명에 달한다. 일찍이 세컨드라이프도 달성하지 못한 대기록이다.

로블록스는 게임을 만들 수 있는 도구인 스튜디오와 이용자가 직접 만든 게임을 공유해 즐길 수 있는 플랫폼 플레이어 기능을 동시에 제공한다. 스튜디오를 이용하면 유저도 간편하게 자신만의 게임을 만들어 배포할 수 있다. 로블록스의 레고처럼 생긴 캐릭터를 보면 또 하나의 초등생 게임인 '마인크래프트'와 상당히 유사하다는 느낌이 든다.

로블록스의 특징 중 하나는 16세 미만의 어린이와 청소년이 전체 이용자의 절반 이상이라는 것이다. 이점은 세컨드라이프와 로블록스의 근본적인 차이점이라 말할 수 있다. 세컨드라이프의 경우 30대 이상의 유저들이 주력 유저인 반면, 로블록스는 '어린이들의 놀이터'라고 불리듯이 청소년과 어린이가 유저의 다수를 차지하고 있다. 로블록스는 목적성 또한 분명하다. 로블록스에서 10대 청소년들은 친구들끼리 몰려다니면서 노는 것이 주목적이라는 점에서 철저하게 엔터테인먼트를 추구하고 있다. 이러한 어린 유저들은 로블록스 내에 존재하는 4,000만 개의 이상의 게임을 오랜 시간이 아닌, 한두 번 플레이하며 즐기고 빠져나간다. 로블록스는 세컨드라이프가 가지지 못한 목적성과 엔터테인먼트라는 요소를 주고 있다.

로블록스 중요한 특징 중 하나는 게임의 낮은 완성도이다. 지금 세계의 게임 시장은 PC온라인 게임은 물론 모바일 게임 조차도 풀3D 그래픽을 자랑하는 화려한 게임이 대세이다. 그러나 로블록스는 완전히 다르다. 레고 블록들을 겹쳐 만든 것 같은 각진 모양의 캐릭터는 기존 게임에 익숙한 성인 유저들의 거부감을 일으킨다. 또한 게임의 낮은 완성도는 기존 게임에 익숙한 유저들을 불편하게 만든다. 게임 자체도 대부분 단순한 형태이다. '타워 오브 헬'이라는 게임은 제한 시간 안에 아바타가 탑을 오르는 게임이다. 너무도 단순한 게임이지만 누적 100억 명 이상이 이 게임을 경험했다. 타워 오브 헬은 회당 8분마다 총 244개의 스테이지 중 6개가 무작위 순서로 배열되며 맵이 바뀐다. 유저 인터페이스가 단순하다는 점 또한 특징이다. 세컨드라이프와 같은 어려운 유저 인터페이스가 아닌, 단순한 유저 인터페이스를 통해 유저들이 쉽게 로블록스를 즐길 수 있도록 한다.

다만 제페토나 로블록스와 같은 메타버스조차 엔터테인먼트의 세계에 머물러 있고 아직 산업 전반으로 확산되지 못하고 있다는 한계가 있다. 메타버스가 사회와 산업에 침투하기 위해서는 B2B 영역 전반으로 확장되어야 할 필요가 있다. 이런 영역 확장의 한계는 VR 산업에서와 마찬가지이다. 2000년대 초반 한국과 글로벌 게임 산업의 성장 과정을 보면 캐주얼게임, MMORPG, 웹보드게임 등 다양한 형태의 게임들이 동시다발적으로 등장했고 모두 각자의 시장 세그먼트에서 성공했다는 특성이 있다. 그러나 메타버스 산업의 경우, 게임 산업과 같이 다양한 콘텐츠가 등장하지 않고 있다.

비즈니스 모델의 한계도 있다. 현재의 메타버스 비즈니스 모델은 로블록스라는 플랫폼 내에서 유저들에게 게임을 만들게 하고, 거래하게 하는 것으로 기존의 게임 아이템 거래와 형태가 유사하다. 또 제페토는 아바타를 위한 옷이나 아이템을 팔아서 유저들이 이를 구입하는 형태로 이루어진다. 현재의 메타버스 내의 비즈니스 모델은 어느 정도 단순화되고 정형화된 모델만이 존재한다. 메타버스 내에서는 월정액과 같은 서비스가 존재하지도 않는다. 그러나 앞으로는 비즈니스 모델의 다원화가 필요하다.

로블록스의 산업적인 활용도 미지수이다. 산업적인 활용도가 없다면 메타버스는 엔터테인먼트라는 제한된 범위 내에서 밖에 생존할 수 없을 것이다. 따라서 산업적으로 메타버스 요소를 어떻게 잘 활용할 것인가, 기술적인 과제 등을 고려해야 한다. 현재 메타버스는 AI나 빅데이터와 같은 기술들과 완전히 동떨어진 채로 논의되고 있다. 로지와 릴 미켈라 같은 디지털 휴먼과 같은 개념이 새롭게 등장했는데 이런 요소들을 메타버스 내에서 어떻게 흡수할 것인가와 같은 것도 고려되지 않고 있다. 디지털 휴먼과 가상 아이돌은 그 자체로 메타버스보다 더 큰 산업이 될 가능성을 가진다. 또한 디지털 휴먼은 인간 세계 자체와 모델, 광고, 엔터테인먼트 등 관련 산업에도 더욱 큰 충격을 줄 것이다.

로블록스가 세컨드라이프의 한계를 극복했다면 이제 다음의 메타버스는 로블록스의 한계를 극복해야 할 과제를 안고 있다. 즉, 향후 여러 기술적인 요소, 비즈니스적 요소를 신속하게 흡수하고 활용해야 하는 과제이다.

∞

게임의 일부로 인식되는 메타버스

'메타버스 게임'이라는 형용모순이 등장하고 있다. 형용모순이란 용어는 형용하는 말이 형용을 받는 말과 모순되는 경우이다. 예를 들어, '둥근 사각형'과 같이 '둥근'과 '사각형'이 완전히 모순되는 것이다. 이런 형용 모순은 메타버스라는 개념에서도 발생하고 있다.

메타버스 열풍은 심지어 '메타버스 게임', '메타버스 애니메이션'이라는 놀라운 정부 사업 기획에도 등장하고 있다. 앞에서 언급한 ASF의 분류체계를 그대로 수용한다고 해도 게임은 이미 메타버스의 한 부분에 해당한다. 메타버스라는 큰 카테고리에 게임이 포함되는 것이다. 그럼에도 메타버스 추종자들은 게임이 메타버스로 진화해야 한다는 놀라운 주장을 한다.

메타버스 게임이라는 단어를 만드는 데에는 다른 의도도 있다. 현재의 게임산업진흥법상 '현금거래 금지'와 같은 게임 관련 규제를 회피하려는 시도이다. 게임과 분리된 메타버스에 가상 화폐나 NFT를 적용하게 된다면, 메타버스의 외피를 쓴 웹보드 게임이나 소셜 카지노와 같은 사행성 게임이 규제 없이 합법적으로 진입할 수 있다. 2006년 당시 한국 사회 전체를 파칭코와 슬롯머신의 도박장으로 만들었던 성인 오락실, '바다이야기'의 재현이 될 수도 있는 것이다.

메타버스 게임과 같은 형용모순은 메타버스 크리에이터라는 표현에도 있다. 2021년 12월에 열린 서울시 주최의 '메타버스 크리에이터 컨퍼런스'는 "메타버스 시대 음악, 영상, 게임 등 다양한 분야의 창작자들이 나아갈 방향에 대해서 토론합니다"라고 적고 있다. 이름은 '메타버스 크리에이터'라고 쓰고 내용은 '영상 음악 게임 창작자'라고 적는 것이다. 포장은 메타버스로 하고 내용은 기존 콘텐츠로 채우는 방식의 트릭이다.

현재 메타버스를 둘러싼 혼란은 용어의 정의에서만은 아니다. 메타버스의 내용에 대해 사람들은 각자 자기 나름의 메타버스를 정의한다. 거의 장님 코끼리 만지기 수준이다. 메타버스의 주력 유저라고 인식되는 MZ세대조차도 메타버스에 대한 인식은 천차만별이다. 따라서 이 책에서는 메타버스를 주로 사용하는 10대에서 30대까지 유저들이 메타버스를 어떻게 인식을 하고 있는지 조사해 보았다. 본 인터뷰에서는 연령대(10대, 20대, 30대)에 따라 메타버스 이용자 특성에 대한 차이를 파악하기 위해 개별 인터뷰를 진행하였다. 각 집단의 유저들이 메타버스에 대한 인지 정도와 각 집단의 메타버스 플랫폼에 대한 이용 의도를 중심으로 살펴보았다. 이 조사를 위해 10대인 고교생 7인, 20대 대학생과 직장인 6인, 30대 직장인 6인에 대한 FGI를 진행하였고,

이를 기반으로 언어 네트워크 분석을 실시하였다.

〈표3〉은 인터뷰 대상자들이 공통적으로 인식하고 있는 내용을 정리한 것이다.

10대에서 30대까지의 연령층을 인터뷰한 결과 공통적으로 도출된 점은 이들이 게임과 메타버스를 구분하지 않고 있다는 점이다. 특히 10대는 이미 마인크래프트를 광범위하게 사용하고 있기 때문에 메타버스를 마인크래프트로 인식하는 경향이 강했다. 이들은 게임과 메

<표3> 10대~30대까지의 유저 인식 정리

구분	내용
10대	• 메타버스를 게임으로 인식하고 있는 경향 • 플랫폼을 시작하는 데 있어 지인의 영향도 있지만, 유튜버의 영향이 크게 나타남 • 마인크래프트를 지속적으로 이용하고 있으며, 그 이유는 높은 자유도라고 나타나지만, 일정 수준의 규제 또한 필요하다고 생각함 • 새로운 메타버스 플랫폼 출시에 긍정적이며, 출시한다면 이용할 의향이 높게 나타남
20대	• 메타버스 플랫폼을 이용한 경험은 있으나, 새로운 플랫폼의 이용 의사가 크게 없음 • 메타버스 플랫폼의 게임적 요소가 이용하는 데 있어 큰 동기가 될 것이고, 이용했던 플랫폼들도 게임적 요소가 재미있어서 이용한 것으로 나타남
30대	• 플랫폼을 이용하는데 호기심이 가장 큰 동기로 나타남 • 포모 현상(포모증후군으로도 불리며 무리에서 소외되거나 뒤처지는 것에 불안감을 느끼는 현상)으로 빠르게 발전하는 기술을 사용하지 못해 뒤처지는 모습에 대한 두려움이 메타버스 플랫폼을 이용하는 동기로 작용 • 10대와 달리 상대적으로 시간의 여유가 적은 30대는 많은 시간을 소비해서 이용하는 메타버스 플랫폼의 높은 자유도를 오히려 이탈의 원인으로 인식

타버스를 구분해서 사용할 필요성을 느끼지 못하고 있는 것이다.

이러한 특성은 언어 네트워크 분석을 통해서도 알 수 있다. 언어 네트워크 분석은 단어의 특성과 단어 간의 의미적 관계에서 나타나는 속성을 파악하는 데 유용한 방법이다. 언어 네트워크 분석은 텍스트 내 출현 단어에 대한 연결 패턴의 정량화와 핵심 주제어 추출과 같은 분석을 통해 유의미한 언어의 구조를 파악할 수 있는 장점이 있다. FGI를 텍스트화하여 추출된 키워드를 빈도에 따라 3번 이상 언급된 키워드만 선정하였다. 10대 집단 총 48개, 20대 집단 총 36개, 30대 집단 총 46개이다. 추출된 키워드의 수가 많아, 빈도수 상위 10개의 키워드로 정리하였다.

이를 기반으로 언어 네트워크 분석 중 연결중심성 분석 결과를 보기로 하자. 연결중심성은 언어 네트워크의 한 단어가 몇 개의 단어와 직접적으로 연결되어 있는지를 측정하는 도구이다. 10대의 연결중심성 분석 결과, '마인크래프트'와 '메타버스'가 각각 168, 133으로 가장 연결성이 큰 키워드로 나타났다. 메타버스 이용자 특성에 있어 '마인크래프트'가 가장 중심에 위치하고 있다는 사실을 알 수 있다. 또한 '플레이'(104), '게임'(90), '로블록스'(82)로 다른 키워드들과 연결성이 높게 나타났다. 이를 통해 10대라는 네트워크 내 연결점이 높아 중심에 위치해 있는 단어들은 해당 집단이 메타버스 플랫폼 이용을 게임 플레이로 인지하는 것으로 파악된다. 이들이 주로 플레이하는 대상은 마인크래프트와 로블록스이다.

20대는 '메타버스', '게임'이 175, 62로 가장 연결성이 많은 키워드로 나타났으며, 이후 '마인크래프트'(35), '이용의향'(33), '과금'(32)으로 나타났다. 해당 집단은 '메타버스'가 가장 중심에 위치하여 있으며, 다른 키워드들과 연결점이 많음을 의미한다.

30대는 20대와 동일하게 '메타버스', '게임'이 168, 99로 가장 연결

<표4> 연결중심성 분석 결과

핵심 주제어		연결 중심성	핵심 주제어	연결 중심성
10대	마인크래프트	168	경험 있음	54
	메타버스	133	이용 동기	46
	플레이	104	제페토	43
	게임	90	친목 활동	42
	로블록스	82	동물의 숲	41
20대	메타버스	175	긍정	30
	게임	62	경험 있음	29
	마인크래프트	35	친목 활동	27
	이용의향	33	플레이	26
	과금	32	코로나	25
30대	메타버스	168	경험 있음	52
	게임	99	가상 콘서트	49
	코로나	74	이후	47
	플레이	65	증가	45
	긍정	63	이용 의향	41

성이 높은 키워드로 나타났다. 이로써 모든 연령대가 메타버스를 게임으로 인지하고 있다는 것을 알 수 있다. 이후 '코로나'(74), '플레이'(65), '긍정'(63)으로 나타났다. 언어 네트워크 분석에 따른 각 집단별 연결중심성 결과는 〈표4〉와 같다.

메타버스라는 단어와 개념, 이용에 대한 각 연령별 대표적인 의견은 아래와 같다.

> 메타버스를 들어본 적은 있으나 자세히는 모른다. 마인크래프트가 메타버스 플랫폼이라고 하는 것을 들어는 보았지만, 크게 신경은 쓰지는 않았던 것 같다. 또한, 메타버스라는 단어를 인지하기 전에 이미 마인크래프트와 같은 플랫폼을 이용하기 때문에 메타버스에 대한 정보를 처음 들었을 때 '그거 게임 아니야?'라고 생각했다. 메타버스로 불리는 마인크래프트, VR 챗, 포트나이트, 동물의 숲을 이용했는데, 친구들이나, 인플루언서가 플레이하는 모습을 보고 시작하게 되었다. 새로운 메타버스 서비스가 출시된다면 이용할 것 같다. (조*욱/10대)

> 메타버스를 들어본 적이 있다. 개인적으로 메타버스에 가장 가까워 보이는 플랫폼은 제페토와 마인크래프트라고 생각한다. 가상현실 세계에서 목표 없이 다른 사회생활들을 할 수 있는 것이 메타버스의 특징인데, MMORPG는 메타버스라고 보기는 조금 어려워 보인다. 메타버스 플랫폼 중에 동물의 숲과 VR 챗을 이용했지만, 동물의 숲은 메타버스라고 보기는 어려운 것 같다. 주변 지인의 추천으로 시작하게 되었으며, 코로나 이후 시간적 여유가 증가

하면서 많이 이용했던 것 같다. 하지만 대학입학식과 같이 반드시 이용해야 하는 것이 아닌 이상 크게 재미와 이유가 없기 때문에 메타버스 플랫폼, 서비스를 찾아서 사용하지 않을 것 같다. 단순 가상현실보다는 가상현실 게임으로 출시가 된다면 충분히 이용할 것 같다. (김*송/20대)

메타버스를 들어본 적이 있다. IT 업계 종사하고 있어서 주변에서 메타버스에 관한 이야기를 하는 것을 많이 들었다. 메타버스 플랫폼 중에 마인크래프트를 이용해 보았는데, 높은 자유도를 기반으로 오랜 시간을 투자해야 하는 게임인데, 직장을 다니는 입장에서 장시간 이용하는 것이 불편하여 지금은 이용하고 있지 않다. 보통 주변 동생들이 함께 하자고 권유하면 게임을 이용하는 편이다. 메타버스 플랫폼의 경우에는 호기심으로라도 한 번쯤 이용해 볼 것 같고, 또 요즘 포모현상으로 나 혼자 뒤처지는 모습에 대한 두려움 때문에라도 한 번쯤 이용해 볼 것 같다. (선*웅/30대)

이처럼 메타버스의 주력 유저인 10~30대는 게임과 메타버스를 동일한 개념으로 인식하고 있다. 그렇다면 무리하게 둘을 분리하지 말고, 게임을 기반으로 메타버스를 이해하는 것이 바람직하지 않을까?

미주

1. IT 기업들 '세컨드라이프'로 달려간다, 아이뉴스24, 2007년 03월 21일.
2. In 2021, tech talked up 'the metaverse.' One problem: It doesn't exist., The Washington Post, 2021년 12월 30일.
3. The Reality Behind Magic Leap — The Information, The Information, 2016년 12월 8일.
4. "공유 우선하는 페이스북 알고리즘, 유해 정보·정치 갈등 조장한다", 한국일보, 2021년 12월 28일.
5. The Facebook Files, The Wall Street Journal, 2021년 10월 1일.
6. Whistleblower: Facebook is misleading the public on progress against hate speech, violence, misinformation, CBS NEWS, 2021년 10월 4일.
7. '중력 거스르는' 세계 집값, 한국은 거품 우려 더 크다는데…, 한겨레신문, 2021년 5월 23일.
8. 가상 부동산 주식 사기 피해 보상 질문 드립니다, 네이버 지식iN, 2021년 07월 14일.
9. "땅 투자 4개월 수익률 53%, 어라 돈을 뺄 수가 없네"…가상 부동산 투자자들 뿔났다, 매일경제, 2021년 09월 21일.
10. 세컨드라이프 입주자들 "재산 돌려달라" 집단소송, 지디넷코리아, 2010년 5월 4일.
11. 이 부분은 '세컨드라이프 유저 분석을 통한 한국형 가상 사회 모델 탐색'(한국디지털영상학회 논문지)을 수정 가필한 것임.
12. 위정현(2007).
13. 대한민국게임백서, 2008.

3부

메타버스라서 발생하는 범죄와 사회적 갈등

메타버스의 궁극적인 도달점은 현실과 가상이라는 경계의 소멸이다. 이 말은 반대로 현실과 가상의 일체화라고 부를 수도 있다. 이런 궁극의 일체화 세계에서는 현실의 행위가 가상에 반영되고, 반대로 가상의 행위는 현실 세계에 실시간으로 영향을 미친다. 현실과 가상의 일치는 메타버스를 묘사한 탁월한 작품인 무라카미 하루키의 1996년 소설 '세계의 끝과 하드보일드 원더랜드'에도 등장한다. 주인공인 '나'는 현실에서 살면서 '일각수의 두개골에 숨겨진 오래된 꿈'을 읽는 것이 직업이다. 어느 날 나는 노박사의 비밀 연구소로 호출된다. 박사 손녀의 안내로 야미쿠로가 있는 지하를 빠져나와 연구소에 도착, 박사에게서 셔플링 시스템을 이용한 임무를 의뢰받는다. 아파트로 돌아가 박사에게 받은 선물을 열어보니, 거기엔 일각수의 두개골이 들어있었다. 그러나 주인공은 가상의 세계에서 사는 시간이 길어지면서 '현실의 인간'인 자아가 죽어감을 느낀다. 그 소설에서는 메타버스 세계를 이렇게 묘사한다.

> 나는 새와 일각수만 넘나드는 높은 벽에 둘러싸인 작은 도시에서, 자신의 마음을 버린 대가로 평온한 생활을 누리는 사람들과 이웃해서 산다. 나는 도서관에서 일각수의 두개골에 숨겨진 오래된 꿈을 읽는 직업에 종사 중인데, 이 도시의 벽을 넘어올 때 문지기에게 맡긴 나의 그림자(자아 또는 자의식)는 쇠약해져 죽어 가고, 나 역시 마음을 잃어 간다. 마음이 없다는 건 욕망도 싸움도 희로애락도 없는 감정=인간이 죽은 세계의 끝이다.

메타버스의 세계는 가상과 현실이 상호작용 한다. 현실의 상상은 메타버스 내에서 현실이 되어 펼쳐지고, 메타버스 내에서의 아픔과 고통은 현실 세계의 자아에 큰 상처를 준다. 이렇게 본다면 메타버스는 메타버스로 존재하고, 현실은 현실로 존재하는 것과 같은, 양자가 분리된 이원론적 세계관은 통하지 않는다. 특히 MZ세대의 인간은 한발은 현실 세계에, 또 다른 한 발은 메타버스 세계에 걸치고 인생을 살아간다. 그래서 특히 MZ세대에 있어 메타버스에서의 사건은 더욱 더 큰 정신적 충격을 줄 수밖에 없다.

이런 점에서 메타버스에서 발생하는 사건들이 어디까지나 메타버스 내에서만 발생하는 현실에서 의미 없는 하나의 사건이나 행위로 치부될 수는 없다. 그것은 현실에서 겪은 사건이나 사고와 마찬가지로 사람들의 심리나 정서에 큰 영향을 미치기 때문이다. 마치 어린 시설 겪었던 폭행이나 학대가 트라우마가 되어 평생 한 인간을 괴롭히는 것처럼 메타버스 내에서 직면했던 사건은 현실 세계에서 트라우마가 되어 그 인간을 괴롭힐지 모른다.

메타버스 내에서 살인과 폭행이 일어난다면?

메타버스라는 가상의 공간은 현실 세계와 동질적이기도 하지만 이질적이기도 하다. 판타지와 현실이 혼재된 이 두 공간에는 먼저 유저 성별의 일치, 불일치의 이슈가 있다. 게임과 같은 메타버스 공간 내에서 80% 이상의 유저는 현실 세계에서 자신의 성적 정체성, 즉 현실의 성(남성인가, 여성인가)과 가상 공간 속의 성 정체성을 일치시킨다.

나는 게임에서 반대의 성을 선택했다 낭패를 본 적이 있다. WOW(World of Warcraft)를 하면서 10대 소녀 캐릭터를 만든 적이 있었다. 그냥 10대 소녀라면 게임에서 다른 사람들이 어떤 반응을 보일까 궁금해서 선택해 보았는데 의외의 반응이 나타났다. 지인들은 게임 내에서 나의 소녀 캐릭터 선택을 장난이나 연구로 받아들이지 않는 것 같았다. 한 번은 지인이 채팅창에 슬쩍 한마디를 던졌다.

"묘한 취미를 가지셨네요, 교수님"
'묘한 취미라니? 나는 이런 취미가 없는데 …. 연구 차원에서 한 건데…'

몹시 당황스러웠다. 하지만 함께 게임을 하는 지인들을 붙잡고 '나는 연구를 하고 있노라'고 구구절절 설명할 수도 없었다. 설명을 해도, 안 해도 뭔가 이상하기는 마찬가지였다. 그 후 게임에서 사용하는 캐릭터는 모두 오크, 휴먼 등 중년 남성을 연상할 수 있는 형태로 설정하고, 두 번 다시 10대 소녀의, 머리를 양 갈래로 따고 치마를 입고 뛰어다니는 캐릭터를 쓰지 않게 되었다. 사실, 중년 남자로 알고 있는 사람이 20대 초반의 젊은 엘프 여성 캐릭터를 하고 뛰어다니는 모습을 보면 나 역시 묘한 이질감이 들었던 적이 있기는 하다.

메타버스는 인간 사회의 반영이기도 하다. 인간 사회와 똑같은 형태의 가상 사회를 꿈꾸었던 메타버스 중에 세컨드라이프가 있다. 현실 사회의 규제와 속박을 벗어나, 유저는 새로운 인격으로 살아갈 수 있다. 때로 현실 사회에서는 있을 수 없는 사건과 조우할 수도 있다. 말로 설명할 수 없는 사악한 인간과의 조우도 그 중 하나이다.

어느 날 세컨드라이프에서 충격적인 '살인 사건'이 발생했다. 내 수업을 듣는 여학생이 세컨드라이프에서 미국인으로 보이는 중년 남성(백인 아바타를 사용)으로부터 '자신의 헬기를 조종해 보지 않겠는가'라는 권유를 받았다. 그는 매우 친절하고 자상한 태도로 권유했기에 그녀는 기꺼이 초대에 응했다. 그런데 그녀의 조종이 미숙해서인지 헬기는 하늘을 뱅글뱅글 돌다 지상에 추락해 크게 파손되고 말았다.

그러자 그때까지 친절하게 대해 주었던 그가 노발대발하다 갑자기 권총을 꺼내 들어 그녀에게 발포했다. 그러고도 분이 안 풀렸는지, 다시 어딘가의 건물로 들어가더니 이번에는 자동소총을 가지고 와서 그녀를 향해 난사했다. 메타버스 속 가상 세계 이야기라 아바타는 총에 맞아도 얼마 후에 부활할 수 있다. 그러나 문제는 그녀가 받은 정신적인 충격이었다. 지금까지 20여 년의 인생을 살아오면서 자신을 살해하기 위해 누군가가 총을 쏜다는 것을 상상도 하기 못했기에 그녀의 정신적 충격은 너무도 컸다.

그 이야기를 듣던 나도 충격이 크기는 마찬가지였다. 가해자 아바타에 대한 정보도 파악할 수 없었다. 그녀가 아이디를 기억하고 있지 않았기 때문이다. 어떤 공간이었는지도 모른다. 설사 알았다고 하더라도 무엇을 어떻게 해야 하는지도 문제였다. 이런 문제는 메타버스와 유저의 공간 자유도가 높으면 높을수록 발생하는 딜레마였다. 세컨드라이프 내에서는 무엇이든 만들 수 있고, 무슨 행위이든 할 수 있기 때문이다.

메터버스에서의 폭력 경험은 조사에서도 나타난다. 한국지능정보사회진흥원(NIA)이 2020년 초·중·고교생 4,958명을 대상으로 한 조사에 따르면 19.7%가 사이버 폭력을 경험한 적이 있다고 답했다.[1] 발생 공간은 '온라인 게임'(50.5%), 가해 대상은 '누군지 모르는 사람'(45.8%)이 가장 많았다. 즉 누군지 모르는 익명의 캐릭터에게 폭력 행위를 당하는 경우가 절반이 넘는 것이다. 가상 세계는 자유로운 인간의 이상적인 세계이기도 하지만, 반대로 아무도 제어할 수 없는, 마치 미국 서부 개척 시대에 등장하는 무법자의 세계이기도 하다.

게임인 리니지에도 악인이 존재한다. 리니지는 인간의 권력에 대한 욕망을 잘 설계한 게임이다. 특히 리니지 속에서 '카오'가 되는 인간은 이해가 어려운 유형이다. 리니지에서 PvP(유저 간에 합의된 대결)가 아닌 일방적인 PK(Player Killing: 레벨이 높은 유저가 낮은 유저를 일방적으로 살해하는 것)를 하면 그 유저의 아이디는 속칭 '보라돌이'가 된다. 아이디가 보라색이 된다고 해서 붙여진 이름이다.

그러다 PK 횟수를 거듭하면 드디어 아이디가 붉게 변해 '카오'가 된다. 카오는 저주받은 인간이다. 그는 저주받았기에 마을로 들어가지 못한다. 마을에 들어서려고 하면 마을을 지키는 NPC인 경비병이 저지한다. 마을에 들어가지 못하기 때문에 카오는 들판을 배회해야 한다. 그리고 카오는 많은 선량한 유저의 표적이 된다. 카오를 죽이면 악인을 징벌하는 것이 되어 그를 죽여도, 살해 후 그가 소지한 아이템을 취득해도 아무런 패널티가 없다. 일반 유저가 카오를 죽이면 카오가 되지 않는다. 이점에서 리니지는 철저하게 권선징악의 게임이다. 악인을 응징하는 것이 리니지의 본질이다.

한 번은 카오를 만나 물어보았다. 사실 카오에 접근하는 것은 대단한 용기가 필요하다. 나보다 월등하게 레벨이 높기 때문에 공격 당하면 바로 사망이고 아이템을 전부 탈취당한다. 그들은 말 그대로 사회에서 일탈한 악인이기 때문에 별다른 죄의식도 없어 보인다. 조심스럽게 말을 걸어 보았다. 조금 의욕이 없어 보이는 듯한 카오 캐릭터와 대화를 나누었다.

(나) "님…. 왜 카오가 되셨나요? 살기 힘들지 않으세요?"

(카오) "…(침묵)"

(나) "마을에 가면 사람들이 있잖아요"

그는 갑작스러운 질문에 상당히 당황한 듯했다. 한참만에야 그는 입을 열었다.

"이렇게 사는 게 좋아서…"

저주받은 인간, 카오의 삶이 좋다니 잘 이해가 되지 않았지만 더 이상 물어볼 수도 없었다. 현실 사회에서 살인자로 낙인찍힌 삶을 추구하는 인간을 이해할 수 있는가. 하지만 게임의 세계에는 그런 캐릭터가 엄연히 존재하고 또 그들의 존재를 부인할 수도 없었다. 매일 같이 수없이 '선량한' 캐릭터를 '살해(PK)'하는 그들이 있기 때문이다.

이런 카오에게 하루에 200번 넘게 죽은 제자가 있다. 그녀는 리니지를 연구하기 위해 게임을 하고자 했다. 그런데 계정을 생성한 다음날 나에게 와서 울음을 터뜨렸다. 왜 그런지 묻는 나에게 이렇게 설명했다. 게임에 접속했는데 갑자기 고렙 유저(레벨이 높은 유저)에게 PK를 당해서 다시 부활했는데 그 자리에 고렙이 기다리고 있다 다시 PK를 했다는 것이다. 막 생성된 유저는 레벨 1로 속옷과 뼈로 만든 단검을 하나 가지고 있다. 고렙 유저는 한 방이면 이런 초보 유저를 죽일 수 있다. 이런 PK를 무려 200번 넘게 당해서 도저히 견딜 수가 없어서 그만 PC를 꺼버리고 말았다는 이야기였다. 200번이 넘게 죽은, 현실에서는 도저히 상상도 할 수 없는 상황에 정신적으로 큰 상처를 입은 그녀에게 저자는 아무런 위로도 할 수 없었다.

마인크래프트 내의 연쇄살인 사건도 있다.[2] 러시아 소년으로 추정되는 유저가 PK 모드에서 다른 플레이어를 죽이고 자신이 죽인 플레이어들의 머리를 수집한 엽기적인 사건이다. 게이머가 함정을 설치해 두고 함정에 걸린 플레이어를 일방적으로 죽이고 재미를 느끼는, 일방적인 PK 사례이다. 하지만 단순히 악의적으로 함정을 설치하여 다른 플레이어를 죽인 것뿐이라면 큰 논란이 되지는 않았을 것이다. 사건이 논란이 된 이유는 다른 플레이어를 죽인 후 죽은 플레이어의 머리를 수집하여 전시해 놓은 모습이 연쇄살인마가 살인 후 표식을 남기거나 전리품을 수집하는 것과 유사해 보였기 때문이다. 심지어 해당 사건을 일으킨 유저는 목소리로 미루어 보았을 때 어린아이인 것으로 추측되었다. 이 사건은 관리자 권한으로 수집해 놓은 머리와 건물을 없애는 것으로 일단락되었다.

메타버스 세계는 가상의 세계이기 때문에 현실의 법과 제도가 통용되지 않는다. PK는 어디까지나 게임상의 살인이기 때문에 현실의 법에서 살인이나 폭력 행위로 처벌받지 않는다. 그래서 게임 내의 악인들은 자신의 본성을 주저 없이 드러내서 타인을 공격하거나 살해하는 행위를 즐긴다. 그러나 게임이 악인만이 설치는 세계는 또 아니다. 게임 내에는 선인과 악인, 이 양자가 항상 공존한다. 도저히 이해할 수 없는 악인과 아무런 대가 없이 타인을 도와주는 '선한 사마리아인'이 공존하는 곳이 가상의 세계이다. 메타버스는 현실의 제도나 잣대로 재단할 수 없다는 것, 이것을 이해하는 것이 메타버스라는 가상의 세계를 이해하는 첫걸음이다.

∞

무방비로 노출되는 청소년 대상의 성범죄

메타버스가 확산되면서 메타버스 내 성범죄가 사회적 문제로 대두되고 있다. 메타버스가 인간 간 커뮤니케이션 도구로 사용되면서 빈번하게 발생하는 현상이다. 메타버스의 경우 이용자가 캐릭터와 실제 자아를 동일시하는 정도가 높은 만큼 문제도 심각하다. 디지털 성범죄의 방법은 그루밍(Grooming), 음란 채팅, 사이버 스토킹과 아바타 몰카 등 다양하게 분화되고 있다. 특히 메타버스 환경에서는 피해자에게 고민 상담을 해 주거나 아이템 등 경제적인 지원을 해 주며 경계심을 무너뜨리고 신뢰를 얻은 뒤, 스스로 성관계를 허락하도록 유도하는 방식의 그루밍 범죄가 용이하다.

이런 유형의 사건에서는 성에 대한 인식이 낮은 아동이나 청소년 유저가 주요 피해자이다. 제페토의 경우 '스노우카메라'를 이용, 딥러닝과 머신 러닝을 통해 아바타의 얼굴을 유저와 비슷하게 만들 수 있는 기능이 있기 때문에 메타버스 내 성범죄는 피해자에게 더욱 큰 충격과 수치심을 준다. 메타버스 플랫폼은 10대 유저의 비율이 높기 때문에 성범죄에 민감하게 대응할 필요가 있다. 메타버스 서비스의 주요 이용자는 10대, 그중에서도 여성이 압도적으로 많다. 닐슨코리아 조사를 보면 제페토의 경우 7~12세가 50.4%, 13~18세가 20.6%를 차지한다. 전체 이용자 10명 가운데 7명이 아동, 청소년이다. 성별로 보면 77%가 여성이다. 또 다른 서비스인 로블록스에서도 7~12세가 49.4%, 13~18세가 12.9%로 이용자의 과반을 차지한다. 여성 이용자는 55%로 나타나고 있다.[3]

메타버스의 경우 아바타가 취할 수 있는 동작의 자유도가 높은 점을 사용하여 피해자의 아바타에게 가까이 다가와 성행위와 유사한 동작을 취하는 경우도 있다. 음성 대화 기능을 이용하여 피해자에게 성희롱을 하는 사례도 빈번하게 발견된다. 다음은 메타버스에서의 성추행 사례이다.

> 사례1: 20대 남성이 한강공원을 구현한 가상 공간에서 플레이를 하고 있었는데 어떤 남성 아바타가 자신의 계속 쫓아오고, 가까이 다가와 하반신을 내미는 동작을 취하였다. 해당 남성은 불편한 마음에 맵을 나왔고 나중에 이것이 제페토식 스토킹이라는 것을 알게 되었다.[4]

> 사례2: A씨는 자신의 초등학생 자녀에게 제페토 음성 채팅 기능을 통해서 '몸매가 좋네' '가슴은 커?' '속옷 벗어 봐' 등의 성희롱 발언을 하고 있는 것을 목격하였다. 이를 본 A씨는 당장 그만두라고 하였지만, 최근 10대 사이에서 큰 인기를 끌고 있는 메타버스 플랫폼이 된 이상 걱정을 떨칠 수 없었다. 중학생 B씨는 게임 내

에서 마주친 성인 남성 아바타에게 스토킹을 당했다. 남성 아바타는 B씨를 계속 쫓아다니면서 성희롱을 하고 가까이 다가와 성 행위를 연상케 하는 동작을 취하였다. 결국 B씨는 계정을 탈퇴하였다.[5]

사례3: 초등학생 C씨는 수영장으로 꾸며진 가상 공간에서 만난 남성 아바타에게 성적 요구를 받았다. 이 남성 아바타는 C씨에게 엎드리는 자세를 해 보라고 한 뒤 C씨의 아바타 뒤에 서서 성 행위를 연상케 하는 자세를 취했다. 초등학생 D씨는 한 아바타가 계속 본인을 따라다니는 사이버 스토킹을 당하였다. 다른 가상 공간으로 이동하여도 계속 본인을 따라오면서 자신의 셀카에 D씨의 아바타를 담으려고 했다.[6]

로블록스도 제페토와 유사한 성범죄 사례가 빈번하게 발생하고 있다. 뿐만 아니라 '저와 뜨거운 시간 보낼 분? 원하는 부위 만지거나 **해 드림'[7]과 같은 마치 성인업소 광고 전단과 같은 채팅을 보내는 경우도 있다. 과거 영국의 유명 럭비 선수였던 이안 모리슨(Iain Morrison)은 영국의 신문인 '미러(The Mirror)'에 자신의 8살짜리 아들이 사용하는 로블록스에 들어가 본 경험을 이렇게 말하고 있다.

외견상으로는 전혀 문제가 없는 듯이 보이는 방으로 들어갈 수 있다. 풀이 붙어 있는 워터슬라이드 방에 들어갔고 즉시 제안을 받았다. 그들이 '안녕'이라고 말해, '안녕'이라고 대답했고 그들은 내가 남자아이인지 여자아이인지, 그리고 내 나이를 물었다. 그

> 래서 나는 8살 남자아이라고 말했다. 그들은 나에게 자신을 따라 그들의 집으로 가서 침실로 들어갈 것을 요청했고, 그들 위에 누우라고 말했다. 그리고 나서 그들은 성적인 움직임을 시작했다. 그들은 '귀여워 보인다' '섹시해 보인다'라고 말했다. 올라오는 모든 댓글은 읽는 것도 역겹기만 했다. 내 아이는 그런 단어와 행위의 의미를 전혀 모르고 있었다.[8]

2021년 3월 영국에서는 아동 성범죄 전력이 있는 20대 남성이 로블록스와 게임 '포트나이트'에서 7~12세 남자아이들에게 부적절한 메시지를 보내 성희롱 예방 명령을 선고받는 일도 있었다. 한국에서도 로블록스에서 유사한 성범죄 피해를 당했다는 주장이 제기되고 있다.

> 오늘 로블록스라는 게임을 하다가 갑자기 어떤 분이 저한테 빤쮸 거리고 하앙하앙 거리면서 따라다니고 제가 멈추면 제 캐릭한테 몸 비비고 성적 수치심을 느꼈는데 이것도 성희롱에 포함되나요? 신고하고 싶은데 어디에 하면 좋을까요? 사과도 안 하고 나가시고 끝까지 빤쮸빤쮸 거리고 제가 하지말라 해도 무시하고 계속하는데 요즘 세상 너무 무섭네요. 사이버수사대에 신고하면 될까요?[9]

로블록스에는 2020년 12월에 발생한 lilaclovelyclove라는 유저가 제작한 아이템인 'Eating Glue Face' 사건도 있었다. 여기서 말하는 '글루'는 남성의 체액을 말하는 은어이다. 입 주변에 딱풀이 녹아서 묻어 있는, 성적인 묘사 '데칼'(아이콘)을 판매한 충격적인 사건이다. 청소년용 게임에서 이런 아이콘이 어떻게 로블록스의 심사를 피했는지에 대한 논란이 일었던 사건이었다. 로블록스에서는 아이템을 업로드할 때 하나하나 검토 과정을 거친다. 따라서 이 아이템은 아무 문제없이 검열을 통과했다는 의미가 된다. 이 아이콘은 트위터, 유튜브 등의 SNS에 알려지며 결국 로블록스에서 해당 계정을 삭제 처리함과 동시에 이 데칼을 삭제했지만 이후에도 이와 비슷한 이미지의 데칼이 대량으로 제작되었다. 남성의 가슴과 복근, 여성의 가슴골이나 유방 이미지의 데칼과 티셔츠, 심지어 헬로키티의 이미지를 변경한 데칼도 나올 정도이다.

아담 아이삭(Adam Isaac)이라는 남성은 마인크래프트에서 아동에 대한 8건의 성범죄를 인정했다. 이 남성은 소년들을 표적으로 삼아 친해진 후 특정 사진을 보내 달라고 요청했으며 아동이 있는 곳에서 성행위를 하거나 아동에게 성행위를 부추기고 외설적 사진을 소지하는 등의 범죄를 저질렀다. 그는 페이팔로 소년들에게 돈을 보내고 마인크래프트를 통해 소년들을 훈련시키는 등 그루밍 성범죄를 저질렀다. 아이들이 부모가 잠든 밤 시간에 게임을 했기 때문에 부모가 문제를 발견하는 데 시간이 걸렸다.

2018년 노스캐롤라이나의 한 엄마는 자신의 딸이 아이패드에서 게임을 하는 동안 일어난 충격적인 광경에 대해 다른 부모들에게 경고한 적이 있다. 로블록스에서 딸의 캐릭터가 성폭행을 당했다는 것이다. 앰버 피터슨의 7살 난 딸 브루클린이 당했던 피해였다. 그녀는 이렇게 말한다.

> (로블록스에서) 남성의 성기 노출을 보자마자 나는 책을 내던지고 딸의 손에서 아이패드를 빼앗아 그녀를 보호했다. 처음에는 내가 보고 있는 것을 믿을 수 없었다. 순진하고 귀여운 내 딸의 아바타가 두 남자에 의해 놀이터에서 폭력적으로 집단 폭행을 당했다. 지켜보던 한 여성 아바타가 그들에게 다가와 행위가 끝나자 딸의 몸 위로 뛰어올랐다. 3명의 캐릭터는 놀이터 한가운데 딸의 아바타를 팽개치고 달아났다. 어떤 말로도 내가 지금 느끼고 있는 충격, 혐오, 죄책감을 표현할 수 없다.[10]

지금의 성공한 메타버스는 대부분 청소년 유저 중심의 플랫폼이다. 청소년은 개념상으로는 청년과 소년이지만 그 이하 연령의 유치원생도 있다. 만일 청소년 중심의 플랫폼에 성인이 청소년에 접근하면, 아니 유치원생에게 중학생 수준의 청소년이 접근하면 피해자를 만들기 쉽다.

메타버스 세계에서 자신에 대한 보호는 자기 스스로 해야 한다. 그러나 아직 판단 능력이 미숙한 청소년에게 그런 역할을 전적으로 요구할 수는 없다. 그런 점에서 청소년들의 메타버스에 부모와 사회가 관심을 가져야 하는 것이다.

∞

청소년이 접근 가능한 메타버스 내 음란물

마인크래프트에서는 유저가 직접 행위 모드를 만드는 것이 가능하고 그것을 적용할 수도 있다. 그중 성행위가 가능한 모드도 존재하는데 '섹스 모드(Sex mod)' 또는 '제니 모드(Jenny mod)'라고 불린다. 해외 개발자 슈누(Schnu)가 만든 모드로 한국에서도 유명하다. 그런데 섹스 모드가 들어 있는 마인크래프트가 한국에서 12세 이용가 등급 판정을 받았다.

마인크래프트 초기에는 제니(Jenny) 캐릭터 하나만 존재하였으며 가능했던 모션은 블로잡(Blowjob), 성행위(Sex), 스트립(Strip)이었다. 그 후 여러 차례 업데이트를 통하여 엘리(Ellie), 슬림(Slime), 비아 프로웰(Bia Prowell) 캐릭터가 추가되었고 다양한 성행위 모션도 추가되었다. 최근 업데이트는 2022년 1월에 이루어졌으며 앞으로도 계속하여 업데이트가 진행될 것으로 보인다. 캐릭터들과 성행위하는 모션을 리얼하게 보여 주며, 상황에 맞는 효과음도 들을 수 있다.

심즈에는 '아찔한 욕망'(리사, WickedWhims) 모드가 있다. 심즈에는 원래 '사랑 나누기'라는 이름으로 심즈 캐릭터들끼리 성관계를 하는 기능이 있다. 하지만 실제로 성관계를 하는 장면을 보여 주지는 않고 하트 모양의 이모티콘이 허공을 떠다니는 수준으로 묘사한다. 하지만 성행위 애니메이션을 있는 그대로 보여 주는 것이 아찔한 욕망 모드이다. 아찔한 욕망 모드를 플레이하기 위해서는 추가적으로 자신이 원하는 애니메이션, 캐릭터의 몸매, 성기 모양과 크기, 오브젝트, 옵션 등을 다운로드해야 한다. 현재 '러버스랩(LoversLab)' 사이트에서 수많은, 아찔한 욕망 모드 적용 파일이 공유되고 있다. 아찔한 욕망 모드에서는 일반적인 성행위 외에도 쓰리썸, SM 플레이, 스트리퍼, 매춘, 관음, 마약, 포르노 촬영 및 판매 등 다양한 플레이가 가능하도록 되어 있다.

마인크래프트와 심즈의 성인 모드는 모두 성인 인증 절차를 거치지 않고 바로 다운로드 가능하다. 성행위 애니메이션의 수위가 높고, 특히 심즈의 아찔한 욕망 모드 같은 경우 일반적인 성행위 외에도 비윤리적, 비도덕적, 불법적인 행위가 가능하기 때문에 이를 미성년자가 접하게 된다면 왜곡된 성인식을 심어줄 수 있다.

마인크래프트에서 이런 변태적인 성행위가 가능하다는 것을 인지한 '페어런츠투게더(ParentsTogether)'라는 해외 학부모 단체는 마인크래프트에서 가상 시위를 펼쳤다. 이들은 6살 여아가 마인크래프트에서 불특정인으로부터 특정 사진을 보내면 친구로 지내주겠다는 메시지를 받는 등의 사례를 발표했다. 특히 코로나로 인해 온라인에서 아이들이 성범죄자에게 노출되는 일이 잦아졌으며, 마인크래프트가 12만 명이 서명한 학부모들의 요청을 무시하고 청소년이 성범죄자에게 노출되는 것을 방치하고 있다고 주장했다. 이 단체는 13세 미만의 아이들이 마인크래프트에 가입할 때 부모의 동의를 얻고 마인크래프트 내에서 메시지 전송을 성인 및 청소년으로 한정, 채팅 내용을 감시할 것을 요구하고 있다. '페어런츠투게더'는 부적절한 콘텐츠 제거를 위한 채팅 필터와 콘텐츠 중재팀을 활용해 줄 것을 요청하는 성명서를 발표하기도 했다.[11]

마인크래프트의 이용자가 '섹스 모드'를 개발했고 이것을 아이들이 '크리에이티브 모드' 방에서 접하고 있는 것을 목격한 한 어머니는 충격과 죄책감에 육아 블로그에 글을 올리기도 했다. 또 다른 육아 블로그의 학부모는 마인크래프트 내 성매매 업소에서 비키니 차림의 병아리를 때리는 내용의 영상을 유튜브에서 보았다고 주장했다.[12] 단순히 아이들이 해당 게임을 하지 않는 것에 안심할 수 없고 유튜브에서 관련 콘텐츠를 제한하려는 노력이 필요하다는 것이다. 유튜브의 모든 마인크래프트 영상을 마인크래프트 측에서 제공하는 것은 아니지만 적어도 부적절한 영상 중 일부는 연령 제한 없이 접근이 가능하기 때문에 조치가 필요하다는 주장이다.

심즈 온라인에서는 'Evangeline'이라는 닉네임을 가진 17세 소년이 2005년 사이버 성매매를 위해 사이버 사창가를 만들었다는 것이 발견되었다. 해당 유저는 계정이 해지되었지만, 게임 내 동의 연령을 넘었기 때문에 법적 조치까지 진행되지는 않았다.[13]

마인크래프트도 음란 맵을 만들어 미성년자에게 음란 방 탈출 게임을 하게 하는 콘텐츠가 발견되고 있다. 만약 처벌한다면 플랫폼 관리자를 처벌하거나 콘텐츠 제작자를 처벌해야 하는데, 메타버스 플랫폼이 해외에 본사를 두는 경우가 많고, 유저 보호정책 때문에 여기에 대한 규제가 쉽지 않다.

VR 챗에도 성행위와 유사한 모션이 가능하다는 점을 악용해 음란행위를 벌이는 경우가 있다. VR 챗에서는 특히 H방이라고 하여 성적인 행위만을 목적으로 하는 일종의 VR 챗 내의 '숙박업소'와 같은 역할을 하는 방을 개설할 수 있다. 유저는 VR 챗에서 만나서 친목 활동을 하다가 H방 등으로 이동하는 방식이다. VR 챗에 참여하는 미성년 유저들이 의도치 않게 이에 노출될 수 있다. 디시인사이드와 같은 VR 챗 갤러리 커뮤니티에는 유저들 간에 유사 성행위를 하는 스크린 캡처를 쉽게 발견할 수 있다. 다음은 디시인사이드에 등장한 VR 챗 갤러리의 '나 남자가 좋아진거 같은데 정신 나간거임?'이라는 제목의 글이다.

> 요즘 인겜에서 만난 35살 아저씨랑 연락하는데
> 처음엔 그냥 나잇값 못하는 아저씨네~ 하다가
> 친해지고 나서는 뭔가 귀엽기도 하고 ..
> 나 없이는 아무것도 못하는 아기같고
> 칠칠치 못하기는...하면서 내가 챙겨줘야할거같더라?

그러다가 최근에는 이 아저씨랑 H방도 가고싶고
아저씨라기보단 귀여운 여동생 같은 느낌도 들고 아저씨 회사 간 시간에는 계속 보고싶고 기다려지는데 이거 남자가 좋아진 거 맞지??
나 미친거냐?? 35살이면 상해도 한참 상했는데 왜 이런 아저씨가 끌리냐?[14]

VR 챗에서는 실제 성별에 상관없이 여성 아바타를 사용하는 유저도 많은데, 상대가 남자임을 알고 있음에도 불구하고 H방에서 유사 성행위를 하는 경우도 있다.

메타버스상의 성추행 등 성범죄는 심각해지고 있다. 비영리단체 디지털 혐오 대응 센터(Center for Countering Digital Hate)는 2021년 12월에 연구원들이 VR 챗에서 11시간 30분 동안 성희롱 및 학대를 포함한 메타의 VR 정책 위반 가능성 100가지를 확인했다고 지적했다. 그런데 문제는 성범죄 가해자를 잡는다 해도 이들을 처벌하는 데 한계가 뚜렷하다는 점이다. 앞서 나온 사례처럼 B가 A양의 아바타를 추행해도 현재의 법률은 '사람'을 직접 만지고 추행하는 것만 제재하고 있어 아바타 간 추행을 처벌하기는 쉽지 않다. 또한 A양의 아바타가 유사 성행위를 하는 모습을 녹화하고 편집해도 아동, 청소년 성 착취물로 인정되기 어렵다. 사람이 아닌 아바타이기 때문에 B가 A양이 아동인지 몰랐다고 부인하면 고의성을 증명하기 어렵기 때문이다.

이런 성희롱과 성추행 문제를 놓고 메타는 가상 세계 내에 성범죄를 줄이기 위한 새로운 기능을 제시했다. 바로 다른 사람(아바타)들이 너무 가까이 오는 것을 막기 위해 아바타 간 4피트 거리 유지 기능을 도입한 것이다. 호라이즌(Horizon) 부사장 비벡 샤르마(Vivek Sharma)는 모든 이용자에게 새로운 4피트 거리가 기본적으로 켜져 있다고 말했다. 이 기능이 도입되기 전까지 호라이즌 월드나 호라이즌 베누에서 다른 아바타에 너무 가까이 다가가면 아바타의 손이 사라지는 기능을 도입했다.

메타는 인스타그램의 청소년 유해성 조사 결과 은폐와 페이스북 시절 인종 혐오 발언 방치 등으로 인해 미국과 유럽에서 집중적인 비판을 받은 바 있다. 그 여파로 페이스북이라는 사명조차 메타로 바꾼 뼈아픈 전력을 가지고 있는 메타이기에 메타버스 내 성 관련 이슈에 선제적으로 대응하고 있다.

이미 로블록스, 제페토, 마인크래프트 등에서 메타버스 내 성범죄에 대한 논란은 급증하고 있다. 조만간 한국에서도 메타버스 내 성범죄에 대한 사회적 비난이 거세질 것이다. 메타버스 1.0인 세컨드라이프에서도 동일한 상황이 발생했으나 대처하지 못해 세컨드라이프 내에 음란물이 범람하고 세컨드라이프의 이미지가 추락하게 된 사례를 교훈으로 삼아야 할 것이다.

∞

메타버스에서의 아바타 간 '결혼'은 불륜인가

메타버스에서 사용하는 아바타를 독립된 개체로 볼 것인가 아니면 현실의 자아와 연결해서 볼 것인가에 대한 이슈는 메타버스 내의 행동을 범죄로 봐야 하는지와 연결되어 있다. 예를 들어, 현실에서 배우자가 있는 개인이 메타버스에서 또 다른 배우자를 만든 경우, 이를 불륜으로 간주해야 하는가, 또는 메타버스 내에서 이미 배우자가 있던 아바타가 다른 아바타와 바람이 난다면 이 또한 비난 가능할까와 같은 윤리적, 사회적인 문제이다.

한국은 일부일처제이지만 이슬람 국가 중에는 일부다처제를 허용하는 경우도 있다. 그렇다면 메타버스 내에서 혼인 관계는 일부일처제로 규정해야 되는가, 또는 메타버스 내에서도 '정조'와 같은 윤리 개념이 존재해야 하는가 등의 문제가 등장한다. 메타버스는 국가의 경계가 존재하지 않기 때문에 모두가 동의할 수 있는 윤리나 도덕이 존재할 수 있는지에 대한 논란이 항상 존재한다.

온라인 게임에서 일방적으로 '게임 내 남편'에게 이혼당한 40대 일본 여성이 분개해 게임 속 남편의 캐릭터를 무단으로 삭제한 '범죄'가 발생한 적이 있다. 이 여성은 일본에서 실제로 부정접속법 위반 혐의로 경찰에 체포되었다. 사건이 발생한 게임은, 당시 200만 명 이상의 유저가 있던 넥슨 재팬의 '메이플스토리'이다. 횡스크롤 타입의 액션 RPG(롤플레잉 게임)로, 플레이어가 서로 협력해 적을 쓰러뜨리고, 아이템을 획득하면서, 게임 내의 캐릭터를 성장시켜 가는 방식이다.

2007년 10월부터는 메이플스토리에 결혼 시스템이 추가되어 유저끼리 합의해 게임 내에서 일부일처제로 결혼할 수 있게 되었다. 게임 내에서 아바타 간 일부일처제를 도입한 것이다. 게임 내 결혼의 장점 중 하나는 플레이어 사이의 정신적인 유대를 강화할 수 있다는 것이다. 또, 캐릭터의 파워를 강화시키는 반지를 장착할 수 있다. 결혼은 예식이 세트로 되어 있으며 예식장에는 종류가 있어 최소 10명, 최대 60명의 친구 캐릭터를 초대할 수 있다.

이 사건은 2008년 5월 중순경 게임 내에서 알게 된 삿포로시의 남성과 미야자키시의 여성이 게임 내에서 결혼했다가 이혼하면서 발생했다. 메이플스토리 내에서 결혼이나 이혼을 하는 일은 드물지 않다. 그런데 이 여성은 이혼 통고를 받은 후 '남편'에게 분노해 전부터 알고 있던 남편의 게임 ID로 접속해 남편의 캐릭터를 지워버렸다. 남성이 여성에게 자신의 ID를 가르쳐 준 것은 아내가 남편 캐릭터를 플레이할 수 있게 해서 캐릭터 성장에 도움을 받기 위해서였다. 아내는 열심히 내조해 남편의 캐릭터를 키워 주었는데 그런 아내에게 일방적으로 이혼을 선언해 분개한 것이다.

이와 같은 불륜을 둘러싼 논란은 세컨드라이프에서도 발생한 바 있다. 영국의 한 여성이 자신의 남편이 다른 여성과 불륜을 저지르는 모습을 목격했다며 이혼소송을 낸 사건이다. 에이미 폴러드(28세)라는 여성은 남편인 데이비드 폴러드(40세)가 불륜을 저지르는 모습을 목격했다며 콘월 가정법원에 이혼소송을 제기했다.[15] 데이비드가 저지른 불륜은 세컨드라이프에서 벌어진 일이었다. 소송을 제기한 에이미는 잠시 낮잠을 자고 있는 동안 남편이 메타버스 속 매춘부 역을 맡은 인물과 만났다는 것을 알게 되었다고 주장하며 게임 속 사설탐정까지 고용해 둘의 밀회 장면을 포착한 이상 남편을 용서할 수 없다고 했다. 이에 대해 남편 데이비드는 어디까지나 게임에서 이루어진 일이며 아내가 왜 이렇게 예민한 반응을 보이는지 전혀 이해할 수 없다고 했다. 재미있는 사실은 이 부부가 세컨드라이프에서 만나 결혼했다는 것이다. 이들은 결혼식도 실제 건물이 아닌 세컨드라이프 내에서 올렸다.

미국 애리조나 피닉스에 사는 릭 후저스트라트(53세)는 부인이 2명이다. 한 명은 현실에서 실제 결혼을 올린 '진짜' 부인이고, 다른 한 명은 세컨드라이프의 부인으로, 그는 현실과 가상 세계에서 이중 결혼 생활을 하고 있다. 이혼 상태에서 3년 전 인터넷 채팅으로 만난 부인 수와 결혼한 후저스트라트는 또 한 번의 결혼식을 올렸다. 세컨드라이프에서 그의 아바타인 '더치 후렌비크'가 캐나다인 여성 재닛 스필먼(38세)의 아바타인 '테냐 재컬로프'에게 청혼해 결혼한 것이다. 이들의 가상 결혼식에는 아바타 친구 30명이 참석하기도 했다.

후저스트라트가 스필먼을 만난 적은 없지만 이들은 가상의 세계에서 현실과 다름없는 결혼 생활을 한다. '더치'는 '네냐'와 함께 가상의 집에서 두 마리의 개를 기르고 모기지론도 갚아 나가면서 함께 쇼핑몰도 가고 여행을 즐기기도 한다.[16] 이 결혼을 소개한 월스트리트저널은 이와 관련해 3만 명의 온라인 게이머를 상대로 한 조사 결과를 발표했다. 그 결과 40% 가까운 남성과 53%의 여성이 가상의 친구가 현실의 친구보다 같거나 더 낫다고 밝혔다.[17] 세컨드라이프 시절에 이미 가상 세계가 현실 세계에 스며들고 있었던 것이다.

위와 같은 사례 중 일본의 캐릭터 삭제는 '살인죄'가 아니라 부정접속법 위반으로, 즉 타인의 아이디와 비밀번호로 접속한 이유로 처벌되었다. 그러나 메타버스에서의 불륜이 법적인 불륜으로 인정된 사례는 거의 없다. 향후 메타버스가 활성화될수록 현실 세계의 부부, 연인의 관계와 메타버스상의 부부, 연인 관계가 혼재될 것이다. 이럴수록 현실의 인간관계는 갈등과 혼란에 빠질 수 있다. 어디까지가 가상이고, 어디까지가 현실인가. 이 경계가 모호할수록 인간 사회는 판단의 혼란에 빠질 수밖에 없는 순간이 많아질 것이다.

∞

메타버스에서 나치 놀이를 즐기는 청소년이 있다면?

로블록스의 맵 중에는 나치나 노예제도를 모방하고 학살 사건을 재현하는 등 규범적으로 부도덕한 맵이 존재한다. 로블록스는 이를 발견하는 대로 제거한다고는 하지만 현실적으로 모든 맵을 감시할 수는 없다. 온라인 저널 '와이어드(WIRED)'는 '어떻게 로블록스는 가상 나치 놀이를 위한 공간이 되었나(How Roblox Became a Playground for Virtual Fascists)'라는 기사에서 로블록스 내의 노예제나 나치 놀이를 하는 유저들을 소개한 바 있다.[18]

이 기사 내용은 퍼거슨(23세)이라는 로블록스 유저의 스토리였다. 그는 현실에서 학교를 퇴학 당했고, 취미나 목표, 친구가 없었다. 그런 그가 로블록스에서는 '세계의 왕'이 된 것 같은 자부심을 느꼈고 '말콤'이라는 가상의 캐릭터와 늘 플레이 했다. 그들은 군사 롤플레이를 즐겨했는데 스타워즈부터 제2차 세계대전의 미군, 나치 등을 플레이했다. 말콤은 게임 내에서 홀로코스트 희생자들을 조롱하는 '6백만'이라는 말을 한 적도 있다.

그들은 드라마 제작사 HBO의 '로마'를 시청한 후 원로원 등을 만들고 돌격군, 노예제도, 타락법 등이 완비된 파시스트 국가 '파르티아'를 만들었다. 퍼거슨은 자신의 맵의 노예들에 대해 '그들은 엄밀히 말하면 노예가 아니다'라고 설명했다. 참여자들은 모든 것을 강제하는 시스템에 참여하겠다는 자신의 자유 의지로 참여했다는 것이다. 파르티아 내에서 노예는 봉사를 통해, 또는 검투사가 되어, 시간이 지남에 따라 시민권을 획득할 수 있다. 참여자는 생활에서 유대인이거나 '유대 튜닉'을 입어서는 안 된다. 이를 위반하면 체포된다. 파르티아에서는 경비대가 거리를 순찰했고 퍼거슨은 피부 톤이 잘못되었다는 이유로 처형 투표를 진행한 적이 있다. 이 맵을 제작한 퍼거슨과 말콤은 '역할극일 뿐으로 나는 그저 역사광일 뿐이다. 실제 환경에서 이를 적용하지 않는다'라고 말했다.

파르티아에서 가장 배타적인 조직은 말콤의 개인 부대인 친위대이다. 그는 때로 간부들에게 나치 SS 매뉴얼을 읽게 하고, 학교 총기 난사범에 대한 극우 팟캐스트를 듣도록 했다. 그는 '아인자츠그루펜' 부서를 창설했는데, 이 부대는 2차대전에서 유태인과 소수민족을 학살하기 위한 나치 기동부대이다. 나치 역할극을 하는 맵 중에 'Innsbruck Border Simulator'라고 하는 맵은 2019년 중반에서 1년 동안 백만 명이 넘는 유저가 방문했다.

메타버스 이용자들의 경우 게임보다 콘텐츠나 채팅에 대한 검열이 약하기 때문에 극단적인 정치적 주장을 하기에 적합하다는 인식을 가지고 있다. 메타버스 플랫폼들은 악성 유저의 계정을 삭제하고 같은 계정으로 가입하지 못하게 하는 '밴' 제도를 운영한다. 그러나 개인이 여러 개의 이메일이나 전화번호를 이용하여 같은 수법의 범죄를 반복적으로 일으킬 수 있고 가입 시 인적 정보가 필요하지 않은 플랫폼의 경우 다중으로 계정을 사용할 수 있기 때문에 큰 의미가 없다.

로블록스가 테러에 대한 선전의 장으로 악용된 경우도 있다. 로블록스 안에 '크라이스트처치(Christchurch) 모스크' 총기 난사 사건을 모방한 맵이 만들어져 충격을 준 적이 있다. 크라이스트처치 모스크 총기 난사 사건은 2019년 3월 15일 뉴질랜드 캔터베리 지방에서 발생한 테러 공격이다. 알누르 모스크와 린우드 이슬람 센터에서 일어난 일련의 테러 공격으로 51명의 사망자와 49명의 부상자가 생겼고 용의자 4명이 체포되었다. 테러범은 총기를 난사하면서 17분 동안 페이스북 라이브로 테러를 스트리밍했으며, 자신을 28세의 오스트레일리아 출신 백인 우월주의자라고 밝혔다.

바로 이런 크라이스트처치 테러 사건을 재현한 맵이 로블록스에 만들어진 것이다. '명예훼손 방지 연맹(Anti-Defamation League)' 연구원인 다니엘 켈리(Daniel Kelley)는 로블록스에서 크라이스트처치 모스크 총기 난사 사건을 재현한 방을 여러 개 발견했다. 그는 2021년 5월에도 'Christchurch'라는 간단한 키워드만으로 10분이 채 되지 않아서 두

개의 맵을 찾을 수 있었다고 했다. 인터넷 신문 '더버지(The Verge)'의 확인 결과, 두 맵 모두 200번 이상의 방문 기록이 있었다.[19]

그러나 로블록스의 실제적인 관리와 통제는 사실상 쉽지 않다는 데 문제의 핵심이 있다. 로블록스는 미국에서 16세 미만 청소년의 55%가 가입했고, 570만 명의 최대 동시 접속자, 월 1억 6,400만 명 이상의 이용자가 플레이한다. 그 결과 사람의 손에 의해 수동으로 스캔하기에는 너무 많은 이용자 맵이 형성된다. 이용자가 시나리오와 공간을 생성하는 방식의 분산 구조 때문에 모니터링이 특히 어렵다. 로블록스 측도 "크라이스트처치 총격 사건에 대한 언급은 자동 텍스트 검색을 통해 차단하기가 특히 어렵다"라고 밝힌 바 있다.[20] 따라서 향후에도 폭력과 테러에 대한 모방 행위는 대규모 메타버스에서 끊임없이 발생할 수밖에 없다. MGM이 제작한 '톰과 제리'라는 고양이와 쥐의 싸움처럼 영원히 끝나지 않는 악용과 규제의 반복인 것이다.

메타버스를 테러 단체 조직원의 모집 도구로 사용하는 경우도 급증하고 있다. 사실 군대의 리쿠르트 도구로 게임을 사용하는 것은 새로운 현상은 아니다. 미국 육군은 지난 10년 동안 온라인 FPS인 'America's Army'를 모병에 활용했다. 이 게임은 인기 있는 워게임 중 하나가 되었고, 입대를 촉진하는 데 기여한 것으로 인정되었다. 2009년부터 도시 지역의 입대자를 유치하고자 하는 육군 신병 모집단은 청소년이 게임을 할 수 있는 시설을 필라델피아 쇼핑몰에 설치하고 원하는 경우 누군가와 군대에서의 생활에 대해 이야기할 수 있도록 했다.

그런데 게임을 활용하는 것이 군대만이 아니라는 점이 문제이다. ISIS와 같은 테러 그룹도 게임을 활용해 조직원을 모집한다. 일반적으로 ISIS와 같은 집단의 타겟 그룹은 폭력적인 무엇인가에 끌리는 사람, 또는 환상을 경험하고 싶은 욕구를 포함해 권력과 명성, 실제 삶과는 구별되는 판타지를 추구하는 사람들을 대상으로 노린다. '게임 지하드'라고 불리는 테러 조직은 FPS 게임과 폭력적인 이미지를 악용하여 젊은 신병을 끌어들였다.

2014년에 ISIS는 젊은 게이머에게 어필하기 위해 폭력을 미화하는 게임으로, 인기 콘솔 게임인 콜 오브 듀티(Call of Duty)와 GTA(Grand Theft Auto)처럼 보이는 게임을 개발했고, 게임의 선전 영상까지 유튜브에 올렸다. 이들 게임은 알 하야트, 알 푸르칸, 알 에타르와 같은 ISIS의 중앙 미디어 센터에 의해 개발되었다고 한다.[21] 레바논 이슬람 그룹 헤즈볼라(Hezbollah)는 플레이어가 이스라엘 방위군과 전투를 하거나, 시리아에서 ISIS 전사를 죽일 수 있는 자체 게임을 개발했다. 때로 이들 테러 그룹은 기존의 유명 게임을 활용해 자신의 종교적 신념이나 테러 활동을 정당화하기도 한다. 예를 들어, 카운터스트라이크(Counter-Strike) 같은 슈팅 게임의 경우 플레이어는 테러 공격을 자행하려는 테러리스트로 활동할 수도 있다.

GTA(Grand Theft Auto, 슈팅게임의 일종으로 높은 수준의 폭력성을 가진 게임)와 유사한 게임을 소개한 영상들은 2014년 6월에 유튜브에 나타났다. 이 게임들은 아랍어로 된 구글 검색을 기반으로 인기를 끌었다. 이 영상에는 '살릴 알 사바렘의 게임 다운로드'라는 용어가 나타난다. 게임을 보여 주는 이 영상에는 이렇게 적혀 있다. "우리는 전장에서도 이 게임과 똑같이 행동한다"

테러 단체가 게임을 가장 먼저 이용하고 있지만, 게임 플랫폼이 유럽과 미국 전역에서 백인 우월주의 교육을 위한 기반이 되고 있다는 증거도 늘어나고 있다.[22] 2017년부터 게임 스트리밍 커뮤니티인 스팀은 플랫폼에서 활동하는 네오나치 그룹의 존재로 주목을 받은 바 있다. 스팀은 커뮤니티 기반 온라인 게임 서비스를 제공하며 게이머는 프로필, 메시지, 음성 대 음성 화상회의를 사용하여 다른 게이머를 찾고 연결할 수 있다. 스팀은 현재 1억 3,000만 명이 넘는 활성 이용자를 보유하고 있다. 그러나 커뮤니티는 거의 규제되지 않고 있다.

과연 게임과 같은 메타버스 공간에서 ISIS가 만든 게임을 플레이하는 청소년이 있을 때, 또는 지금 누구나 자유롭게 접속할 수 있는 스팀 플랫폼에서 백인 우월주의 교육을 하고 있는 단체의 커뮤니티에 청소년이 들어가 그들의 주장에 귀를 기울이고 있다면 어떨까. 메타버스의 특징은 시간과 공간을 초월하는 접근성에 있다. 언제 어디서나 메타버스의 세계에서는 아이디라는 익명으로 자유롭게 진입하고 온라인 친구가 될 수 있다. 하지만 그 온라인 친구가 ISIS 신병을 모집하는 조직책일 수도 있다.

메타버스에서 가상 자산의 절도와 사기

메타버스와 NFT, 가상 화폐를 결합시키려는 시도가 많다. 메타버스의 세계에서 가상 화폐, NFT는 반드시 메타버스와 일체화될 필요는 없다. 하지만 그렇다고 반드시 분리되어야 할 이유도 없다. 게임사와 메타버스 개발 기업들은 P2E나 NFT 거래를 비즈니스 모델로 설정하고 있는 곳도 많다. P2E는 'Play to Earn'이라는 의미로, 게임 이용자가 게임을 하면서 돈을 벌 수 있다는 뜻이다. 게임사가 가상 화폐를 발행하고 게임 내에서 채굴을 통해 획득한 아이템을 가상 화폐로 교환해 주는 개념이다. 현재 한국에서는 게임 내 재화를 실제 화폐로 환전하는 것이 금지되어 있다. 그러나 아직 메타버스 내에는 가상 아이템과 실제 화폐와의 거래 금지에 대한 명확한 규정이 없다. 그런 점에서 규제가 상대적으로 느슨한 메타버스에서 향후 가상 화폐, NFT와 관련된 많은 범죄와 사회적 문제가 발생할 것이다.

메타버스와 가상 화폐의 결합에서 주의해야 할 범죄로 '러그풀'이 있다. 속칭 '루나일드(Luna Yield)' 사건이라 불리는 러그풀이 대표적인 사기이다. 2021년 8월 루나일드팀이 그들의 공식 웹사이트와 트위터를 비롯한 모든 SNS 계정을 돌연 삭제했으며, 프로토콜 내 모든 가상 화폐를 인출해 갔다. 그 피해액은 700만 달러에 달한다. 이는 현재까지 가장 큰 가상 화폐 디파이(DeFi) 사기 중 하나이다.

'진도지코인' 사건도 있다. 진도지코인은 '도지코인'을 모방한 한국의 가상 화폐이다. 원래는 별로 인기가 없었으나 일런 머스크가 도지코인을 언급하면서 상승하자 진도지코인도 가격이 급등했다. 앞의 루나일드 사건은 투자자들의 자금을 개발자들이 챙겨 도주한 형태의 러그풀이었다면, 진도지코인 사건의 경우는 개발자들이 보유하고 있던 락업 물량을 거래소에 모두 매도해 버린 사건이다. 해당 가상 화폐 금액은 개발자의 도주 이후 97% 수준까지 떨어졌다고 한다.

메타버스 붐 이전에도 게임 내 사기 사건이 많았다. '마비노기 영웅전' 양념게장 사건이 그중 하나이다. 이 사건은 게임 내 화폐를 받고 반찬을 판매한다는 황당한 사기 사건이다. 실제로 사기꾼은 게임 머니를 받은 후 양념게장을 보내주지 않았다. 피해자들은 이에 대한 피해 보상을 요구하려 했으나 이 당시 게임 머니는 법적 재물로 인정되지 않는다고 생각하여 고소하지 못했다고 한다. 오히려 사기꾼의 신상을 털어 주겠다는 신상털이 전문가에게 돈을 주고 사건 해결을 맡기게 되었는데 알고 보니 그 신상털이 전문가와 양념게장 사기꾼은 동일인이었다. 피해자들은 두 번에 걸쳐 피해를 입었다. 당시 피해 금액은 최소 2,250만 원에서 최대 1억 3,500만 원에 달한다고 알려지고 있다.

넥슨의 게임 '바람의 나라'에서 1,300만 원의 가치를 가진 게임 아이템과 현금 700만 원을 사기당하고 돈을 받지 못한 사례도 있다. 해당 사기는 이메일 인증서 사기라는 수법을 사용했다. 이메일 인증서 사기란 아이템 거래소를 통한 거래인척 문서를 위조해서 이메일로 보내고 거래를 진행하는 사기이다. 실제로 입금 완료 문자가 오지 않아도 이메일을 받아 거래를 진행하기 때문에 피해자는 사기를 당하기 쉽다. 해당 사례에서는 추가로 사기꾼에게 700만 원의 현금을 지급했는데 사기꾼이 1,000만 원 단위로만 입금할 수 있다는 식으로 이야기한 후 2,000만 원을 입금할 테니 700만 원을 달라고 한 것이다. 넥슨의 '메이플스토리'에서도 비슷한 사기 사건이 존재한다.[23] 이 사건에서는 돈을 입금했다고 한 뒤 이메일로 송금내역을 보내주며 거래를 진행했다. 피해자는 입금완료 문자가 오지 않았다며 항의했지만, 사기꾼은 금액이 커서 평일이 되어야 송금이 완료된다고 거짓말을 했다.

게임 리니지에서의 사기 사건도 있다. 2001년 희귀 혈액형인 RH-O형의 혈액이 필요한 상황이 있었다.[24] 환자의 지인이 '리니지' 내에서 이런 절박함을 알렸고 다행히 동일한 혈액형을 가진 사람이 나타나 환자는 목숨을 건지게 되었다. 엔씨소프트는 해당 유저의 선행에 감사를 표하는 의미로 감사패와 무료이용권 그리고 '생명의 검'을 선물하게 된다. 생명의 검은 집행검과 비슷한 가치를 가지고 있는데 무기의 성능보다는 아이템에 담긴 의미를 높게 쳐주었다.

그런데 2015년 리니지의 빈티지 프로젝트를 통해 생명의 검은 '생명의 단검'으로 리뉴얼되었고 그 성능도 리니지 게임에서 유명한 진명황의 집행검 이상의 가치를 가지게 되었다. 생명의 단검 소유주는 게임을 접었던 터라 아이템을 판매하기로 했다. 생명의 단검은 결국 4,500만 원에 판매하기로 되었는데 여기서 문제가 발생한다. 돈이 입금되었다는 문자를 받은 소유주는 아이템을 넘겼는데 해당 문자는 위조된 문자였다. 결국 돈도 받지 못하고 아이템을 넘겨준 꼴이 되었다. 이후 해당 아이템은 인터넷 방송을 하던 한 BJ의 방송에서 등장하였다. 해당 BJ는 지인을 통해 구매한 아이템이라고 설명하였다.[25]

게임 이외에도 '어스2'처럼 메타버스 내의 공간을 실제 화폐를 통해 구입하는 경우도 많다. 이를 지식재산권으로 봐야 하는지 민법상 '토지'로 보아야 하는지도 아직 정리되지 않았기에 '불이행의 의무'나 손해배상 등 권리구제가 정확하게 이루어질 수도 없다.

지식재산권 침해의 온상이 된 메타버스

로블록스는 2021년 5월 22일 나이키 로고가 들어가거나 나이키 명의를 사용한 의류 아이템들을 사전 통보 없이 갑자기 삭제했다. 이러한 의류를 제작한 몇몇 유저들은 계정이 삭제되기도 했다. 로블록스 입장에서 저작권을 위반한 브랜드 아이템을 제재하는 것은 당연하다. 저작권 준수는 로블록스 규정에도 나와 있는 내용이다. 특정 브랜드 명칭을 무단으로 넣은 것은 명백하게 규정을 위반하는 행위이며, 이러한 유저를 처벌하는 것은 당연한 것이기 때문에 나이키 옷을 제작한 유저들을 옹호할 수는 없다. 하지만 유저 입장에서는 특정 브랜드의 옷을 로블록스에서 입어 보고 싶었으며, 자신이 직접 만든 옷에 로고 하나 넣었다고 경고도 없이 바로 계정 삭제나 정지 처분을 받는 것은 억울할 것이다.

메타버스 기업이 직면하고 있는 딜레마 중 하나가 바로 저작권 위반이다. 메타버스가 유명 브랜드 저작권 침해의 온상이 되고 있기 때문이다. 실제로 일부 유저들은 기업의 로고나 디자인이 저작권에 걸릴 것을 고려하여 브랜드를 교묘하게 수정하거나, 디자인을 약간 변형

하기도 한다. '저작권 의식 망한 지 오래자너'.[26] 국내 인터넷 커뮤니티인 '디시인사이드 제페토 갤러리'에 2020년 올라온 글이다. 제페토의 유저들이 일본의 인기 스포츠 만화 '하이큐'에 등장하는 유니폼 디자인을 무단으로 도용하고 있는 것을 지적한 글이다.

2021년 프랑스의 명품 기업 '에르메스'는 메이슨 로드차일드(Mason Rothschild)라는 작가를 뉴욕 남부 지방법원에 고소했다.[27] 이 작가가 NFT 오픈마켓 플랫폼에 에르메스의 대표 상품인 '버킨백' 디자인을 본뜬 '메타버킨(MetaBirkins)' NFT를 팔았기 때문이다. 영국 파이낸셜타임스는 그가 적어도 200이더리움(약 9억 8,000만 원) 이상의 수익을 올렸을 것이라 보았다. 그런데 엉뚱하게도 그는 도리어 '사기꾼들이 메타버킨의 가짜 버전을 판매하여 막대한 돈을 벌었다고 비난했다. 로드차일드는 자신의 컬렉션이 같은 웹사이트에 출시되기 전날 온라인 마켓 플레이스인 오픈씨(OpenSea)를 통해 매시간 더 많은 가짜 메타버킨이 판매되는 것을 보았다고 언급했다. 그런데 정작 에르메스는 로드차일드가 9천 달러에서 50만 달러를 호가하는 버킨백의 디자인을 도용하고 회사의 상표를 침해했다고 고소한 것이다. 에르메스는 메타버스에서 버킨백을 상업화하거나 제작하는 것을 승인하거나 동의하지 않았다면서 에르메스는 손으로 만든 물리적 개체의 유형적 표현을 중시하기 때문에 NFT 시장에 진입하지 않았다고 설명했다.

2021년 6월에는 이중섭, 김환기, 박수근 화백의 작품이 NFT 예술품 경매에 등장하기 직전 유족과 저작권자의 반대로 경매가 무산된 사례도 있다. 국내의 종합광고대행사인 '(주)워너비인터내셔널'은 해당 화백들의 작품을 NFT화시켜 한국 근현대 미술의 작품성을 전 세계에 소개한다는 취지로 경매를 기획하였으나 유족 등의 반발에 급거 취소한 것이다.[28]

2021년 6월에는 전미음악출판협회(NMPA)가 음악 저작권 이용료를 지불하지 않았다는 이유로 로블록스에 2억 달러(약 2,400억 원) 상당의 손해배상청구 소송을 제기했다. 로블록스 같은 메타버스 플랫폼 공간 역시 엄연한 인간 공간의 일부이지만 이곳에서 벌어지는 다양한 저작권 침해 사례, 특히 가상 음악 재생 장치를 통한 무단 음악 저작물 사용은 심각하다. 전미음악출판협회 측은 로블록스 이용자들이 로블록스 측에서 제공하는 음악 라이브러리를 통해 음악을 새로운 콘텐츠로 재가공 후 수익을 창출할 수 있는 데 반해 창출된 수익을 실제 창작자에게 저작권료로 지불하지 않는 점을 지적했다. 이에 로블록스는 전미음악출판협회와 합의하여 메타버스 내의 음악가와 작곡자들이 이용 가능한 플랫폼을 제공하고 창작자와 라이선싱 계약을 체결하는 등의 조건을 제시했다. 음악 저작권 침해는 K팝 업계에서도 논란이 되고 있다. 로블록스에서 'K팝'이라는 검색어를 입력하면 음악, 가수의 사진이 등장하는데 허가받지 않은 무단 복제가 대부분이다.

2021년 트위터 창업자 잭 도시의 첫 번째 트윗을 NFT로 만들어

팔았던 미국 NFT 거래소 센트가 자신이 소유하지도 않은 콘텐츠 기반의 NFT를 매물로 내놓는 사람들이 다수라며 NFT 거래를 중단시켰다. NFT 거래소 센트의 창업자 캐머런 헤자지는 NFT 매매를 대부분 중단시켰다. 그는 다른 NFT를 허락 없이 복제해 판매하거나, 자신이 소유하지 않은 콘텐츠로 NFT를 만드는 것, 마치 증권처럼 NFT 묶음을 파는 행위 등 세 가지를 문제점으로 꼽았다. 그는 문제가 있는 계정을 사용 금지하고 있지만 '두더지 잡기' 게임을 하는 것처럼 다른 계정이 더 생겨난다고 탄식한 바 있다.[29]

메타버스 유저가 단순히 자신의 아바타에 명품 브랜드의 이미지 파일을 추가했다고 처벌을 받지는 않을 것이다. 그러나 제페토를 비롯한 메타버스 플랫폼에서 실제 브랜드들의 상표를 도용하거나 판매하는 일이 증가하고 있다. 향후 브랜드 저작권을 둘러싼 법적 제재와 분쟁은 증가할 것이다.

현실 속 건축물 및 시설을 메타버스에 구현한 경우도 저작권 침해에 해당할 가능성이 있다. 2011년 골프장 사업자들이 스크린 골프 사업자들을 상대로 골프 코스에 대한 저작권법과 부정경쟁방지법에 따른 손해배상 소송을 청구한 사례가 있기 때문이다. 9년이 지난 2021년에서야 대법원은 스크린 골프에 사용되는 골프 코스에 대한 저작권이 코스 설계자에게 있고, 별도 협약 없이 골프 코스 영상을 사업에 이용한 경우 스크린 골프 사업자에게 손해배상 책임이 있다고 결론을 내렸다.

우리나라는 상표권, 지식재산권(intellectual property rights) 분쟁 사례를 막기 위해 2021년 12월 국가지식재산위원회를 통해 제3차 국가지식재산기본계획(안)을 심의 의결했다. 상표권 침해에 관한 현행법상 귀금속(제14류), 가구(제20류), 의류(제25류) 등 실물 제품은 디지털 이미지(제9류)와 분류가 달라 관련 기업이 지식재산권 문제를 해결하기 어렵다. 국가지식재산위원회는 메타버스 내의 디지털 물품도 디자인 보호 대상에 포함할 수 있도록 법을 개정할 필요가 있다.

또한 유저들도 창작과 브랜드 도용의 차이를 인식하는 것이 필요하다. 저작권 침해나 도용이 궁극적으로는 메타버스 내 생태계를 와해시킬 수 있기 때문이다.

미주

1. 욕설·협박·성희롱까지…범죄 사각지대 된 '청소년 놀이터', 연합뉴스, 2021년 08월 07일.
2. 【심랑괴】 죽인 유저들의 얼굴을 모으는 초등학생, 캬랑Kyaryang, 2020년 01월 02일.
3. 메타버스의 미래 그리고 우려...가상서 느끼는 五感, 범죄 위험은 과제, 매일경제신문, 2021년 08월 03일.
4. 졸졸 따라온 아바타가 '성희롱'…무법지대 된 10대들의 놀이터, 머니투데이, 2021년 07월 29일.
5. 여성 아바타 뒤만 졸졸 따라가 '성희롱'…사이버 범죄 사각지대에 놓인 `메타버스'의 그림자, AiTimes, 2021년 08월 18일.
6. "벗어봐" 초등생들 가상현실서 아바타 성희롱, 조선일보, 2021년 04월 22일.
7. [입양하세요] 입양하다가 이상한사람이…, 로블충, 2021년 10월 02일.
8. Dad in Roblox warning after his young son is sent 'sickening' messages from strangers in online game, Mirror, 2017년 02월 15일.
9. 게임 내 성희롱 신고, 네이버 지식iN, 2020년 12월 10일.
10. Mom says daughter's avatar in Roblox game was sexually assaulted, WTHR, 2018년 07월 06일.
11. Did Minecraft Introduce `Sex Mods'?, Snopes, 2016년 10월 25일.
12. Things You Need To Know: Minecraft Has A 'Sex Mod.' Here's Your Barf Bag.
13. Virtual crime, Wikipedia.
14. 나 남자가 좋아진거 같은데 정신 나간거임???, 디시인사이드 VR 챗 갤러리, 2021년 01월 03일.
15. [가족의 재구성] [4] 온라인 게임에서 바람피는 남편… 현실에서 이혼소송 내는 부인, 조선일보, 2009년 07월 29일.
16. 남편이 사이버 부인을 두고 이중 결혼생활을 한다면?, 한겨레, 2007년 08월 11일.

17. Is This Man Cheating on His Wife?, The Wall Street Journal, 2007년 08월 10일.

18. How Roblox Became a Playground for Virtual Fascists, WIRED, 2021년 06월 10일.

19. Roblox is struggling to moderate re-creations of mass shootings, The Verge, 2021년 08월 17일.

20. Video games, terrorism, and ISIS's Jihad 3.0, Taylor's Francis Online, 2016년 08월 05일.

21. Ahmed Al-Rawi(2016), Video games, terrorism, and ISIS's Jihad 3.0, Taylor's Francis Online.

22. E-Recruits: How Gaming is Helping Terrorist Groups Radicalize and Recruit a Generation of Online Gamers, CONCENTRIC, 2019년 03월 17일.

23. 메이플스토리 천만원 무통장거래 이메일 인증 사기사건, 네이버 블로그, 2018년 04월 25일.

24. [리니지] 역사적인 생명의단검 사기사건, 네이버 블로그, 2016년 06월 29일.

25. 리니지 4500만원 아이템 사기사건!! 생명의단검은 어디로?, YouTube, 2017년 04월 11일.

26. 저작권의식 망한지 오래자너, 디시인사이드 제페토 갤러리, 2020년 05월 08일.

27. Hermès clashes with artist who created MetaBirkins NFT, Financial Times, 2021년 12월 10일.

28. 이중섭·김환기·박수근 NFT 경매 취소… "물의 일으켜 사죄", 매일경제, 2021년 06월 02일.

29. "타인 소유 콘텐츠로 NFT 발행"… 美 유명거래소 거래 중단, 한경경제, 2022년 02월 14일.

4부

메타버스라는
가상 사회에서
살아가는 신인류

메타버스는 어떻게 구분되어야 하는가

1장에서 우리는 미국 가속화연구재단(Acceleration Studies Foundation, ASF)에서 발표한 '메타버스 로드맵'에서 정리된 네 가지의 메타버스 구분법이 의미를 상실했음을 지적한 바 있다. ASF의 메타버스 구분에 의하면 메타버스는 증강 현실, 거울 세계, 가상 사회, 라이프로깅 등으로 구분되어야 하나, 한국 사회에서 메타버스는 '가상 세계'로 한정해서, 기술적으로는 VR, AR과 동의어로 사용되고 있음을 지적한 바 있다. 그렇다면 메타버스는 어떻게 구분하는 것이 타당하며, 어떤 구분이 한국의 메타버스 산업 발전을 위해서 도움이 될까?

메타버스는 두 가지 용어가 결합된 단어이다. 메타버스의 메타(meta)는 '무엇을 넘어선다', '하나의 상황을 초월한다'는 개념을 내포하고 있으며, 버스는 유니버스(universe)를 의미한다. 메타버스라는 합성어는 '현실과 연계된 가상의 세계'라는 의미를 가지고 있으며, 다른 한편으로는 현실을 초월한 하나의 가상 세계, 현실과 가상의 융합, 여러 개의 가상 세계가 공존하는 공간과 같은 복합적인 의미를 내포하고 있다. 이런 원론적인 개념을 기반으로 메타버스를 생각하면 메타버스는 100% 현실이 아닌 99%의 현실에서 100%의 가상까지의 복합적인 세계로 정리할 수 있다. 즉, 50% 가상, 10% 가상, 100% 가상 등 다양한 융합의, 현실과 가상의 세계가 존재할 수 있다. 이렇게 정의한다면 GPS 기반의 AR 게임인 포켓몬 고는 10% 정도의 가상에 90%의 현실이 결합된 메타버스라고 정의할 수 있다.

메타버스는 콘텐츠 내용과 활용 목적에 따라 크게 세 가지로 구분할 수 있다(〈표1〉 참조). 게임형 메타버스, 비게임형 메타버스, 중간형 메타버스이다. '게임형 메타버스'는 말 그대로 게임을 기반으로 한 메타버스이다. 가장 전형적인 예로 MMORPG인 리니지, WOW(World of Warcraft), 검은사막, 젤다의 전설, FPS(First Person Shooter, 1인칭 슈팅 게임)인 배틀그라운드, 소셜 게임인 아이러브커피 등이 모두 게임형 메타버스로 분류할 수 있다. 현재 메타버스 분야에서 뜨거운 관심을 받고 있는 FPS 게임 포트나이트, 게임 형태로 특히 슈팅 게임으로 많이 등장하고 있는 VR 게임이나 포켓몬고와 같은 AR게임, 이런 게임들을 통칭하여 게임형 메타버스라 부를 수 있다.

두 번째는 '비게임형 메타버스'이다. 비게임형 메타버스는 그 안에서도 소셜형과 특수 목적형으로 구분할 수 있는데 소셜형의 경우 대표적으로 세컨드라이프를 들 수 있다. 닌텐도의 동물의 숲, 네이버의 제페토, 이제는 소멸한 싸이월드가 소셜형 메타버스의 범주에 포함된다. 특수 목적형의 경우는 특정한 목적에 맞추어 개발된 메타버스 콘

<표1> 메타버스 유형

구분	게임형 메타버스	비게임형 메타버스		중간형 메타버스
		소셜형	특수 목적형	
정의	가상의 세계관을 가진 공간에서 게임적 요소를 활용하여 '자유롭게' 여러 사람이 동시에 접속하고 함께 즐길 수 있는 메타버스 플랫폼	가상의 공간에서 불특정 다수와 '자유롭게' 관계를 구축하고 교류하는 비목적형 메타버스 플랫폼	가상의 공간에서 특정한 목적을 실현하기 위해 개발된 하나의 플랫폼	게임형 메타버스와 비게임형 메타버스의 중간 형태
대표적인 플랫폼	 포트나이트	 제페토	 G러닝 교육	 로블록스
사례	• 에픽게임즈 포트나이트 • 엔씨소프트 리니지 • 나이앤틱 포켓몬 고 • 블리자드 디아블로 • 닌텐도 동물의 숲	• 네이버 제페토 • 싸이월드 • 린든랩 세컨드라이프	• 에어버스, BMW의 증강현실 스마트 팩토리 • G러닝 • 의료용 AR/VR • 직방·다방 플랫폼	• 로블록스 • 마인크래프트

텐츠를 말한다. 예를 들어, 게임과 교육을 결합한 게임기반 학습인 G러닝이나 기능성 게임, 의료나 교육용으로 많은 사용이 이루어지고 있는 AR, VR 콘텐츠들이 이에 해당한다. 싱가포르에서 시도한 버추얼 싱가포르, 한국 정부가 2017년 코리아세일 페스타에서 구축을 시도한 VR 쇼핑몰 등도 특수 목적형 메타버스라고 말할 수 있다.

마지막으로 '중간형 메타버스'이다. 이는 게임형과 비게임형의 중간에 위치하는데 대표적인 예로 '로블록스'가 있다. 로블록스는 소셜형 메타버스에 가깝다고 생각할 수 있지만, 플랫폼 내부 구조를 보면 많은, 다양한 형태의 게임들이 유저들을 흡수하고 있고, 또 유저들이 자발적으로 게임을 양산해 내고 있기 때문에 이를 순수하게 소셜형이라 보기는 어렵다.

메타버스의 등장은 게임으로 훈련된 세대, MZ세대의 등장과 궤를 같이 한다. 게임의 사회적 확산과 스마트폰 게임을 통한 게이머의 확대라는 조건도 있다. 우리가 흔히 알고 있는 검은사막, 리그 오브 레전드, 오버워치와 같은 온라인 게임부터 쿠키런, 리니지M 등의 모바일 게임, 젤다의 전설, 헤일로와 같은 콘솔 게임 등 많은 형태의 게임은 한국은 물론 글로벌 시장에서 이미 익숙한 엔터테인먼트이다. 게임 유저들은 2020년 코로나 사태가 터지면서 폭발적으로 늘어났다.

특히 게임은 엔터테인먼트라는 도구를 넘어서서 산업의 도구로 확장되고 있다. 과거에는 게임이 사람들이 즐기는 '오락의 도구'였다면,

현재는 게임이 '산업의 도구'로, 특히 AR, VR이 등장하면서 이러한 경향이 강해졌다. 즉 산업재, 산업의 기반 플랫폼으로서의 기능을 가지기 시작했다. 이러한 게임의 특성은 많은 금융이나, 유통, 제조업 기업들이 메타버스에 관심을 가지게 되고, 메타버스가 확산되는 계기를 만들어 주었다.

다만 메타버스 유저의 특성은 메타버스 확산과 이용에 있어 세대 간의 격차를 만들어 내고 있다는 점에 유의할 필요가 있다. 지금 메타버스를 즐기고 있는 세대를 관찰해 보면 대개의 경우 게임 유저와 오버랩된다. 이러한 점에서 현재 메타버스는 MZ세대라고 불리는 세대의 산물이며, 게임에 익숙하지 않은 40대 이상 세대의 전유물은 아니니다. 따라서 비즈니스적으로 메타버스를 기반으로 한 플랫폼 구축은 30대 이하의 세대를 대상으로 할 수밖에 없는 한계점도 있다. 비즈니스적으로 볼 때 자신의 주력 유저가 40대 이상이라면 메타버스의 구축 효과가 한정적일 수밖에 없다는 점이다.

∞

비게임형과 게임형 메타버스의 제품 속성 차이

우리는 세대별로 메타버스 활용도에서 차이가 난다는 사실을 알 수 있었다. 그렇다면 동일한 메타버스라도 비게임형 메타버스와 게임형 메타버스의 차이는 존재할까. 존재한다면 어떤 차이가 존재할까. 두 유형의 콘텐츠 차이는 제품 속성이라는 키워드로 설명할 수 있다. 제품 속성이란 제품을 구성하는, 유저가 심리적으로 평가하는 각 특성을 지칭한다. 일반적으로 특정의 제품에는 특정의 제품 속성을 선호하는 유저가 형성된다. 예를 들어, 1990년대 후반 온라인 게임이라는 새로운 형태의 게임의 등장에 의해 콘솔 게임을 선호하는 게이머와 PC 기반의 온라인 게임을 선호하는 유저가 다르게 형성되었다. 콘솔 게임이 네트워크로 연결되기 이전에 콘솔 게임 유저와 온라인 게임 유저는 뚜렷하게 분리, 구분되었다.

이런 차이를 나타내는 대표적인 특성이 '커뮤니티성'이다. 커뮤니티성은 게임에 참가한 이용자들 사이에 이루어지는, 길드나 클랜 등의 커뮤니티를 통한 연대감, 동류의식, 만족감 등을 느끼게 하는 게임 고유의 속성이다. 온라인 게임은 개인이 혼자서 진행하는 게임이 아니며, 어디까지나 하나의 가상 사회 속에서 사람들과 함께 어울리며 사냥이나 전투를 수행하는 또 하나의 게임 플레이 유형이다. 그러나 이와 달리 콘솔 게임은 한 명이나 두 명의 유저가 게임기에 연결하여 게임을 했다. 그런 점에서 콘솔은 사람 간의 대결이 아닌 사람과 기계의 대결이었다.

따라서 콘솔 게임 시장이 정착되어 혼자서 하는 싱글 플레이 게임 형태에 적응한 미국이나 일본 이용자들은 온라인 게임 속의 커뮤니티성에 익숙하지 않다. 이들은 유년기부터 혼자서 즐기는 콘솔 게임에 익숙해 있었다. 그러므로, 선진국 시장에는 콘솔 게임을 선호하는 그룹과 온라인 게임을 선호하는 그룹은 분리되어 따로 존재했다. 2003년 온라인 게임 리니지의 일본 이용자를 대상으로 한 조사를 보면 이용자의 79.7%가 주로 온라인 게임만을 플레이하고 있었다. 일본 이용자에게 온라인 게임과 콘솔 게임을 어느 정도 이용하는가 질문한 결과, 거의 온라인 게임만을 한다는 사용자가 80%에 육박하고 있다.[1]

온라인 게임을 주로 사용하는 유저는 키보드와 마우스를 게임기로 사용하는 PC 게임에서 진화해 온 사람들이다. 이와는 달리 일본의 콘솔 게임 이용자는 닌텐도의 패미콤, 소니의 PS, PS2 등을 거쳤으나 PC 게임을 경험하지는 않았다. 콘솔 게임 유저와 PC 게임 유저는 진화의 경로가 다르다고 말할 수 있다. 따라서 선진국의 온라인 게임 유저는 온라인 게임 고유의 특성인 커뮤니티성에 대한 높은 지향성을 가지고 있는 소수집단으로 볼 수 있다. 다시 말하면, 온라인 게임에 먼저 진입한 미국과 일본의 초기 수용자는 커뮤니티성에 대한 높은 선호도를 가진 유저 집단이라는 것이다.

또한 커뮤니티성에 대한 선호는 일치하지만 커뮤니티성이라는 속성의 내용에 대해서도 국가별로 다르다. 예를 들어, 온라인 게임 '리니지'의 공성전에 대한 선호도는 다르다. 한국에서 리니지의 꽃은 공성전으로 불린다. 공성전은 길드 사이에 성을 차지하는 전쟁으로 이 성을 차지하는 길드는 명예와 긍지를 가지게 된다. 리니지내 길드는 성을 쟁탈하는 공성전에 대비해 짧게는 며칠, 길게는 몇 달을 준비하며 결전의 그날을 기다린다. 공성전은 비용도 많이 든다. '전쟁'에 필요한 장비나 무기, 회복을 위한 물약 등을 준비하기 위해 3,000만 원(게임머니가 아니다!)을 지출한 길드도 있다. 이 같은 공성전에 대한 선호는 중국 이용자도 마찬가지이다. 그러나 일본 이용자는 공성전을 선호하지 않는다.

이 같은 에피소드가 있다.[2] 일본의 리니지 서버에 한국인 유저들이 들어와 게임을 하고 있었다. 이들은 한국에서처럼 성에 대한 깊은 집착을 보여 길드를 결성해 게임 안의 다섯 개의 성을 모두 차지해 버렸다. 이런 일부 이용자들의 독점적 지배에 일본인 이용자들이 불만을 표시했고, 이어 일본인들이 주축이 된 길드가 연합해 공성전을 벌이기 시작했다. 서버 내의 거의 대부분의 일본인 이용자들이 결집했기 때문에 공성전은 어렵지 않게 끝나 버렸다. 일본 이용자들은 하나 하나의 성을 전부 획득한 후 이를 회사에 돌려주고, 성을 차지하기 위한 경쟁은 제로에서 다시 시작하게 되었다. 물론 그 후에도 일본인 이용자들은 성을 차지하는 데 그다지 관심을 보이지 않았다. 이 같은 사례는 게임의 이용자가 서로 다른 문화적 배경을 가지고 있고, 이에 따른 게임 내의 행동 양식도 다르다는 점을 말해 주고 있다.

〈표2〉는 비게임형 메타버스와 게임형 메타버스의 제품 속성을 정리한 것이다.

먼저 목적성을 살펴보면 비게임형은 다양한 사용 목적을 제공한다. 반면 게임형은 유저들이 중시하는 게임 캐릭터 성장과 퀘스트 수행, 그리고 캐릭터 간 경쟁이나 대결을 제공하고 있다. 제페토를 보면 다양한 테마의 맵에서 소통하고, 게임을 플레이하며, 사진, 영상을 찍어 SNS로 공유할 수 있다. 다른 아바타와 놀이공원에서 놀거나, 아바타가 방송을 하는 것도 가능하다. 이런 놀이의 순서도 없고, 유저

<표2> 비게임형 메타버스와 게임형 메타버스의 차이

항목	비게임형	게임형
목적성	다양한 목적	단일 목적
커뮤니티	다양한 커뮤니티 주제/ 낮은 응집력	단일 커뮤니티 주제/ 높은 응집력
가상 경제 활동	메타버스 전 과정에서 활동	게임의 결과물 중심의 거래 활동
엔터테인먼트 요소	낮음	높음
유저의 자유도	높음	낮음

가 무엇을 하든지 상관없다. 그러나 게임 퀘스트는 다르다. 퀘스트는 RPG 게임에서 주인공이 NPC로부터 전달받은 일종의 임무이다. 퀘스트의 내용은 특정 몬스터를 상대해 이기는 것이나 특정 아이템을 조달해 달라는 등 다양하다. 퀘스트를 완료하는 경우 해당 퀘스트를 하달한 캐릭터에게 보상을 받는다. 따라서 유저가 자기 마음대로 퀘스트 순서를 달리할 수 없다.

유저 간 커뮤니티는 비게임형의 경우 커뮤니티의 주제가 매우 다양하고, 포괄적이다. 가상 세계 자체를 현실의 연장선으로 인식하는 경우가 많고 이에 따라 유저 간 대화 주제는 일상 생활 속의 화제부터 시작하여 정치, 경제 등의 주제, 그리고 개인적인 취미까지 이어지게 된다. 반면 게임형은 대화 주제가 해당 게임이 추구하는 목표와 연계된다. 이를 통해 유저들은 공동의 목표를 향해 협동하게 되며 대부분의 커뮤니티도 그러한 목표를 해결하기 위해 응집하게 된다. 공성전의 경우 성을 공략하기 위한 목적, 강력한 몬스터 사냥의 경우 이를 위한 협동 등이다.

가상 경제 활동에 대한 부분은 비게임형 메타버스의 경우 대부분의 경제 활동이 플랫폼이 제공하는 툴에 의해 제작된 결과물을 중심으로 한 거래이다. 그러나 게임형은 게임에서 제공되는 사냥이나 채굴 등 캐릭터의 성장과 관련된 획득물이 유저에게 제공되며 이 획득물을 아이템 거래, 코인으로 환전 등이 이루어진다. 다만 게임 아이템의 코인으로의 환전은 한국에서 법적으로 금지되어 있다.

유저 활동의 자유도에서 비게임형은 유저에게 공간과 기능에 대한 정보 제공에 중점을 두고 있다. 이점에서 비게임형 메타버스 유저는 스스로 학습을 통해 많은 기능을 습득해야 하는 부담을 가진다. 반면 게임형은 시작 초반부터 튜토리얼 기능과 같이 유저들에게 일정한 방향을 제시해 주며 게임의 스토리에 맞는 퀘스트를 계속적으로 제시해 줌으로써 유저들이 일정한 방향과 목적을 쉽게 찾을 수 있도록 한다.

이러한 게임형, 비게임형 두 유형의 콘텐츠 차이는 참여하는 유저의 성향에도 영향을 미치고 있다. 그런데 흥미롭게도 비게임형 메타버스만을 대상으로 분석해 보면 이 속에서도 게임에 영향을 받은 유저와 그렇지 않은 유저의 차이가 발생하고 있다. 비게임형 메타버스인 세컨드라이프 유저에 대한 FGI 결과는 서구와 아시아 유저가 〈표3〉과

<표3> 세컨드라이프 내의 아시아 유저와 서양 유저 간 차이

항 목	아시아 유저	서양 유저
메타버스에 대한 태도	세컨드라이프를 게임과 유사하게 인식하고 있으며, 메타버스 내 엔터테인먼트적 요소에 많은 비중을 둠	세컨드라이프의 엔터테인먼트적 요소보다는 하나의 커뮤니티로 이용하고 있음
아바타에 대한 태도	세컨드라이프 안에서 아이템을 구입하고 아바타를 꾸미는 등 가상 세계를 만드는데 거부감이 없음	세컨드라이프에서 실제 세계와 유사한 행동을 하려는 경향
인터페이스	직관적이고 단순한 인터페이스 선호	사용 이력에 따라 다름. 초기 유저는 쉬운 인터페이스를 선호하지만 사용 기간이 길수록 복잡한 인터페이스에 대한 거부감이 감소

같은 차이를 나타내고 있다.

전반적으로 서구와 아시아 유저를 비교해 보면, 아시아 유저는 세컨드라이프를 게임과 유사하게 인식하며 엔터테인먼트적 요소를 중시한다. 아시아 유저는 세컨드라이프에서 아바타 치장에 많은 시간을 투입하며 화려한 아바타 의상과 아이템의 구매에 관심을 보인다. 반면 서구 유저는 세컨드라이프를 커뮤니케이션의 도구로 이용하는 경향이 강하며, 실제 자신의 행동이나 외모를 자신의 메타버스 속 아바타와 유사하게 만드는 경향이 있다.

전반적으로 보면 아시아 유저는 동일한 세컨드라이프라는 메타버스를 게임의 연장에서 해석하려고 하는 반면, 서구 유저는 비게임형 메타버스 그 자체로 인식하고 즐기려는 태도를 가지고 있다. 이러한 아시아 유저의 특성은 게임이 엔터테인먼트의 주력 플랫폼으로 형성되면서 훈련된 결과로 볼 수 있다. 한국이나 중국과 같은 아시아 유저는 특히 MMORPG 지향이 강하고 이런 게임에 훈련된 유저들이 세컨드라이프에 진입해서도 동일한 형태의 콘텐츠와 활동을 추구하는 것이다.

그렇다면 메타버스의 주력 세대인 MZ세대는 메타버스에서 어떻게 살아갈까? 그들에게 있어 메타버스는 자신의 삶에서 어떤 의미가 있으며, 메타버스에서 무엇을 하며, 그들의 메타버스 속 인간관계는 어떠할까?

기업의 메타버스는 MZ세대의 감성을 기반으로 해야

가상 세계는 현재 인간에 있어 삶의 중요한 한 부분으로 인식되고 있다. 인간은 실제 공간에서 생활하고 있지만 인터넷을 기반으로 형성된 가상의 공간 속에서 또 다른 '자아'로 표현될 수 있는 아바타(가상 세계의 자아)를 통해 존재감을 표출하고 있다. 가상 세계는 허구지만 현실 세계와 동일하거나 유사한 구조를 띠고 있다. 아바타가 공중을 날 수 있으며, 시간, 공간, 물리적으로 불가능한 행동들이 가능하게끔 구현되어 있다.

메타버스는 '소통', 특히 MZ세대의 소통에 유용한 도구이다. 메타버스는 MZ세대에게 익숙한 매체이기 때문이다. MZ세대는 코로나 시대의 적응에도 뛰어난 능력을 보여주었다. 그 능력을 잘 보여준 것이 어몽어스의 플레이 방식이다. MZ세대가 어몽어스를 플레이하는 것을 살펴보면, 기성세대와 MZ세대의 차이가 확연하게 드러난다.

어몽어스는 10명의 유저가 펼치는 마피아 게임이다. 게임은 1명의 킬러 '임포스터'와 9명의 시민 '크루'로 나뉘어 진행되며, 살인 사건이 발생하면 회의를 통해 범인을 색출하는 과정을 거친다. 임포스터라는 살인자가 우리 중에 있다는 전제이다. 게임을 시작하면 모두 같은 공간에서 만나 우주선 수리나 병상 관리 등 각자의 임무를 수행하면서 우주선을 돌아다닌다. 물론 크루로 위장한 임포스터가 살해할 수 있기 때문에 사람들이 없는 장소를 피하면서 다녀야 한다. 만약 크루가 아닌 임포스터라면 눈치채지 않게 몰래 크루를 죽여야 한다. 물론 죽인 후에는 그 자리를 피해서 자신은 전혀 관련이 없다는 식으로 연기를 해야 한다. 크루의 시신이 발견되면 발견자가 신호를 하고 모두 모여 토론을 벌이고 투표를 통해서 임포스터를 찾아야 한다. 만일 엉뚱한 사람이 투표를 통해 마피아로 오인되면 그 사람이 죽고 마피아는 살아남아 다시 살인을 저지른다. 누가 마지막까지 생존하는가 경쟁하는 일종의 서바이벌 게임이다.

이와 같은 마피아게임에 대한 놀이 방식이 MZ세대와 기성세대는 전혀 다른 방식으로 진행한다. 아래는 두 세대가 어몽어스를 플레이하는 방식을 묘사한 것이다.

::기성세대::

먼저 친구들을 모아 스마트폰이나 PC를 사용해서 앱에 접속한다.

앱에 접속하면 채팅창을 통해 서로 채팅을 주고받으면서 어몽어스 내에서 각자의 역할을 수행하면서 누가 임포스터인지를 찾는다.

살인 사건이 발생하면 모두 회의실에 모여 살인자를 색출한다.
투표를 통해 엉뚱한 시민이 지명되어 죽으면 채팅창에 서로를 비난하는 글을 올린다.
몇 번 하다가 과거 대학 시절 MT에서 했던 마피아게임보다 재미가 없다고 투덜대다가 게임을 종료하고 모두 해산한다.

::MZ세대::
먼저 친구들을 모아 스마트폰으로 앱에 접속한다. 동시에 PC나 노트북을 켜서 줌을 연다.
앱에 접속하면 줌을 통해 잡담하면서 어몽어스 내 각자의 역할을 수행하고, 누가 임포스터인지 찾는다.
살인 사건이 발생하면 모두 회의실에 모여 살인자를 색출한다. 이때 줌을 통해 서로 소리지르며 누가 범인인지 주장한다.
투표를 통해 엉뚱한 시민이 지명되어 죽으면 "야! 니가 잘못 지목해 시민이 죽었잖아? 책임져!"라며 소리를 지른다. 이런 소동 속에 부모님이 방에 들어와 조용히 하라고 주의를 주기도 한다.
몇 시간이고 게임을 반복하다 학원에 갈 시간에 늦어 엄마가 방에 들어와 PC를 꺼버린다. 스마트폰을 압수하기도 한다. 이렇게 되면 자신의 의지와 관계 없이 강제로 게임을 종료한다.

현실에 강한 기반을 가지고 이제 메타버스에 겨우 적응해 가는 기성세대와 메타버스를 놀이의 도구로 자유롭게 가지고 노는 MZ세대의 차이가 드러나는 장면이다. 원래 어몽어스는 온라인 화상회의 시스템인 줌과 같이 하라는 매뉴얼은 없다. 그러나 MZ세대는 줌을 게임에 활용할 수 있다는 사실을 감각적으로 터득하고 이를 어몽어스와 결합한 것이다. 줌을 사용하여 마치 오프라인상에 함께 있는 듯한 분위기를 연출하는 방식이다. 줌을 단지 화상회의 시스템으로만 사용하고 집단적 놀이도구로는 사용하지 못하는 기성세대와의 뚜렷한 문화적 역량의 차이이다.

기업의 메타버스는 어몽어스를 가지고 노는 것처럼 엔터테인먼트적 요소를 기반으로 해야 한다. 1장에서 설명했듯이 지금 제페토 내의 현대차 홍보물 구축이나 춘천 커피페스타에서 구축한 메타버스를 보면 '꼰대가 설계한 플랫폼' 그 이상도 이하도 아니다. 유저가 없이 버려져 폐허가 된 메타버스는 기업의 이미지 향상이 아니라 추락을 초래한다. 오히려 메타버스를 활용하지 않는 편이 기존의 이미지 유지에 그나마 낫다는 이야기이다. 따라서 기업의 메타버스는 철저하게 MZ세대의 감성과 경험을 기반으로 MZ세대의 놀이터가 되도록 설계되어야 한다.

'포트나이트' 게임 속의 메타버스 콘서트

에픽게임즈의 포트나이트는 게이머들이 전투를 벌이는 배틀로얄 장르의 게임이지만 전투를 하지 않고 그저 공연이나 영화를 관람할 수 있는 파티 코드를 제공한다. 이것을 포트나이트 콘서트라 칭한다. 미국의 10대들은 이미 포트나이트를 게임이 아닌 친구들이나 타 유저와의 소통의 수단으로 이용하고 있다. 다만 코로나 위기 속에서 벌어진 포트나이트 콘서트를 통해 이러한 변화가 수면 위로 드러나게 된 것이다.

포트나이트 콘서트 중 유명한 것이 2020년 4월 23일 개최된 미국의 유명 래퍼 트래비스 스콧의 콘서트이다. 거대한 트래비스 스콧의 3D 아바타가 등장하여 공연을 했는데 약 1,200만 명의 유저가 이 버추얼 라이브 공연장에 참석하였다. 그는 아무런 공간적 제약이 없는 게임 속에서 신곡을 발표하기도 하였고, 현실의 공연장에서는 보여 주기 힘든 물을 헤엄치거나 불을 가로지르고, 무대 배경과 의상이 순간에 변화하는 퍼포먼스를 선보였다. 트래비스 스캇의 거대한 캐릭터가 '애스트로노미컬' 공연을 펼치고 있는 가운데 유저들은 공간적 제약이 없이 원하는 위치, 원하는 액션으로 자유롭게 무대를 넘나들었다. 이후 그는 실제 라이브에서 포트나이트 콘서트와 관련된 각종 굿즈를 판매하여 따로 수익을 창출하기도 하였다.

포트나이트에서 콘서트를 진행한 가수가 트래비스 스콧이 처음은 아니다. 유명 DJ 마시멜로(Marshmello)는 2019년 2월 3일 처음 포트나이트 내에서 콘서트를 시작하였다. 그는 자신의 움직임을 모션 캡처 기술을 이용한 게임 캐릭터로 등장시켰다. 이때 게임의 동시접속자는 1,070만 명을 돌파하여 메타버스 콘서트의 가능성을 보여 주었던 사례로 남게 된다. 그의 공연이 트래비스 스콧의 성공 이전에 포트나이트를 소통 및 콘서트 플랫폼으로 각인하는 중요한 이정표를 세운 셈이다. 마시멜로의 콘서트 내에서 이용자들은 자유롭게 무대에 올라가기도 하고, 날아다니거나 공간을 새로 지어 높은 곳에서 무대를 관전하는 등 현실에서는 불가능한 관중 문화를 보여 주었다. 특히 'I can fly'라는 가사에 맞추어 관중 모두가 낙하산을 펼치고 공중으로 떠오르는 장면은 글로벌 유저들에게 강한 인상을 남겨 주었다.

이 공연 이후 포트나이트는 미국 내 메타버스 플랫폼으로 거듭나 마인크래프트, 로블록스와 함께 메타버스를 대표하는 플랫폼이 되었다. 2021년 8월에는 미국의 유명 팝스타 아리아나 그란데가 '리프트 투어(Rift Tour)'를 개최하여 코로나로 인해 슈퍼스타의 공연에 목말라 있던 대중들의 갈증을 해소하기도 하였다. 포트나이트는 아리아나 그란데의 시그니처인 높이 올려 묶은 포니테일의 캐릭터를 등장시켜 관중을 열광시켰다. 이 콘서트는 리프트 투어라는 새로운 모드로 진행되었다. 플레이어(관객)는 콘서트를 그저 바라보는 것이 아닌 콘서트와 함께 상호작용 하는 것이다.

이 공연의 첫 곡은 '주스 WRLD(Juice WRLD)'와 마시멜로의 'Come & Go'로 시작되었다. 참여자들은 다채로운 색상의 길 위에서 레이싱 게임을 하는 것 같은 액션을 취했다. 길 위에 있는 특정한 오브젝트와 닿으면 더 빠르게 이동할 수 있는데 이런 속도감은 분위기의 노래와 어울리는 것이었다. 다음 곡은 LSD의 'Audio ft.Sia, Diplo, Labrnth'였다. 핑크색 배경에서 우산을 타고 하늘을 날아다니는 관객들의 모습은 환상적인 분위기를 자아내었다. 바닥이 털실처럼 되어있어 참여자는 바닥에서 통통 튀며 점프를 할 수 있다. 이들이 점프할 때마다 바닥에는 분홍빛의 파동이 일렁인다. 해당 파트의 막바지에 하늘에서 곰인형의 얼굴이 등장한다. 세 번째 곡은 2016년에 발매된 아리아나 그란데의 앨범 'Dangerous Woman'의 'Be Alright'이다. 해당 파트에서 모든 참여자는 비눗방울을 타고 하늘을 유영한다. 아리아나 그란데의 아바타도 거대한 비눗방울을 타고 있다가 이윽고 비눗방울이 터지면 날개를 달고 하늘로 날아간다. 이 공연은 메타버스 내 공연의 새로운 전형을 보여 준 것으로 평가받는다. 공연은 2021년 8월 7일부터 9일까지 사흘 동안 5차례에 걸쳐 진행되었다.

2020년 9월에는 BTS의 신곡 다이너마이트의 안무 버전 뮤직 비디오가 세계 최초로 공개되었다. BTS가 직접 만든 새로운 게임 속 댄스가 추가되며 관객들로 하여금 함께 춤추고 따라할 수 있도록 하여 메타버스 공연 문화를 제시했다. BTS가 포트나이트 콘서트를 통해 신곡 다이너마이트를 공개할 때 관객 아바타는 함께 율동을 따라서 하거나 우산을 펴고 날아다니거나 제 자리에서 폴짝폴짝 뛰는 등의 동작을 취하기도 했다. 일반적인 공연에서는 상상도 할 수 없는 행동이 메타버스 공연에서는 허용되고, 아니 오히려 권장되는 상황이 생긴 것이다.

라이브 이벤트가 없을 때는 파티 로얄에서 무슨 활동을 할까? 라이브가 없는 평상시에 플레이어들은 '이모트'를 활용하여 논다. 이모트란 포트나이트만의 독특한 의사소통 방식으로 아바타가 춤을 추거나 벽이나 바닥에 스프레이로 그림을 그리거나 농구공을 던지는 등의 특별한 행동의 표현이다.

∞

'모여 봐요 동물의 숲'에서 느끼는 힐링

2020년 9월 미국 대선 선거 캠페인이 한창이던 당시 갑자기 닌텐도의 게임, '동물의 숲'에 바이든 후보가 등장했다. 1942년생인 조 바이든 대통령의 나이를 생각하면 도전적인 홍보 방식이다. 바이든 후보는 젊은 유권자들을 만나기 위한 공간으로 동물의 숲을 선택했다. 조 바이든 대선 캠페인은 사용 가능한 디자인 4종을 공개했다. 누구든지 닌텐도 스위치의 온라인 앱을 통해 QR코드를 스캔하면 조 바이든 표지판 4종을 게임 내 디자인으로 내려받아 집 앞에 팻말을 세우거나 마을회관 깃발 등으로 사용할 수 있다. 공개된 디자인은 바이든, 해리스 캠프의 공식 로고, 팀 조(조 바이든) 로고, 조 바이든 후보의 이름과 성소수자 연대를 나타내는 프라이드 깃발을 합친 로고, 그리고 바이든 캠프의 상징색을 칠한 선글라스 그림 등이다.[3]

닌텐도의 '모여 봐요 동물의 숲'은 누적 판매량 약 3,500만 장 이상 팔린 히트작으로 2020년 3월 발매된 이후로 코로나로 지친 게이머들의 환영을 받고 있다. 동물의 숲 시리즈에는 동물형 주민 외에도 각종 식물, 어류 등의 (실제 동식물을 그대로 옮긴) 생물들과 게임 시작시 랜덤으로 정해지는 자연 지형, 뚜렷한 사계절이 존재한다. 동물의 숲에서 낚은 넙치는 실제 넙치의 특징이 그래픽으로 고스란히 옮겨져 있는 등 하나의 생태계가 구현되어 있다. 공간적 측면에서 유저에게 몰입감을 주기 때문에 흥행했다고 볼 수도 있지만, 가상 세계에서의 생활이 동물의 숲처럼 성공하려면 보다 복합적인 요소들이 함께 작용해야 한다. 과연 무엇이 사람들을 동물의 숲에 있도록 만드는 것일까?

동물의 숲은 실제 경제적, 사회적 상황에서 벗어나 게임에서 돈을 벌고 집을 짓고 친구를 사귀는 등의 힐링이 주 목적이지만 기저에 깔린 것은 현실과 가상의 의도적인 조합이다. 동물의 숲에서는 하루 종일 생물을 채집하고 지형을 변화시키고 가구를 제작하는 노동의 활동이 당연한 유희거리로 제공된다. 유저들이 게임 속에서 노동을 하면서 정작 재미있다고 여기는 이유가 무엇일까? 실제 현금으로 변환 가능한 노동도 아닌데 왜 동물의 숲에서는 현실에서의 노동의 연장선이라고 생각이 들지 않는 것인가?

이것은 '동물의 숲'이 의도적으로 게이머의 '시간'을 조정함으로써 게임과 현실의 결합을 꾀하는 동시에 노동마저 유희로 느끼게 만들기 때문이다. 예를 들어, 소설의 서사에서는 소설과 독자 사이의 시간성을 '스토리 시간'과 '텍스트 시간'으로 구분한다.[4] 스토리 시간은 소설의 내용상 재현되고 있는 시간이고, 텍스트 시간은 독자가 소설 텍스트를 읽는 과정에서의 시간을 말한다. 이것을 게임으로 치면 '텍스트 시간'은 '행위 시간(게이머가 직접 게임을 조작하며 체감하는 시간)'으로 부를 수 있다. 동물의 숲은 스토리 진행을 위해 강제하는 선형적인 목표들이 거의 존재하지 않기 때문에 잘 체감되지 않지만, 사실 이 게임에서는 '스토리 시간'과 '텍스트 시간', 심지어 '현실 시간'까지 거의 일치한다는 특징을 보여 주고 있다.

유저가 닌텐도 기기의 시간 설정을 현실과 다르게 두는, 이른바 '타임 슬립'이라는 편법 플레이를 하지 않는 한 유저가 실제로 게임을 하며 보내는 시간과 게임 속에서 흐르는 시간은 같다. '스타크래프트' 등의 RTS(Real Time Strategy, 실시간 전략 게임) 장르 게임과 같이 현실 시간 그대로 반영되는 게임도 있지만 동물의 숲은 한 가지 중요한 차이점이 있다. 생활 게임을 표방하면서도 생활 그 자체라고 할 수 있는 '노동 시간'만큼은 과감하게 삭제하는 것이다.

다른 모든 게임 플레이에서 '행위 시간'은 '스토리 시간'과 같이 흘러가지만 게임 속 노동 시간은 뚝딱거리는 약간의 애니메이션과 함께 순식간에 끝난다. 즉 동물의 숲에서 요구되는 길고 긴 채집과 삽질, 문자 그대로 게임 속에서 땅을 파는 행위는, 유저가 자신이 원하는 목적을 달성하기 위한 즐거운 기다림으로 변화한다. 마치 RPG 게임에서 레벨 업을 목전에 둘 때는 지루했던 몬스터 사냥도 재미있어지는 것과 같다. 동물의 숲이 다른 게임들과 달리 유저가 달성해야 할 궁극적인 목표들을 제시하지 않으면서도 여전히 재미있을 수 있는 것은 이렇게 유저들이 반복적으로, 그렇지만 너무 어렵지 않은 단기적 목표와 보상들이 수없이 많이 제공되기 때문이다.

동물의 숲의 이러한 특징은 기존에 메타버스로 등장했다가 실패한 세컨드라이프와 비교된다. 둘 다 시공간적으로 유저가 몰입할 수 있는 게임 속 환경을 제공하고 이것은 요즘 메타버스를 자처하는 거의 모든 게임들이 갖추고 있는 특징이지만, 세컨드라이프는 매력적으로 가공하는 데 실패했다. 뭐든지 할 수 있다고 광고했지만 막상 무엇을 해야지 유저가 심각하게 고민하게 만든 점이 그렇다. 어떤 간단한 노동을 반복함으로써 어떤 좋은 결과물을 얻을 수 있는지 그 기획과 난이도 밸런스가 동물의 숲에는 준비되어 있다. 동물의 숲에는 매일 어떤 이벤트가 있고 무엇을 만들 것이며 동물 주민 혹은 다른 유저와 어떻게 놀 것인지에 관한 삼박자가 균형 있게 유저들 사이에서 고려되고 있다.[6]

가상 세계는 현실의 가장 아픈 부분을 대체하며 우리 삶에 들어오고 있다. 학업, 취업, 노동이라는 삶의 일련의 과정에 피로감을 느끼는 사람이 점점 늘어가는 현대에, 기술을 통해 교묘하게 현실의 문제 상황을 가상의 유희거리로 바꿔 제시함으로써 사람들은 공감을 얻고 있다. RPG를 비롯한 각종 장르의 게임들이 그들만의 경제 활동 콘텐츠를 적극적으로 추가하는 추세이다. '검은사막' 내에는 요리, 의상 제작, 가구 제작, 채집, 재배, 항해, 말 교배, 거래소, 경매 등 경제 활동 콘텐츠가 많다. 이 역시 동물의 숲의 연장선에서 해석할 수 있다.

동물의 숲에는 마이 디자인 기능도 있다. 마이 디자인 기능은 동물의 숲 시리즈에서 전통적으로 등장한 콘텐츠로 유저가 원하는 디자인의 벽지, 바닥, 의상, 타일 등을 직접 그릴 수 있는 콘텐츠이다. 패션, 인테리어 등 게임 내에서 꾸밀 수 있는 거의 모든 공간에 적용 가능하기 때문에 동물의 숲의 핵심이라고 할 수 있다.

잘 만든 마이 디자인을 트위터, 인스타그램 등의 SNS에서 홍보하고 공유하는 것으로 유저는 게임 밖에서도 게임을 즐긴다. 실제로 유저들은 마이 디자인 공유를 통해 SNS 팔로워를 크게 늘리거나 게임 내에서 가상 재화(동물의 숲이라면 가구 제작법이나 마일리지 등)를 거래하고 있다. 동물의 숲 자체가 기본적으로 각종 경제 활동을 게임 속에서 묘사하고 있기 때문에 대부분의 유저는 인게임에서 가상 재화를 거래하지만, 게임 밖에서 SNS를 통해 실물 재화를 거래하기도 한다.

인간 팬이 모이는 홀로그램 콘서트: 보컬로이드 하츠네 미쿠

2009년 8월 22일, 일본 사이타마현 사이타마 슈퍼 아레나에서 역사적인 이벤트가 열렸다. '애니멜로 섬머 라이브 2009 – RE:BRIDGE'라는 제목의 아이돌 콘서트였다. 애니메이션 주제가를 부르는 스타들에 이어 한 신인 가수가 등장했다. 신인 가수라기보다는 이날 이전에는 목소리만 공개된 가수라고 하는 편이 정확할 것이다. 이날은 실제의 모습이 등장한 첫 공연이다. 드디어 등장한 가수는 10대 소녀인 하츠네 미쿠.

"여러분 처음 뵙겠습니다! 애니메이션 팬 여러분! 즐거운가요!"

미쿠가 인사하자 콘서트장을 가득 채운 2만 7,000명의 관객은 천정이 떠나가라 환호성을 올리며 응답한다. 하츠네 미쿠는 아니사마 밴드의 연주를 배경으로 그녀의 대표곡 '미쿠미쿠 해 줄게'를 노래했다. 다시 한번 공연장이 무너지도록 울리는 함성과 발의 동동구름, 심지어 눈물을 흘리는 팬들도 사방에서 보인다.

하츠네 미쿠, 그러나 그녀는 살아 있는 인간이 아니다. 바로 가상 아이돌, 흔히 '보컬로이드'라는 보통명사로 불리는 캐릭터, 디지털 휴먼이다. 미쿠와 같은 디지털 휴먼은 홀로그램으로 만들어낸 가공의 인간이다. 하츠네 미쿠는 컴퓨터 프로그램이자 이용자들에게 노래를 작곡하고, 그 노래를 소프트웨어 목소리로 변환해 들을 수 있도록 해 주는 음성 합성 장치, 보컬로이드 캐릭터이다. 보컬로이드는 일본의 야마하가 개발한 음성 합성 엔진으로 보컬과 안드로이드의 합성어이다. 보컬로이드에는 음성 합성기능 외에도 여러 가지 행위를 표현할 수 있는 3D 캐릭터가 내장되어 있기 때문에 이용자는 원하는 캐릭터를 선택한 후 간단한 조작 과정을 거쳐 캐릭터에 의한 음원과 영상을 쉽게 만들어낼 수 있다. 보컬로이드는 UCC 제작에 최적화되어 있는 도구이다.

이날 하츠네 미쿠는 그녀를 시각화한 애니메이션 형식으로 대형 스크린에 등장해, 태어난 후 처음으로 라이브 공연을 했다. 이날 공연에서 부른 곡은 단 두 곡뿐이었지만 가상 아이돌로 세상에 등장한 첫 공연으로 기록되었다.

유튜브에서 그녀의 이름을 검색하면 무려 150만건 이상의 결과가 조회된다. 자넷 잭슨으로 검색하면 고작 50만 건 정도의 결과만 조회되는 것과 대비된다. 녹색 머리카락을 허리까지 길게 늘어뜨린 미쿠는 키 158센티미터에, 42킬로그램, 생일은 8월31일이다. 별자리는 처녀자리이고 나이는 열여섯 살이다. 2007년에 태어난 이후 그녀는 계속 열여섯 살인 채로 인생을 살고 있다.

다음 해인 2010년 3월 9일에는 더 놀라운 일이 생겼다. 일본 도쿄에 소재한 'Zepp Tokyo'에서 '미쿠의 날 감사제' 행사가 열렸는데 미쿠가 3D 홀로그램으로 등장한 것이다. 1년 전에는 스크린 속의 애니메이션 형태로 처음 팬과 대면해 대성공을 거두었다면, 이제는 스크린을 뛰쳐나와 살아 움직이는 아바타가 사람처럼 콘서트 무대를 누비는 '인간의 공연'을 한 것이다. 미쿠의 상징색인 녹색의 머리카락과 복장에 따라, 미쿠의 움직임, 리듬과 함께 팬들이 미친듯이 흔들어대는 녹색 형광봉 물결이 넘치는 콘서트였다. 현실 세계에서 살아 있는 인간인 팬이, 실재하지 않는 가공의 인간인 아이돌에게 열광하는 새로운 팬덤 문화의 이정표를 세운 날이다.

사실 가수로서 미쿠의 기록도 놀랍다. 2010년 일본의 음원 차트인 오리콘의 위클리 랭킹에서 1위를 차지한 것이다. 하츠네 미쿠 탄생 약 2년 만에 달성한 성과이다. 영국의 유명 타블로이드 '메트로(METRO)'는 2010년 '그녀는 지구상에서 가장 유명한 팝스타 중 한 명'이라고 보도했다. 메트로(METRO)의 하츠네 미쿠 기사에서는 이렇게 타이틀을 적고 있다. "그녀가 세계 정복하는 것을 아무도 막을 수 없다"

지금 하츠네 미쿠는 일본의 유명 가수 중 한 명이다. 그녀는 음악 차트의 정상을 휩쓸고 일본 전역과 전 세계 무대에서 공연을 한다. 그녀의 인기곡 '월드 이즈 마인(world is mine)', '마그넷(magnet)' 등은 글로벌 시장에서 엄청난 팬덤을 형성하고 있는 하츠네 미쿠의 노래이다. 특히

'미쿠 엑스포'는 2014년부터 크립톤과 피아프로(piapro)에서 주관하는 라이브 행사로 열리고 있다. 주로 해외에서 개최되며 현재까지 주최지가 된 국가는 미국, 캐나다, 인도네시아, 중국, 프랑스 등 20여 개 국이다. 미쿠는 레이디 가가의 공연에서 오프닝 무대에 올랐고, 도요타, 도미노 피자, 구글 크롬의 광고 모델로 등장하기도 한다. 지금 글로벌 시장의 스타인 가수이자 모델인 릴 미켈라의 초기 모델인 셈이다.

'미쿠 엑스포'가 해외에서 주로 개최되는 반면 '매지컬 미라이'라는 일본에서만 개최하는 콘서트도 있다. 2013년 시작되었으며 역시 크립톤 퓨처 미디어가 주관하고, 콘서트와 함께 기획전을 병행한다. 보컬로이드에서 가장 큰 규모의 이벤트이다. 여기서는 하츠네 미쿠뿐 아니라 다른 캐릭터 6명, MEIKO, KAITO, 하츠네 미쿠, 카가미네 린, 카가미네 렌, 메구리네 루카 모두 등장한다. 악곡 콘테스트도 진행하는데 여기서 그랑프리, 준 그랑프리를 수상하면 보컬로이드의 캐릭터가 해당 노래를 불러준다. 팬들이 작곡한 노래를 자신이 좋아하는 아이돌이 직접 불러주는 감동을 주는 셈이다.

미쿠의 OSMU(One Source Multi Use의 약자. 하나의 원형 콘텐츠를 영화, 음반, 게임, 캐릭터, 출판물, 애니메이션 등 다양한 2, 3차 콘텐츠로 재활용하는 방식)는 2019년 게임으로도 확장되었다. '프로젝트 세카이'는 세가 게임즈, 크래프트에그(Craft Egg), 크립톤 퓨처 미디어가 만든 스마트폰용 리듬&어드벤처 게임을 기반으로 한다. 해당 게임과 관련 있는 캐릭터들이 등장하는 라이브 콘서트 중 하나로 2019년과 2020년에는 온라인으로, 2021년에는 처음으로 퍼시피코 요코하마 국립대 홀에서 오프라인 콘서트를 가졌다.

그런데 누가 미쿠를 이렇게 세계적인 스타로 키운 것인가? 놀랍게도 미쿠를 키운 것은 팬들 그 자신이다. 미쿠를 소유한 일본의 '크립톤 퓨처 미디어(Cryton Future Media)'는 미쿠에 대한 가장 기본적인 배경 스토리만을 제시했다. 회사가 미쿠의 새로운 의상이나 새로운 음성 스타일은 공개했지만 미쿠의 대부분은 팬에 의해 창조되었다. 크립톤이 음악과 아바타의 연결 가능성을 제시한 후 그 로직을 팬들이 활용한 것이다. 크립톤은 미쿠의 팬들이 미쿠를 활용해 스토리, 애니메이션과 그림, 새로운 작곡을 하는 것을 허용하고 오히려 장려한다.

일반적으로 n차 창작은 저작권법에 의해 금지되어 있고, 제작사의 허락을 받아야만 한다. 따라서 오타쿠 문화는 늘 자신들의 음지의 커뮤니티로 들어갈 수밖에 없다. 그러나 보컬로이드의 경우, 2차 창작을 공식적으로 허용하고 유저의 창작물에 대해서도 수익과 권리를 인정했기에 급속한 확산이 가능했다. 하츠네 미쿠 팬들의 창작물은 노래뿐 아니라 코스프레나 애니메이션, 게임, 소설까지 다양한 분야로 확장되었다. 하츠네 미쿠는 이 과정에서 다양한 캐릭터성을 가질 수 있고, 다양한 인격으로 존재할 수 있다. 따라서 하츠네 미쿠는 설정충돌이 일어나지 않는다. 미쿠를 등장시킨 UCC 콘텐츠가 유튜브와 아이튠스에 백만 개가 넘는다. 팬덤이 스스로 창조한 아이돌, 그것이 미쿠이다.

때로 하츠네 미쿠는 버추얼 유튜버인 키즈네 아이와 비교되는 경우가 있다. 그러나 이 둘의 본질은 다르다. 버추얼 유튜버는 영상 배후에 캐릭터를 움직이는 사람이 있다. 일종의 인형극과 유사하다. 유저들도 캐릭터 뒤에 인간이 있다는 사실을 알고 있다. 그래서 팬들은 버추얼 유튜버가 자신의 기대에 어긋날 경우 버추얼 유튜버를 비난하거나 공격한다. 그러나 가상 아이돌은 버추얼 유튜버에게서 빈번하게 발생하는 비난이나 자아분열 같은 문제와 관련이 없다. 가상 아이돌 팬들은 배후에 현실의 인간이 있다고 생각하지 않고 어디까지나 가상의 인간으로 이해하기 때문이다.

∞

제페토라는 초등생의 놀이터

제페토는 네이버제트가 운영하는 메타버스 플랫폼이다. 이용자는 AR기술로 실제 사진이나 가상 배경에 자연스럽게 합성해 자신과 유사한 아바타를 만들 수 있다. 이용자는 표정과 몸짓, 패션스타일, 캐릭터의 의상이나 소지품 등을 사거나 제작해 개성을 과시할 수 있다. 2018년 8월에 출시된 제페토는 게임과 SNS 기능을 담고 있어 청소년을 중심으로 인기를 끌고 있으며, 2억 명 이상의 이용자를 보유하고 있다. 바로 이런 제페토는 초등학교 여학생을 중심으로 한 청소년들의 놀이터가 되고 있다. 하지만 제페토에 들어간 성인들은 재미가 없다고 불평을 늘어놓는다. 혼자 들어가서 무엇을 해야 할 지도 모르겠고, 방을 들어가도 끼워주지 않는다는 것이다. 성인에게는 별다른 즐거움을 주지 못하는 제페토가 왜 청소년들을 열광하게 만드는 것인가?

제페토에서 우선 할 수 있는 놀이는 상황극이다. 상황극의 종류는 무척이나 다양하다. 주로 '학상(학교 상황극)'이나 '가상(가족 상황극)'이다. 해리포터 상황극이나 웹툰 상황극 또한 제페토 내에서 즐겨 활용되는 소재이다. 이들은 함께 놀다가 친해지면 '반모(반말 모드)'를 하는

데, 이러한 과정에서 자신보다 훨씬 나이 많은 성인도 만난다.

"저희 반모 하실래요?" 이 한 마디로 유저들은 나이와 국적, 인종에 상관없이 모두 반말하는 친구가 된다. 다만 사이가 소원해지면 '반박(반말 모드 박탈)'을 당하는 경우도 있다.

제페토 드라마 제작도 이들이 즐겨하는 놀이이다. 움직이는 제페토 캐릭터를 영상화해 이야기를 전달하는 웹 드라마 형식이다. 보통 작품 한 편당 5~10분 사이로, 10대 제페토 이용자들이 직접 제작한다. 의상의 교체가 자유롭고 다양한 맵이 제공되는 제페토의 특성상 이들은 학생이자, 선생님이자, 엄마이자, 친구가 된다. 제페토 드라마 중에 '썸남을 노리고 다가오는 친구'라는 작품이 있다. 이 드라마는 제목 그대로 내가 좋아하는 남자를 노리고 다가오는 친구와의 삼각관계가 주요 서사이다. 최근 유튜브에는 많은 제페토 드라마가 올라오고 있는데, 주로 일진, 연애 등 예전의 인터넷 소설과 같은 감성을 기반으로 한다. 제페토 맵들을 보면 '연기자 구함'이란 문구를 심심치 않게 볼 수 있는데, 이러한 방식으로 모은 사람들과 거리감 없이 친해져 같이 드라마를 만들어가기도 한다.

제페토에 존재하는 맵 중에는 타이니탄 월드(BTS 캐릭터화), 롯데월드, 핼로윈 등 특별한 맵들도 있다. 이러한 맵에서는 퀘스트라는 형태로 미션이 주어지게 된다. 해당 미션을 클리어하면 치장용 아이템이나 사이버머니를 주기 때문에 제페토 유저가 적극적으로 퀘스트를 수행하는 모습을 찾아볼 수 있다.

제페토에는 인스타그램, 페이스북과 같이 자신의 일상생활을 타인과 공유할 수 있는 기능도 존재한다. 다만 현실에서 일어난 일을 중심으로 업로드하는 기존 SNS와 다르게 제페토 내 SNS는 제페토 내에서 자신의 캐릭터와 관련하여 일어난 일을 업로드한다는 차이를 보이고 있다. 제페토 내에서 팔로워 수를 늘리기 위해 하는 콘텐츠 중 하나가 뮤직 비디오이다. 어떤 노래나 춤에 대한 챌린지가 유행할 때 그 컨셉에 맞게 의상과 외모를 꾸며 놓고 뮤직 비디오를 만들어 제페토 내 SNS에 올리면 다른 사람들의 주목을 끌 수 있다. 특히 인게임 내에서 새롭게 출시된 포즈, 의상 등을 높은 퀄리티로 만들어 잘 활용할수록 팔로워 수를 늘릴 수 있다.

제페토에는 강취대, 강얼대, 강패대라는 행사가 있다. 각각 '강퇴식 취향 대회', '강퇴식 얼굴 대회', '강퇴식 패션 대회'를 가리킨다. 이러한 소규모 대회를 개최하는 크루에 들어가서, 크루 방장의 취향에 맞으면 계속 남아 있을 수 있고 취향에 맞지 않으면 크루에서 강퇴(강제퇴장) 하는 식으로 캐릭터의 외모와 패션 순위를 매기는 놀이이다. 크루에 여러 사람이 초대되면 사람들의 프로필과 캐릭터를 확인하고 강제퇴장시킬 수 있다. 이런 이벤트 때문에 청소년들이 제페토 내에서 자신의 캐릭터의 치장과 외모에 대해 민감하다.

대리 커스텀이라는 문화도 있다. '심즈'와 같이 캐릭터 커스터마이징이 중요한 게임에서 흔히 볼 수 있는 평범한 놀이 문화 중 하나이다. 아바타 커스터마이징에 자신 있는 유저들이 게임 내외에서 대리 커스텀 홍보를 하면 신청자들이 신청서와 비용을 보내는 것으로 진행된다. 지불 비용은 주로 인게임 아이템이나 현금이고(물론 무료로 해 주는 사람도 있다), 신청서에는 신청자의 아이디, 비밀번호(당연하지만 신청자의 계정에 원하는 모습의 캐릭터가 생성되어야 하므로), 원하는 커스텀 스타일 등을 자세히 적어 보내면 된다. 다만 대리 콘텐츠는 다른 사람에게 자신의 계정 정보를 노출하게 되기 때문에 주의해야 한다는 사실은 중요하다.

제페토의 브이로그는 가상 세계의 장점을 활용한 놀이이다. 주로 유튜브를 병행하는 유저들이 제페토 내의 세계에서 여행이나 일상을 즐긴 것을 영상으로 편집하여 유튜브에 게재한다. 사실상 상황극 놀이와 비슷하지만 좀 더 리얼리티를 살리고자 하는 점에서 약간의 차별점이 있다. 놀이공원, 각종 명소, 건물, 여행지 등을 돌아다니며 감상을 남기는 것이 기본 틀이다. 놀이공원 브이로그의 경우 롤러코스터를 실제로 타는 것도 아니지만 아바타가 롤러코스터를 타면서 실제처럼 소리 지르고 떠드는 등 자신이 마치 그 장소에 있는 것처럼 감상을 남긴다.

∞

인간 유튜버를 넘어서는 버추얼 유튜버

MZ세대는 게임으로 훈련된 세대이다. 이들이 지금은 게임을 뛰쳐나와 사회 곳곳으로 스며들고 있다. 한국에서는 신한은행 광고 속의 디지털 휴먼 '로지'로 인해 디지털 휴먼에 대한 관심이 생겨났지만 그 이전에도 이미 버추얼 유튜버인 '키즈나 아이'가 활동하고 있었다.

버추얼 유튜버란 인간의 얼굴 대신 가상의 2D/3D 캐릭터가 등장해서 방송하는 스트리머를 뜻한다. 한국에서는 흔히 '버튜버', 일본에서는 V-튜버라고 불린다. 이는 유튜버뿐 아니라 게임 방송 플랫폼인 '트위치' 등에서 활동하는 모든 방송인을 포함하는 개념이기도 하다. 기존에도 정화(정지화면의 의미, 움직이지 않는 그림)라는 형태를 사용하는 유튜버는 존재해 왔다. 트위치의 '우왁굳', '우주하마', '쉐어' 같은 경우 동물 캐릭터를 사용하여 자신의 얼굴을 대신하였고, 유튜브의 '아이템의 인벤토리' 같은 경우 선물 상자 캐릭터를 이용한다.

현재 떠오르는 버추얼 유튜버의 경우 기존처럼 사진이나 정지된 캐릭터를 사용하지 않고 모션 캡처 기술을 이용한다. 기존 정지된 이미지를 사용하는 유튜버들은 실제의 자아와 플랫폼상의 자아가 비교적 일치하는 모습을 보여 준 반면, 버튜버들은 불일치하는 경우가 다수이다. 대부분 확고한 자신의 세계관 속에서 롤플레잉을 하는 성우이다 보니, 자아 일치성은 매우 떨어진다. 그리고 가상의 세계관 설정 속에 존재하는 캐릭터를 연기하는 버튜버들은 공개 범위가 매우 넓은 반면, 현실 세계와 플랫폼의 자아가 일치하는 기존 유튜버들은 공개 범위가 매우 좁다. 콘텐츠 또한 기존 유튜버들의 경우 게임 중심의 좁은 범위를 중심으로 한 고정 콘텐츠를 주로 한다. 그러나, 버튜버들은 모션이 가능하기에 소통 중심의 넓은 범위의 콘텐츠가 가능하다. 보통 서브컬처와 깊은 연관성이 있는 버튜버들은 기존 정화를 사용하는 유튜버들과 다르게 최신 유행하는 '밈(모방)'이나 '드립'에는 약하다.

이러한 버튜버는 2016년 일본의 '키즈나 아이'라는 유튜버가 '버튜얼 유튜버'라는 단어를 처음으로 만들어 내면서 등장하게 되었다. 키즈나 아이는 A.I. 유튜브 채널을 운영하며 주로 소통과 게임을 진행하였는데, 인기를 얻어 여러 아이덴티티를 나타내기 위해 성우를 추가하여 4인 체제로 활동하기 시작하였다. '아이짱'(원본), 'Love짱'(2호기), '아이삐'(3호기), '아이'(중국 진출)가 이들이다.

그러나 영상에 대한 시청이 업로드된 영상만을 시청하는 수준에서 라이브 스트리밍으로 바뀌게 되면서 키즈나 아이, 시로, 미라이 아카리, 네코마스 등 주로 영상만을 업로드했던 1세대 버츄얼 유튜버들의 인기가 하락하기 시작했다. 또한 라이브 스트리밍을 주력으로 하는 MCN(Multi Channel Network)이 설립되기 시작하였다. 이에 따라 현재는 MCN에 소속되어 있는 2세대 버츄얼 유튜버들이 라이브 스트리밍을 통해 팬들과 소통하는 방식이 주류이다. 대표적으로 홀로라이브의 '토키노 소라', 니지산지의 '츠키토 미토'가 있다.

그러나 한국에서 버튜버 문화는 확산되지 못했다. 2D나 3D 캐릭터에 대한 문화적 거부감이 하나의 이유이다. 애니메이션 역사가 오래된 일본과 달리 독자적인 애니메이션 제작 역사가 짧은 한국의 경우 애니메이션 캐릭터에 대한 애착이나 팬덤 형성이 약하다. 그래서 버튜버는 물론 보컬로이드 문화도 한국에서는 확산되지 못했다.

그런데 지난 2018년 라이엇게임즈 리그 오브 레전드의 'K/DA' 걸그룹의 공연을 계기로 3D 캐릭터에 대한 거부감이 약화되었다. 라이엇게임즈는 매년 '롤드컵'이라 불리는 리그 오브 레전드 이스포츠 경기를 진행한다. 2018년 인천 문학 경기장에서 열린 롤드컵 결승에서 한국의 유명 걸그룹 '(여자)아이들'이 K/DA의 노래에 참여하고 아리, 이블린, 카이사, 아칼리로 구성된 가상의 걸그룹 캐릭터들과 함께 공연을 진행하였다. 이는 게임 팬들과 K팝 팬들에게 가상 캐릭터에 익숙해질 수 있는 계기가 마련된 사건이었다.

또한 2018년 '세아 스토리'라는 기업계 버튜버가 등장하여 게임을 홍보한 것을 시작으로 한국의 유튜브 채널에서도 버튜버들이 등장하기 시작하였다. 스트리머 '우왁굳'은 2021년, 트위치 및 유튜브 버튜버

양성 프로젝트인 '이세계 아이돌' 프로젝트를 진행하여 큰 인기를 얻은 바 있다. 이처럼 버튜버에 대한 인기가 늘어나기 시작하자, SM엔터테인먼트는 증강 현실(AR)을 이용한 8인조 걸그룹(버추얼 아이돌 4명, 실제 아이돌 4명) '에스파'를 선보였다.

그러나 여전히 3D 캐릭터에 대한 한국인의 거부감은 존재한다. 이는 서브컬처에 대한 거부감과 연관이 있다. 또한, 현재 방송 장비 및 기술의 한계점이 존재해 버추버는 아직까지 일반 유튜버들이 쉽게 접근하기 어렵다. 2018년 2월 4일 발생한 한 버튜버의 방송 사고는 이런 한계와 팬들의 거부감을 그대로 보여 준다. 유튜브 중에 '노라캣'이라는 버튜버가 운영하는 방송이 있었다. 노라캣은 고양이 귀를 가진 긴 머리의 10대 소녀 이미지의 버튜버 방송이었다.

그런데 프로그램 오류로 인해 방송 중 노라캣의 실제 얼굴이 공개되어 버렸다. 약 0.5초간 화면 속 귀여운 미소녀가 아닌 머리 벗겨진 오타쿠 풍의 중년 아저씨가 등장한 것이다. 이 순간을 목격한 팬들은 충격을 받았고, 노라캣의 구독자수와 비디오 재생수가 1/5 수준으로 감소하였다. 그리고 이 사건은 '버미육(버추얼 미소녀의 육체를 입은 아저씨)'이라는 신조어를 만들어냈다. 이 단어는 방송 내내 미소녀로 연기하는 중년 남성 버추버를 조롱하는 말이다.

버미육은 모션 캡처 기술과 보이스웨어 프로그램을 통해 완전히 여성으로 탈바꿈한다. 물론 틈새시장을 노려 조롱거리가 될 것을 각

오하고 자신의 실체를 밝히는 사례 또한 존재한다. 그러나 버추얼 유튜버들은 확고한 세계관 속에서 철저히 정해진 롤플레잉을 해야 한다. 이 같은 사실이 유출될 시 위장으로 간주되기 때문에 버미육들은 이 사실을 철저하게 숨기고 방송을 진행한다.

∞

인간 모델은 가라: 디지털 휴먼과 가상 아이돌

전통적으로 인간은 하나의 인격과 그에 걸맞는 일관된 가치관과 사상(정치적 견해)을 가지는 것이 일반적이었다. 과거 '아바타'라는 개념이 처음 등장했을 때, 대부분의 사람은 하나의 캐릭터만을 가지고 현실의 본인과 가상의 아바타를 대응시키는 일대일 형식을 취했다. 그러나 디지털 휴먼 제작 기술이 보편화되면서 그리고 게임이나 메타버스가 확산되면서 복수의 페르소나를 분할, 표현하는 것이 가능해져 하나의 아바타만을 고수할 필요가 없어졌다. 가상의 공간에서는 인간 의식의 내면에서만 존재하던 모순되는 사고를 별개의 객체를 통해 보여줄 수 있다. 서로 모순되는 선호나 가치관, 취향을 외부로 표출하는 것이 가능해진 것이다.

예를 들어, A라는 사람은 음식에 대한 아바타를 만들어 내는 동시에, 게임 전문가 아바타를 제작할 수도 있다. 복수의 페르소나를 가감 없이 표출하는 것이 현재의 가상 공간에서 가능해진 것이다. 이처럼 '디지털 휴먼'이라는 개념이 등장하면서 '페르소나의 분열과 발현'이라는 형태로 개인의 인격과 가치관의 분화가 시작되었다. 그래픽 엔진 기술을 기반으로 개인이 복수의 아바타를 만들고 그 하나하나가 생명체로서 살아갈 수 있게 되었다.

현재 디지털 휴먼은 주로 기업 마케팅 등을 목적으로 만들어지고 있다. 디지털 휴먼은 가상의 디지털 인물로 SNS에서 영향력을 행사하는 인플루언서를 가리킨다. 이들은 실존 인물 같은 외모를 갖추고, 이름, 성별, 나이, 출신 지역 등의 구체적인 배경 스토리텔링을 가지고 있다. 또한 일반적인 인간 인플루언서와 같이 SNS로 화보나 개인 일상을 공유하고 팔로워들과 댓글이나 메시지를 주고받으면서 자연스럽게 소통한다.

과거에는 기술적 한계로 인해 가상이 현실에 영향을 미치는 것이 어려운 구조였다면, 지금은 가상이 현실에 영향을 미칠 수 있는 다양한 수단과 방법이 존재한다. 디지털 휴먼인 릴 미켈라의 수많은 팔로워와 SNS 게시물 노출 수를 보면 그녀가 사회에 얼마나 큰 영향을 미치는지 알 수 있다. 가상의 인물이 SNS를 통해 살아 있는 인간보다 현실에 강력한 영향력을 미치고 있는 것이다. 릴 미켈라는 인종차별에 대한 반대, 현재 여성이 처한 지위에 대한 반대와 같은 사회적 이슈에 대한 발언을 하고 있다. 이것은 제작사가 가지고 있는 일관된 메시지를 릴 미켈라가 그대로 발신하고 있는 것이지만, 제작사는 또 다른 캐릭터를 만들어, 릴 미켈라가 관심을 갖지 않는, 예를 들어 환경 문제와 같은 이슈에 대해 의견을 제시하는 것 또한 가능하다. 이런 릴 미켈라의 '인플루언서 파워'에 챗봇 '이루다'와 같은 AI, 혹은 딥페이크 기술이 결합된다면 특정 이슈에 대해 정보를 훨씬 더 강력하게 발신하는 것도 가능해질 것이다.

현재는 주로 기업이 디지털 휴먼을 제작하고 있지만, 향후 엔진 기술의 보편화로 개인도 쉽게 제작이 가능해질 것이다. 현실의 본인은 내성적이고 의견을 내는 것이 어려울지라도 개인의 페르소나를 발현시킨 디지털 휴먼의 차원에서는, 더욱 자유롭고 과격한 발언을 하는 것도 가능하다. 2018년 미국 뉴햄프셔주의 고등학생들이 크리스마스 캐럴인 '징글벨'에 'KKK, KKK, 흑인들을 다 죽이자'라는 가사를 붙여 녹음한 인종차별적 동영상이 SNS에서 파문을 일으킨 적이 있다. 당시 윌리엄 하브런 뉴햄프셔주 교육감은 이날 '지난 주말 도버시 도버고등학교의 교실에서 학생들이 증오를 유발하는 노래를 부르는 동영상이 스마트폰을 통해서 널리 퍼지고 있다. 미국 역사 수업 시간에 남북전쟁 후 남부 재건에 관한 과제물을 만드는 과정에서 유포된 것 같다'고 하며 당혹감을 감추지 못했다.[7] 이런 사건은 억압되어 있던 현실의 인간 속에 숨겨져 있던 또 다른 자아 또는 본질적 자아가 완전히 자유로운 가상 공간에서 해방되었다고 판단하는 순간에 발생한다. 현실에서 하지 못하는 과격한 발언이 가능한 것이다. 이런 사례는 디지털 휴먼의 발달과 함께 더욱 쉽게 찾아볼 수 있게 될 것이다.

가상의 공간에서 자유로운 의견 표출이 가능해진 것은 오히려 긍정적인 현상으로 볼 수 있다. 가상과 현실이 융합된 세상에서 살아가는 것은 이미 대세가 되었고, 가상의 인간을 산업적으로 혹은 사회문화적으로 활용하는 추세는 강화될 것이며, 그러한 방향은 오히려 바람직하다. 디지털 휴먼과 가상 공간을 통한 의견 표출 방식은 다양한 형태가 존재할 수 있다.

디지털 휴먼에서 경쟁력을 가질 수 있는 요소는 잘 짜인 스토리텔링과 가상 인간의 인격에 대한 기획이다. 가상 인간을 현실의 인간처럼 성장시키는 계획이다. 릴 미켈라의 경우 인스타그램 등 SNS를 통해 팬들과 소통하는 것 또한 커뮤니케이션 능력과 결합된 스토리텔링이 가능하도록 기획했기 때문이다.

디지털 휴먼은 특히 엔터테인먼트 및 마케팅 업계에서 주목받고 있다. 인간과는 달리 시간과 장소의 제약 없이 활동할 수 있는 장점이 있기 때문이다. 사생활의 영향을 받지 않고, 소비자가 추구하는 이상적인 이미지를 구현할 수 있다는 장점도 있다. 연예계에 큰 파문이 일었던 미투 운동을 예로 들 수 있다. 미투 운동 당시 가해자로 지목된 연예인은 출연하고 있던 방송 및 작품과 광고에서 중도 하차하여 제작사와 광고주들에게 막대한 손해를 입혔다. 나아가 품위 유지 조항을 어긴 계약 해지와 이에 따른 위약금 등과 같은 손해배상 문제가 존재하였다. 사실상 연예인은 인간이기 때문에 이들의 사생활을 통제하거나 예측하는 것이 불가능하며, 항상 이미지 실추의 위험성을 갖고 있다. 하지만 이러한 단점이 없는 디지털 휴먼은 기업 입장에서 리스크가 적다.

코로나 상황에서 연예인을 포함한 대부분의 사람이 야외 활동에 제약을 받고 있지만 디지털 휴먼의 경우 모든 환경에서 자유롭다는 장점도 있다. 이들은 바이러스도 통하지 않고 체력상의 한계조차 없기 때문에 시공간의 제약에서 벗어나 국내외나 온라인, 오프라인 관계없이 어디든 갈 수 있다. 같은 맥락에서 디지털 휴먼은 가상의 인물이기 때문에 제작 초기부터 국적, 외모, 취향 등 이상적인 모습을 구현할 수 있다. 등장 이후에도 소비자가 원하는 방향으로 모습을 자유롭게 변경 가능하기 때문에 이미지를 구현하는 것도 용이하다. 글로벌 사회에서 알려진 디지털 휴먼으로는 다음과 같은 인물이 있다.

릴 미켈라

릴 미켈라(Lil Miquela)는 브라질계 미국인으로 현재 LA에 거주하는 19세 여성이다. 릴 미켈라는 미국의 스타트업 기업인 브러드(Brud)에서 개발되었으며, 총괄 책임자인 트레버 멕페드리스에 의해 기획되었다. 릴 미켈라는 2017년 첫 싱글 'Not mine'을 시작으로 음원을 발표하고 있으며, 이는 차트권에 진입할 정도로 인기를 얻었다. 그녀가 발표하는 음원과 목소리는 상당히 매력적이다. 릴 미켈라는 'Money', 'Automatic', 'Speak Up', 'Hard Feelings' 4개 곡을 뮤직 비디오와 함께 발표했다.

2018년에는 타임지가 선정한, 온라인에서 가장 영향력 있는 25인에 BTS, 리한나 등과 함께 선정되었다. 릴 미켈라는 모델, 뮤지션, 사회

운동가 등의 다양한 직업을 갖고 있으며 300만 명의 인스타그램 팔로워를 지닌 인플루언서이다. 그녀는 사회운동가로서 노동자, 난민, 여성, 유색인종, LGBTQ 등을 다양한 방식으로 지원하며 목소리를 내고 있는 선의의 인플루언서로도 유명하다.

사실 릴 미켈라는 로지에 비해서 3D 모델링이 어색한 부분이 있다. 그럼에도 '불쾌한 골짜기' 현상을 일으킬 정도의 어색함은 아니기 때문에 릴 미켈라가 사람이라는 것에 몰입하는 데 불편함은 없다. 릴 미켈라의 외모는 로지 같은 개성 있는 미인상과는 거리가 있다. 예쁘지는 않지만 한 번 보면 눈에 확 들어올 정도로 특이하고 개성 있게 생겼으며 여기서 오는 독특한 아우라가 릴 미켈라의 일상을 들여다보고 싶게 만든다. 특히 릴 미켈라는 일상에서 만날 수 있을 법한 친근하고 활발한 성격이고 유튜브와 인스타그램에서 직접 말하는 모습을 지속적으로 보여 주기 때문에 더욱 몰입하기 쉽다.

릴 미켈라는 패션, 뮤직 비디오, 유튜브, 인스타그램 등 자신이 출연하는 모든 플랫폼에서 매우 개방적이고 자유분방한 모습을 보여 준다. 파티, 쇼핑, 친구, 남자, 술, 여가 활동 등 사람들이 주도적으로 하고 싶지만 성격이나 경제적 여건 등으로 인해 하지 못하는 많은 모습을 압축해서 계속 보여 주고, 또 그런 화려한 일상 속에서도 영향력 있는 주인공이라는 느낌을 주기 때문에 많은 사람들이 호감을 느낄 수 있다. 밝고 주체적이고 자기관리를 잘 하며 주변에 끊임없이 사람들이 모이는 자존감 높은 여성이라는 컨셉 덕분에 사람들은 릴 미켈라를 롤모델로 느낄 수 있다.

릴 미켈라는 보그, 프라다, 겐조, 샤넬 등 다수의 명품 브랜드와 콜라보레이션을 진행하였으며, 나아가 삼성, 캘빈클라인, 유튜브 등과도 파트너십을 체결하였다. 릴 미켈라는 비욘세, 머라이어 캐리, 아리아나 그란데 등이 소속된 할리우드 3대 에이전시인 CAA와도 계약을 맺고 활동 중이다. 마케팅 업계에서 릴 미켈라 계정에 제품을 홍보할 때마다 약 1만 2,000달러에서 2만 5,000달러의 협찬비를 지불하며, 이에 릴 미켈라의 한 해 수익은 130억 원에 이른다.

이마

이마(Imma)는 일본계 모델로서 현재 35만 명의 인스타그램 팔로워를 보유 중이다. 이마는 일본의 스타트업 기업인 AWW에 의해 개발되었다. 이마는 SK2, 셀린느 등의 광고 모델로 활동 중이며, 이케아 광고 영상을 계기로 폭발적인 인기를 얻기 시작하였다. 해당 영상은 일본에 있는 이케아 전시장에서 이마가 3일 동안 먹고 자는 일상 생활 영상으로, 유튜브에서 약 10만 회의 조회수를 넘기며 화제가 되었다. 이마의 2020년도 수익은 약 7억 원에 이른다.

이마는 일본 배우 '이시하라 사토미'처럼 정통 일본 미인상에 특이한 핑크색 단발머리를 가졌다. 이마는 로지나 릴 미켈라처럼 친근함을 강조하는 인물은 아니다. 인스타그램을 봐도 모델로서 촬영한 화보

이미지가 주를 이루고 일상을 담은 모습에서도 '완전히 꾸미고' 찍은 느낌의 사진이 대다수이다. 오히려 이마는 이렇게 비현실적인 아름다움과 신비로움을 무기로 자신을 어필하는 인플루언서에 가깝다. 일본에는 코스프레 팬도 많다 보니 이마가 자연스럽지 않은 헤어스타일과 화장을 해도 어색하지 않게 넘어갈 수 있다.

실존 인물이든 아니든 인플루언서들은 어차피 현실에서 만날 기회가 적고 또 사진과 실물이 다른 경우가 많다. 그래서 사람들은 이마가 얼굴과 패션으로 보여 주는 독특한 분위기를 즐기는 데 거부감이 없다. 심지어 아예 자신이 진짜 인간이 아님을 상기시킬 만한, 머리 부분만을 삼각대에 올린 이미지도 종종 업로드한다. 이마가 모델로서 선보이는 패션은 과감한 원색이나 아주 독특하고 화려한 장식이다. 이마의 '계획된 아름다움'이라는 컨셉이 이런 패션과 맞물리면서 오히려 더 신비롭고 매력적인 인물이라는 느낌을 주고 있다.

로지

로지(Rozy)는 한국계 가상 아이돌로 서울에 거주 중인 22세 여성이다. 현재 모델로 활동 중이며, 46만 명의 인스타그램 팔로워를 보유 중이다. 로지는 싸이더스 스튜디오X 소속으로, 현재 Z세대가 열광하는 셀럽의 성향을 분석하여 개발되었다. 로지의 외형은 Z세대가 선호하는 길게 찢어지고 큰 눈매에 동글한 코, 주근깨가 있는 모습으로, 특유의 발랄함이 돋보인다. 그녀는 3개월 동안 팔로워를 모은 후 깜짝 이벤트로 가상의 인물임이 공개되었는데, 싸이더스 스튜디오X에 따르면 3개월 동안 그 누구도 로지가 가상 모델임을 인지하지 못했다고 한다. 로지는 신한라이프 광고를 통해 대중적으로 알려졌으며, 한국 최초의 가상 인플루언서로 활동 중이다.

'로지'와 가장 닮았다고 언급되는 실존 인물은 아이돌 그룹 '에스파'의 멤버 '카리나'이다. 로지는 카리나와 흡사하면서도 미간이 좀 더 넓고 날카로운 눈매와 눈에 띄는 주근깨가 있다는 차이가 있다. 특히 티 없이 맑고 새하얀 피부를 선호하던 과거와 달리 주근깨를 전혀 가리지 않고 TV, 영화에 출연하는 배우들도 2020년대를 기점으로 등장하기 시작했다. 마블 시네마틱 유니버스의 등장인물 '칼리 모건소(Karli Morgenthau)'는 전형적인 붉은 머리 주근깨 캐릭터이다. 현재 글로벌 시장에서 넓은 미간과 진한 주근깨가 일종의 개성이자 매력 포인트로 자리매김한 것은 황금비율의 이목구비를 가진 고전적 미인의 시대가 저물고 있음을 의미한다. 과거에는 '나다운 게 뭔데?' 같은 대사가 이질적으로 받아들여졌다면 현재는 1020세대에게 진지한 질문으로도 작용할 수 있을 만큼 MZ세대에게 '있는 그대로의 나 자신을 보여 주는' 것이 일반적이다.

미간이 넓다는 특징도 예전에는 흠이었지만 요즘은 매력으로 여겨지기도 한다. 넷플릭스 드라마 '퀸스 갬빗'이나 영화 '라스트 나잇 인 소호'의 주인공인 배우 안야 테일러-조이(Anya Taylor-Joy)가 그렇다. 그녀는 어릴 때 미간이 넓어 물고기를 닮았다는 이유로 학교에서 왕따를 당했음을 고백했는데, 지금은 할리우드에서 가장 주목받는 20대 여배우가 되었다. 이처럼 로지는 MZ세대가 개성 있으면서 예쁘다고 생각할 만한 외형적 요소를 얼굴에 많이 반영하고 있다. 만약 로지의 등장이 10년 전이었으면 수지처럼 청초한 미인상에 가깝게 생겼을 것이다.

로지의 춤과 노래도 주목할 만하다. 유명해진 계기가 된 신한라이프 광고 'Fly So Higher'에서 로지는 몸을 과하게 움직이는 것 같지 않으면서도 춤선이 살아있는, 춤 잘 추는 사람이 살랑살랑 동작을 하는 느낌으로 등장해 매력을 보여 주었다. 자유분방하면서도 춤과 표정 연기를 통해 그 장소의 주인공인 것 같은 느낌을 잘 연출했기 때문에 많은 사람들이 광고를 보고 로지를 검색했다.

라이엇 게임즈의 K/DA

2018년 라이엇에서 개발한 MOBA(Multiplayer Online Battle Arena의 준말. 다중 이용자 전투 아레나라는 뜻으로, 여러 유저가 같은 전장에 함께 참여하여 팀 간 전투를 벌이는 장르이다) 게임인 리그 오브 레전드는 인게임 내 캐릭터들을 활용하여 K팝 아이돌 컨셉의 K/DA를 출시하였다. K/DA는 2018 롤드컵 결승 무대에서 데뷔곡인 POP/STARS를 발표하며 큰 인기를 얻었다. 유저들이 즐겨 플레이하던 캐릭터가 실제 인간처럼 활동하며 노래를 부르는 것에 많은 주목을 받았다. 가상 아이돌이 AR을 통해 실제 공연을 하고, 뮤직 비디오를 촬영하는 등 현실 사람과 같은 모습에 대중들은 신선함을 느꼈다. K/DA의 경우 온라인 게임 및 이스포츠의 종주국과 케이팝이라는 요소가 시너지를 발휘해 국내 팬덤을 잘 형성하여 이슈화가 가능하였다.

K/DA는 한국적 컨셉의 구미호인 아리가 메인이 되어 K/DA를 결성하며 리더의 역할을 수행한다. 데뷔곡인 POP/STARS가 성황리에 마무리되며 이후 'The Baddest' 음원을 발매하였지만, 해당 음원의 뮤직 비디오는 사진과 글만 존재하여 대중의 시각적 요소를 충족시키지 못했다. K/DA는 이후 'More'를 추가적으로 발표하였으며, 해당 노래와 뮤직 비디오가 긍정적 평가가 있었지만, 중국 캐릭터인 세라핀의 등장에 인기가 하락했다.

세라핀은 중국 국적의 캐릭터로, 기존의 1세대 캐릭터인 소나와 거의 흡사하거나 상위의 스킬들로 구성되어 있다. 기존의 K/DA 멤버인 아리, 이블린, 카이사, 아칼리는 롤 챔피언에서 추출된 형태로, 그 스토리텔링이 기존 롤 세계관에 부합한 형태를 갖고 있다. 하지만 세라핀의 등장은 기존의 리그 오브 레전드 세계관을 무시하며 출시되었다. 개연성이 없이 K/DA의 새로운 멤버로 발탁되고 무대의 중앙을 차지하는 등 K/DA의 팬뿐만 아니라 리그 오브 레전드의 팬들 또한 거부감을 표시했다.

또한 K팝을 컨셉으로 하는 K/DA에서 중국 국적의 세라핀은 중국어로 노래를 하는 등의 모습으로 팬들에게 정체성의 혼란을 주었다. K/DA의 성공 이후 라이엇은 2019년 혼성 힙합그룹인 트루데미지를 선보였지만 흥행에 실패하였다. K/DA의 흥행에 힘입어 새로운 그룹을 출시한 전략이지만, K/DA와 달리 실패한 사례이다.+

디멘션 노바

디멘션 노바(Dimension Nova)는 중국판 가상 아이돌 오디션 프로그램이다. 150명이 넘는 가상 아이돌 후보 연습생들을 대상으로 오디션을 진행하여 제작 기술 요건을 충족하는 31명의 참가자를 선발하며 경연하는 프로그램이다. 제작진은 노르웨이 기업인 비즈아트(Vizrt)와 언리얼 엔진4(Unreal Engine 4), 증강 현실 카메라 9대를 사용하여 프로그램을 제작하였다. 참가자들은 2D부터 3D까지 다양하며, 유명 아이돌인 3명의 심사위원 앞에서 오디션을 진행하며 경쟁한다. 모든 참가자는 상세한 프로필이 존재하며, 스토리텔링을 제시한다.

북경에 위치한 기술개발, 기술컨설팅 기업 미즈(Mizhi)에서 개발한 가상 아이돌 걸그룹 And2girls 소속의 리오고(Liuge)가 경연에서 우승하였다. 해당 프로그램 이후에는 활동이 없었지만, 경연 이전에 And2girls가 22개의 곡을 발매한 바 있다. 반면 출연자 중 쵸티(Qiudi)는 중국 내 인기 동영상 플랫폼인 빌리빌리에서 라이브 방송과 타 가수의 곡을 커버하는 영상을 지속적으로 업로드하며 팬들과 소통 중이다. 동영상 시청 플랫폼 아이이치와 검색 포털인 웨이보를 통해 중국 내 시청자 댓글을 보면, 중국 내 시청자 반응은 긍정적이다.

하지만 프로그램 감독이 컨셉을 잡고 스토리를 설정하기 때문에 각본이 있는 오디션이며 따라서 그다지 재미가 없다는 한계도 있다. 심사위원들이 중국 내 유명 아이돌이기 때문에 그들의 기본 팬의 시청률이 높고, 프로그램 자체가 인기에 좌우된다는 문제도 있다.

∞
가상 인간이 현실에서 생존하려면?

한국에서 가상 인간을 만들려는 시도가 없었던 것은 아니다. 20여 년 전부터 한국도 디지털 휴먼을 만들기 위한 다양한 노력을 기울여 왔다. 다만 대부분의 시도가 실패해, 하츠네 미쿠나 릴 미켈라처럼 성공한 디지털 휴먼이 존재하지 않았을 뿐이다. 1998년 등장한 20대 남자 아담에 이어, 류시아라는 청순한 20대 여성, 보이쉬하고 발랄한 10대 소녀 사이이다, 시유라는 만화 캐릭터 스타일의 보컬로이드 등 서로 다른 특징과 매력을 가지고 등장했다.

사이버 가수 '아담'의 얼굴은 동양인과 서양인의 얼굴 중 청소년들이 좋아하는 이상적인 형태로 합성된 것이다. 아담은 댄디한 분위기와 선한 인상의 고운 얼굴선, 178cm의 키에 68kg의 몸무게로 호리호리한 체형을 가지고 있다. 기본적으로 밝은 성격이지만, '가슴 밑바닥에 자신이 영원히 인간이 될 수 없다는 것을 아는 무거운 마음을 숨기고 있다'는 캐릭터 설정처럼 우수에 젖은 듯한 분위기를 풍긴다. 그러나 아담은 2집 앨범의 홍행에 실패하여 사라졌다. 1집 타이틀곡 '세상엔 없는 사랑'의 유행으로 음반을 20만 장 넘게 판매하고 레모니아라는 음료 광고에 단독으로 출연하는 등 초기에는 인기를 누렸지만 유지하지 못했다.

'류시아'는 1998년 아담에 이어 국내 두 번째로 데뷔한 사이버 가수이다. 인간성을 강조한 아담과 달리 류시아는 캐릭터 설정이나 뮤직 비디오 곳곳에서 현대적이고 기계적인 느낌을 강조했다. 기본적인 류시아의 외형은 청순하고 앳된 외모이다. 특히 긴 생머리가 아주 잘 어울리는 외모였다. 하지만 2집 'AD 2015'에서는 섹시 컨셉으로 방향을 바꾸려는 시도를 하기도 했다. 1998년 당시 지방선거에서 서울시장 여론조사 1위를 달리던 새정치국민회의 고건 후보는 서울 대학로에서 류시아와 사이버 인터뷰 행사를 가진 바도 있었다.

'사이다'는 한국의 세 번째 사이버 가수이다. 사이다는 데뷔 당시 17세에 키 168cm, 몸무게 45kg, 신체 사이즈 33-23-24 등 외형에 대한 공식 설정이 꽤 구체적으로 공개된 가상 인간이다. 특히 취미가 오토바이 운전과 웹 서핑이라는 것을 반영하듯 활동적이면서도 미래적인 의상을 입고 있었다. 아주 짧은 단발 헤어스타일에다 앞머리에 희미하게 빨강, 파랑 브릿지까지 들어 있어 데뷔 당시로 볼 때 파격적인 이미지라고 할 수 있다. 보이쉬하고 발랄한 매력을 강조하는 캐릭터답게 그녀의 대표곡 '진실이 싫어'의 뮤직 비디오에서도 밝은 목소리로 빠른 템포의 노래를 부르며, 특히 긴 팔다리로 춤을 추는 모습이 인상적이었으나 1집 발매 후 사라지고 말았다.

'시유'는 SBS, A&T와 야마하가 합작하여 개발한 최초의 한국어 보컬로이드 가수로, 2011년에 데뷔했다. 설정상 17세, 159cm, 44.5kg으로 아담함에서 오는 귀여움이 외형적 세일즈 포인트로 보인다. 다른 보컬로이드 캐릭터들이 그렇듯 시유는 만화 캐릭터 같은 느낌을 잘 살렸다. 이미지 컬러인 주황색을 기반으로 밝고 활발한 느낌을 강조했고 고양이귀(사실은 탈부착형 스피커)를 달고 있어 전형적인 서브 컬처 지향 캐릭터임을 알 수 있다. 또 다리까지 내려오는 풍성한 금발 머리는 하츠네 미쿠처럼 여성스러움을 강조한 것이다. 시유라는 보컬로이드는 설정상 로봇으로 되어 있어 시유의 등이나 목, 신발에는 전원 버튼이나 패널이 달려 있었다. 시유 역시 시장의 정착에 실패하여 소멸하였다.

이처럼 디지털 휴먼은 제작은 쉽지만 생존은 어렵다. 디지털 휴먼의 경쟁자는 또 다른 디지털 휴먼이기도 하지만 살아있는 실제 인간이기도 하다. 따라서 디지털 휴먼은 경쟁에서 두 가지 측면, 즉 실제 인간과의 경쟁에서 생존해야 된다는 점과 다른 디지털 휴먼과의 경쟁에서 생존해야 한다는 두 가지 과제를 동시에 해결해야 한다.

디지털 휴먼의 성공 요인으로는 첫째, 차별성이 있다. 차별성은 두 가지 측면에서 말할 수 있다. 하나는 기존의 인간 아이돌과의 차별성, 다른 하나는 다른 디지털 휴먼과의 차별성이다. 기존의 엔터테인먼트 산업과 애니메이션 산업이 그러듯이 가상 인간 산업도 동일한 형태로 생태계가 구축될 것이다. 인간 아이돌의 팬덤 형성처럼 특정 아이돌을 선호하는 팬덤에 따라 가상 인간의 형태가 달라진다. 가상 인간별로 컨셉 및 특징과 스토리텔링이 다르기 때문에 개인의 취향에 따라 가상 인플루언서의 선호도가 갈릴 것이다. 릴 미켈라가 서구 시장에서는 인기가 있지만 한국에서는 그다지 인기가 없는 이유도 바로 그것 때문이다.

둘째, 지속적인 화제성의 창출과 대중과의 커뮤니케이션이다. 디지털 휴먼은 지속적으로 화제를 만들어야 한다. 이는 특히 디지털 휴먼이 인간 아이돌처럼 자연스러운 화제성을 만들어 낼 수 없다는 점에 기인한다. 인간 아이돌은 일상적인 활동이나 언행이 모두 화제를 창출할 수 있다. 부정적인 이벤트가 아닌 바에야 아이돌이 어디를 가든지 화제가 된다. 또한 자선활동 등은 중요한 이미지 메이킹 행사가 된다. 그러나 가상 인간은 이런 자연스러운 커뮤니케이션 활동이 어렵고 모든 활동과 커뮤니케이션 활동을 의식적으로 기획해야 한다. 따라서 가상 인간은 마케팅과 홍보를 적극 도와줄 수 있는 소속사 및 에이전시가 요구된다.

특히 가상 인간을 마케팅에 활용할 경우 기업의 광고나 화보 등을 통해 대중과의 많은 접촉이 중요하다. 소비자에게 노출이 많을수록 가상 인간에 대한 거부감이 줄어들고, 그들과의 친밀감을 늘일 수 있는 가능성이 많아질 것이기 때문이다. 이는 인간 아이돌과 마찬가지로 소비자에게 노출이 증가해야 이미지를 각인시킬 수 있다.

셋째, 디지털 휴먼에 대한 선호도가 강한 MZ세대의 미적 기준에 맞추어야 한다. 시대별로 '미인상'이라는 것이 존재한다. 현재 MZ세대가 선호하는 인물상이 가상 인간에 구현되고 있다. MZ세대, 특히 Z세대는 짧고 동그란 얼굴, 비교적 넓은 미간, 긴 눈, 짧은 코 등을 선호하는 경향을 보인다. 이들은 길게 찢어진 눈매에 개성 있는 주근깨가 있고, 과거 강아지상을 추구한 것과는 달리 고양이상을 추구하는 추세이다. 미국의 경우 전형적인 금발의 백인과 같은 전통적 미인상보다는 건강해 보이는 구릿빛 피부에 탄탄한 몸매를 가진 연예인들이 각광을 받기 시작했다. 여성적이기보다는 중성적이며, 동안이지만 각이 살아 있는 긴장감 있는 얼굴이 요즘 Z세대가 추구하는 스타일이다. 과거 전통적 미인과는 전혀 다른 새로운 미의식이다.

넷째, 적절한 사회적 메시지의 발신이다. 최근에는 '인간 아이돌'도 사회적인 메시지를 발신하는 경우가 자주 생기고 있다. 가상 인간 중에 사회적 메시지를 적극적으로 발신하는 사례가 릴 미켈라이다. 릴 미켈라는 '흑인 생명도 중요하다' 운동을 포스팅 했으며, 로지는 친환경 '용기내 챌린지'에 참여했다. 이는 타인의 시선에 상관없이 자신의 라이프스타일을 즐기고, 사회적 문제에 목소리를 내며 환경에 관심이 많은 모습을 보이는 MZ세대가 추구하는 생활 방식 문화이다. MZ세대는 진정성 있어 보이고 나와 같은 가치관을 가진 모델에 관심을 보인다.

∞

'마인크래프트', 글로벌 초통령 게임

코로나 기간 동안 각광받은 메타버스 중 하나가 마인크래프트이다. 레고 블록과 같은 형태의 블록을 쌓아서 만드는 마인크래프트는 글로벌 초통령 게임으로 불린다. 마인크래프트 판매량은 공식적으로 2억 개를 넘어섰고, 매달 1억 2,600만 명이 게임을 즐기고 있다. 코로나 기간 동안 마인크래프트 사용은 폭증했다. 2020년 5월 한 달에만 신규 플레이어 수는 25% 증가하였다. 지난 2021년 12월 15일에는 마인크래프트 콘텐츠 유튜브 조회수가 1조 뷰를 달성했다. 마인크래프트 속에서 청소년은 무엇을 하며 놀고 있을까?

마인크래프트의 놀이 중 하나로 미로 제작이 있다. 친구들과 놀기 위해 탈출하기 어려운 미로 형태의 맵을 만든 경우이다. 미로 제작자는 어릴 때부터 사진에 보이는 미로뿐 아니라 다양한 형태의 건축물과 맵을 제작한 경험을 가지고 있는 경우가 많다. 이들은 마인크래프트에 존재하는 다양한 제작 기능을 활용하는 창작자 유저이다. 마인크래프트는 단순히 레고처럼 원하는 조형이나 건축물을 제작하는 것에서 끝나는 것이 아니라 친구나 다른 사람들을 불러 자신이 만든 것을 함께 체험할 수 있다는 특징을 가지고 있다. 마인크래프트 내에 존재하는 치즐모드(조각모드)를 활용하여 조형물을 제작하고 투표를 통해 누가 더 우수한 조형물을 만들었는지 겨루는 놀이도 있다. 치즐모드의 경우 기존모드보다 조작할 수 있는 기본 픽셀 단위가 작아 좀 더 섬세하게 조형물을 제작할 수 있다는 특징이 있다.

건축 팀배틀이라는 놀이 방식도 있다. 이는 플레이어 여러 명이 팀을 두 개로 나누어 팀별로 건축물을 만들고 투표를 통해 어느 팀이 더 우수한 건축물을 만들었는지 겨루는 방식이다. 앞서 언급한 치즐모드가 나오기 전 행해졌던 플레이이다. 치즐모드가 나오기 전에는 플레이어가 조작할 수 있는 단위 블록의 크기가 컸기 때문에 높은 퀄리티의 조형물을 만들기 위해서는 조형물의 크기가 커질 수밖에 없었고 따라서 여러 명이 힘을 합쳐 조형물을 만드는 방식이 생긴 것으로 보인다.

PvP라는, 게임에서 등장하는 대결 방식도 MZ세대가 즐겨하는 놀이 방식이다. 플레이어 간에 전투를 통해 최후 생존자를 겨루는 놀이이다. 게임 시작 후 20분간 자원을 획득할 수 있는 시간이 주어지며, 해당 시간에는 플레이어 간에 전투가 불가능하고 제한 시간 안에 남들보다 우수한 아이템을 만드는 것이 목적이 된다. 자원을 획득하는 시간이 끝나면 다른 플레이어들과 전투를 시작하게 된다. 기본적으로 더 좋은 장비를 갖춘 플레이어가 이길 가능성이 높지만 좋은 전략을 사용하면 나보다 더 좋은 장비를 갖춘 플레이어를 이기는 것도 가능하다. 예를 들어, 낚싯대를 사용하면 다른 플레이어를 멀리 밀쳐내는 것이 가능하며, 물 양동이를 사용하여 몸에 붙은 불을 끌 수도 있다. 이런 유형의 게임은 최후의 1인까지 살아남는 것이 목적이며, 맵이 넓기 때문에 일정시간마다 전투영역이 좁아지는 자기장 시스템이 도입되어 있다.

마인크래프트에서 또 하나 주목할 점은 '마켓 플레이스'이다. 마인크래프트는 유저들의 콘텐츠 제작 및 판매 수수료로 주요 매출을 내고 있다. 마인크래프트에서 유저는 직접 게임 내 콘텐츠를 제작할 수 있는데, 이렇게 제작한 스킨, 텍스쳐 팩, 매쉬업 팩, 맵, 미니 게임 등 다양한 아이템과 콘텐츠를 '마켓 플레이스'에서 판매할 수 있다. 창작자는 판매 수익의 70%를 받게 되고, 나머지 30%는 마인크래프트 측에서 가져가는 구조이다. 즉, 유저에게 콘텐츠 제작 및 판매 권리를 주고, 마인크래프트에서 거래 수수료를 취하는 형식이다. 판매 수익을 현금화할 수 있는 점은 유저들의 참여를 확대시키는 요인으로 작용하고 있다.

∞

'마인크래프트'에서 살아가는 경제 공동체, 그리고 메타버스 내의 다양한 직업

마인크래프트 안에는 가상의 마을과 이 마을 속에서 유저가 함께 살아가는 경제 공동체가 있다. 마인크래프트에서 멀티플레이를 하기 위해서는 서버를 생성해야 한다. 기존에 운영되고 있던 서버들은 대다수가 건축, 야생, RPG 서버이다. 공동체 생활보다는 같은 공간을 공유하고 건축을 하며, 몬스터 사냥과 같은 개인적인 목표를 달성하는 것이 주요 목표인 서버이다. 이러한 특성으로 인해 남성 유저들이 주로 메인 서버에 참여했으며 여성 유저들은 소수가 모여 멀티플레이를 하는 경우가 많았다.

하지만 코로나가 장기화되면서 신규 유저가 대거 유입되고 마인크래프트의 콘텐츠가 다양해짐에 따라 여성들도 즐길 수 있는 콘텐츠와 서버가 생성되었다. 이 과정에서 여성 서버라고도 불리는 경제 서버가 생겨났다. 경제 서버는 재화 시스템이 존재하여 농사, 동물 사냥, 채굴을 통하여 얻은 아이템을 팔아 돈을 벌 수 있으며, 번 돈으로 다른 아이템(음식, 건물, 온실 등)을 살 수 있는, 경제 활동이 가능한 마인크래프트 멀티플레이 서버를 말한다. 경제 서버는 기존의 건축, 야생 서버와 다르게 최근에 생겨나기 시작한 서버이다.

지금까지 열린 경제 서버를 보면 우선 일정 기간 동안 인원을 모집한다. 약 10명에서 20명 정도의 인원을 뽑아 약 한 달간 서버를 오픈하며, 간혹 마을의 배경이 조선시대와 같은 과거이거나 특정한 장소인 경우에는 거기에 맞추어 롤플레잉을 한다. 이들 서버들은 기존 서버들과 다른 모습을 띠고 있다. 대부분의 경제 서버는 가상의 한마을에서 공동체 생활을 하며, 그 안에서 농사나 경작과 같은 경제 활동을 통해 돈을 벌어 생활한다. 마치 현실에 있는 한 마을에서 생활하는 것처럼 게임 내에서 일자리를 구하고, 거래를 하기도 한다. 요리를 만들어 나누어 먹기도 하고, 다 함께 축제를 한다. 자발적인 공동체 생활을 마인크래프트 내에서 하는 것이다.

공동체 생활만을 보면 닌텐도 동물의 숲의 확장판으로 착각할 수도 있다. 동물의 숲은 마을 주민 중 플레이어 본인만 실제 사람이고 나머지는 모두 NPC였다면, 마인크래프트 경제 서버에서는 마을에 사는 모두가 실제 사람으로, 보다 현실적인 공동체 생활 게임이다. 특히 기존의 혼성 서버나 남성 서버에 비하여 디자인 및 스토리 면에서 뛰어난 퀄리티를 보이고 있어 많은 여성 유저의 진입이 이루어지고 있다.

그런데 왜 메타버스 경제 서버에서 공동체 생활을 할까? '나는 자연인이다' 같은 방송 프로그램처럼 현실의 사회에 대한 스트레스, 갈등 때문에 위안을 얻고자 함인가? 아니면 현실과는 다른 판타지의 삶을 추구하고 싶은 것인가? 그들이 왜 경제 서버를 하는지 알기 위해서 경제 공동체 생활을 하는 유저들과 인터뷰를 해 보았다.

[질문] 경제 서버에 들어가게 된 경위를 말해 달라.
[답변] 유튜브에서 마인크래프트 콘텐츠를 보다가 관심이 생겨 트위터에서 검색해 보았고, 여성 서버가 있다는 것을 알게 되어 지원 후 들어가게 되었다.
[질문] 본인이 생각하는 경제 서버의 장점과 단점은 무엇인가?
[답변] 우선 장점은 다양한 방법으로 돈을 벌어보고 만족감과 즐거움을 느낄 수 있다. 그리고 다른 서버에 비하여 유저들과 소통을 많이 할 수 있는 편이라 좋다. 단점은 간혹 돈 버는 것에 올인하게 되어서 다른 것들은 뒷전이 되기도 한다는 점인 것 같다.
[질문] 서버 내에서 다른 유저와 대화를 해 본 경험이 있는가? 있다면 어떠한 대화를 나누었는가.
[답변] 있다. 밥은 뭘 먹었는지, 오늘 뭐 할 건지, 게임 내에서 재미있거나 웃겼던 상황 등 다양한 주제로 이야기하고 놀았다.
[질문] 서버에서 어떤 공동체 생활이었는가.
[답변] 다 같이 게임하고, 대화하고, 서로 맛있는 거 사주러 가고, 서로 선물을 하기도 하며 공동체 생활을 즐겼다.
[질문] 경제 서버에 대한 생각을 자유롭게 말해 주면?
[답변] 유저들과 함께 즐길 수 있는 콘텐츠가 더 많이 생겼으면 좋겠다.

경제 공동체에서 직접 생활하지 못하는 사람은 다른 사람들의 삶을 보면서 대리만족하기도 한다. 마인크래프트 콘텐츠를 시청하다가 이 게임을 시작하게 된 사람들도 많다. 그들이 시청한 유튜브 채널 중 하나가 '자빱TV'이다. 그중 해당 채널의 첫 마인크래프트 콘텐츠인 '우정리노트'가 큰 인기를 끌었다. 우정리노트는 마인크래프트에 스릴러적 요소를 가미한 힐링 추리 콘텐츠이다. 도시 생활을 접고 할머니의 고향인 전라도 우정리로 내려오게 된 주인공 자빱이 우정리에서 소중한 친구들을 사귀게 되고, 마을에 적응해 살아가며 숨겨진 비밀을 파헤쳐 가는 스토리이다. 모든 캐릭터가 대본 없이 각자의 역할에 몰입하여 플레이하는 것이 특징이며, 주인공 플레이어가 없는 곳에서도 모두 각자의 삶을 이어 나가며 서로 다양한 상호작용을 하며 생활하는 모습을 보여 준다.

우정리노트는, 이를 본 시청자들이 "나도 우정리에 살고 싶다"라는 말을 할 정도로 엄청난 몰입감과 재미를 주었다. 우정리노트가 큰 인기를 끌기 시작하면서 마인크래프트를 구입하는 사람들이 대거 생겼고, 우정리와 같이 경제생활이 가능하고 마을에서 주민들과 활발한 상호작용이 가능한 경제 서버도 생겨났다.

메타버스 내에는 마인크래프트의 경제 공동체와 같은 '놀이'를 넘어 실제로 돈을 버는 직업도 있다. 세컨드라이프 내에는 수익을 창출하는 직업이 다양했다. 회계사나 정신과 의사 등과 같은 전문인도 대거 진출했고, 아바타가 계속 춤을 추고 시간당 돈을 받는 직업도 탄생했다. 부동산 매매나 성인 엔터테인먼트 사업으로 수익을 올리는 유저들도 있었다. 이는 세컨드라이프에서 활동하는 아바타들 즉, 주 타겟

<표4> 세컨드라이프의 가상 직업

직업명	설명
Camping	특정 지역 캠핑으로 시간당 린든달러 획득
Greeter	가게에서 인사 및 안내하는 사람
Security	불법행위(총쏘기, 스크립팅 등) 경호원
Event host/DJ	이벤트요원, 디제이
Working as a musician	음악가
Shop attendant/Sales rep	가게 직원, 판매원
Scripter	스크립터
Dancer/Stripper	댄서, 스트립퍼
Model/Photomodel	모델, 사진모델
Escort	성적 파트너
Texture	텍스처(지형, 외벽, 옷의 질감 등) 제작
Clothing designer	의상 디자이너
Becoming a business owner	사업가
Animator	애니메이터(감정 표현, 댄스모션 등)
Real-estate developer and Speculator	부동산 개발자와 투기자
Builder/Landscaper	건물 건축가, 환경(지형, 지물 등) 개발자
Currency trader /Financial speculator	화폐거래자, 자본투자자

출처: 위정현(2008), p.56.

유저들이 20대 후반에서 30대, 40대 성인이라는 점과 관련이 있었다. 또 기업이 세컨드라이프에 진출하는 것을 도와주는 컨설팅 사업도 각광을 받았다.

세컨드라이프에서 돈을 벌며 살아가는 방법으로 〈표4〉와 같은 직업이 소개되어 있다. 이런 직업뿐 아니라 유저 자신이 필요하다면 세컨드라이프 내에서는 얼마든지 새로운 직업도 창조해 낼 수 있었다.

현재 로블록스나 제페토 등에서 등장하고 있는 아바타 드라마 PD, 게임 개발자, 아이템 디자이너 등과 같은 직업과 세컨드라이프 내의 다양한 직업을 비교해 보면 얼마나 세컨드라이프가 혁명적이었는가를 알 수 있을 것이다. 세컨드라이프 내에서는 가상 부동산 개발 업자는 물론 모델, 음악가, 가게에서 인사 및 안내하는 사람조차 직업으로 존재하고 있었다. 향후 메타버스 내에서 직업도 다양하게 등장할 것이다.

VR 챗으로 더욱 리얼하게 놀기

VR 챗은 미국의 VRChat Inc.에서 개발한 가상현실을 이용한 음성 채팅 소프트웨어이다. 유저들은 이 소프트웨어 내에서 직접 자신만의 아바타 혹은 가상 세계를 만들어 등록할 수 있다. 그러나 이는 유니티 같은 3D 프로그램을 다룰 수 있는 유저에 한정되어 있기에 대부분 다른 유저가 만들어 놓은 콘텐츠를 이용한다. 기존의 게임과 같은 경우에는 캐릭터의 신체, 스킨, 옷과 같은 개별적이고도 한정된 아이템을 통해 캐릭터를 꾸밀 수 있다. 그러나 VR 챗의 경우에는 유저들이 직접 만든 콘텐츠 내의 모델링을 사용할 수 있다. 유저는 이전과 같은 그저 고정된 아바타가 아닌 독자적인 애니메이션 캐릭터를 제작하는 등 개성 있는 아바타들을 만들 수 있다.

VR 챗에는 '드래곤볼 모으기' 같은 게임이 있다. 맵 곳곳에 숨겨져 있는 드래곤볼을 지정된 한 곳으로 모으는 게임이다. 다른 플레이어들과 함께 힘을 합쳐 게임을 진행할 수 있다. 드래곤볼이 잘 숨겨져 있어 혼자서는 클리어하지 못하다가 다른 플레이어들과 함께 하면서 성공하는 경우가 많다. 하지만 클리어했을 때 나오는 이벤트가 생각보다 소박해서 실망하는 경우도 많다.

그림그리기 대회도 있다. VR 챗 내에 존재하는 시스템을 통해 그림 그리기 대회를 하는데 재미있는 점은 한쪽에서만 볼 수 있는 2D 형태의 그림이 아니라 3D 형태의 그림을 그릴 수 있다는 것이다. 댄스 배틀도 있다. VR 챗 내에서 아바타를 사용해 춤을 추고 승부를 겨루는 방식이다. 춤을 추는 방식은 두 가지이다. 첫 번째는 아바타의 움직임을 사전에 제작해 아바타에 적용하는 것이다. 이는 버튼 하나로 아바타를 춤추게 할 수 있다는 특징이 있다. 두 번째는 자신의 움직임을 모션 캡처하는 기기를 사용하여 실제로 춤을 추고 아바타에 반영하는 방법이다. 이 방법은 즉각적이고 다양한 움직임을 아바타에 반영할 수 있는 특징을 가지고 있다.

VR 챗에서 다른 플레이어와 연애를 하거나 성적 행위를 즐기는 사례도 있다. 아바타가 모두 여성인 경우도 아바타를 콘트롤하는 실제 플레이어는 남성과 여성이 혼재되어 있을 것으로 추측된다. 실제로 플레이어는 남성이지만 여성 아바타를 사용하여 남자끼리 성적 관계를 갖는 현상을 '과몰입'이라고 부른다. 어떤 맵에는 플레이어들이 다른 플레이어들과 만나는 만남의 공간(2층)이 존재하고 아바타를 사용하여 성행위를 하는 공간(3층)도 존재한다. 이러한 아바타 간 성관계에는 성관계를 가질 수 있는 특정 아바타가 필요하다. 아바타 간 이루어지는 성관계 장면을 녹화하여 포르노 사이트에 올리는 경우도 있다.

VR 챗에는 거울을 보고 있는 사람이 많다. 실제로 VR 챗의 최종 콘텐츠는 '거울을 보며 자신의 아바타를 감상하는 일'이라는 농담도 있다. VR 챗에는 여성 아바타 비율이 남성 아바타보다 훨씬 많다. 일반적으로 실제 성이 남성인 사람도 여성 아바타를 사용하는 경우가 많아서 생긴 현상이다. 때로 남성이 남성 아바타를 사용하면 게이가 아닌가라는 의심도 존재한다.

VR 챗을 독특하게 활용한 사례가 침례교 온라인 예배이다. 포스트 코로나 시대를 맞이하여 VR 챗 교회 월드로 침례교의 세례식을 한다. 침례교 목사인 소토(D. J. Soto)는 VR 챗을 통해 온라인 예배를 진행한다. 그는 VR을 통해 물에 잠김으로써 자신의 옛 모습은 가라앉히고 영적으로 새로운 사람으로 거듭나는 의미를 가지는 세례(Baptism)를 진행한다. 침례교의 세례는 본래 교회의 세례 장소에 물을 채우고 목사의 기도 아래 세례 받는 신도가 물에 완전히 잠겼다 다시 일어나는 방식으로 진행된다.

그는 신체적 장애로 인해 집 밖으로 나올 수조차 없는 여자아이를 위해 처음 VR을 이용한 세례를 진행하게 되었다고 한다. VR을 통해 세례를 받은 여자아이는 그동안 세례를 받을 수 있는 기회조차 얻지 못했다며 기쁨의 눈물을 흘렸다. 또한, 그는 휠체어를 이용하는 다른 여자아이가 VR 교회를 통해 자유롭게 예배를 드릴 수 있게 되었던 일화를 소개한다. 그녀가 기존에 다니던 지역 교회는 선천적 장애를 가졌던 그녀에게 '너는 믿음이 없어 휠체어에 앉게 된 것이다'라고 이야기했고, 마음에 큰 상처를 입은 그녀는 VR 교회를 통해 예배를 드리기 시작했다. 다른 사례도 있다. 헤로인 중독에서 벗어난 한 남성이 새로운 삶을 위해 찾은 지역 교회는 오히려 그를 범죄자로 낙인찍어 쫓아냈고, 소외된 그 역시 VR 교회 예배에 참여하게 되었다. 이렇게 신체적, 사회적 조건으로 인해 기존의 교회에서 소외된 자들을 위해 설립된 교회가 바로 소토의 VR처치이다.[8]

VR처치에서는 세례식이 진행되면 참여하는 모든 아바타는 대형 목욕탕 같은 배경에 위치한다. 그리고 진짜 세례와 같이, 목사와 세례받는 신도만이 허리까지 차오르는 물속에 들어간다. 기도문을 낭독하던 목사가 신자에게 물속으로 들어갈 것을 지시하면 신자는 몸을 숙여 물속으로 완전히 들어간다. 30초간 더 기도문을 낭독한 후(현실 세계에서는 이렇게 오래 숨을 참기가 어려울 것이다) 목사는 신자에게 일어날 것을 지시하며, 이제 그가 새 사람이 되었다는 것을 선포한다. 세례식에 참석한 모두는 이를 축하하며 기분이 어떻냐고 묻는다. 신자는 "정말 물속에 들어갔다 나온 것과 같은 기분이 들며, 매우 신기하다"라고 말한다. 그리고 세례식은 종료된다.

이처럼 VR 챗은 기존 사회, 제도적 질서에 편입되지 못한 사람들을 위한 도구로서도 사용된다. 장애인이나 노인 등 기존의 사회적 현실 환경에서 적응하기 어려운 사람들이 VR 챗과 같은 가상의 환경, 메타버스의 세계에서는 다른 사람과 전혀 차이가 없이 생활할 수 있다. VR 챗에서의 익명성은 이런 불편함을 가진 사람들이 더 편안하게 적응하도록 해 주기도 한다.

미주

1. 위정현과 노지마 미호(2003).
2. 위정현(2006).
3. '모동숲'에서 선거운동 시작한 바이든...도움될까?, 조선비즈, 2020년 9월 2일.
4. S. 리몬 케넌(1985), p.71.
5. 최성민(2008).
6. 안진경과 곽찬희(2021).
7. 美고교생 '징글벨' 곡에 "흑인을 죽이자" … 화들짝 놀란 미국 사회, 서울신문, 2018년 12월 04일.
8. Syrmor, Real Pastor In Virtual Reality Baptizes An Anime Girl, YouTube, 2019년 5월 20일.

5부

메타버스 2.0을 위한 전략

∞

메타버스 산업화를 위한 조건

그렇다면 신인류가 살아갈 메타버스가 사회적으로 뿌리를 내리고, 산업적으로 성공하기 위해서는 어떤 형태의 메타버스가 필요할까. 그리고 메타버스 산업의 전략은 어떻게 설정되어야 할까.

굳이 메타버스라는 추상적이고 실체가 모호한 개념을 사용하지 않아도 산업화의 가능성을 가지고 있는 메타버스 요소는 존재한다. 디지털 휴먼과 같은 경우 메타버스라는 카테고리에 넣지 않아도 산업화에 성공하고 있다. 예를 들어, 릴 미켈라나 하츠네 미쿠 같은 가상의 캐릭터가 그러하다. 이렇게 엄청난 가능성을 가진 산업을 메타버스로 포괄하는 순간 살아 움직이던 비즈니스 모델은 애매한 메타버스라는 개념 아래 묻혀 버린다. 그리고 마치 무엇인가 메타버스다운 비즈니스 모델을 찾아야 한다는 강박관념에 시달리게 된다.

게임도 마찬가지이다. '메타버스 게임'이라는 유행어 속에서 게임사들은 오픈월드 게임이라는 개념에 집착한다. 오픈월드라는 개념은 기존의 MMORPG에서와 같이, 시계열적으로 진행하는 퀘스트, 순차적으로 진행하는 퀘스트가 아닌 유저가 자유롭게 텍스트를 선택하고 완성해 가는 게임을 의미한다. 그러나 정작 오픈월드는 여러 형태의 게임 중 하나에 불과하다. 정말 많은 유저가 오픈월드형 게임을 선호하는지도 불분명하다. 게임 퀘스트를 유저가 자유롭게 선택하게 내버려 둘 경우, 경우에 따라 유저들은 무엇을 어떻게 선택해야 하는지에 대한 선택의 딜레마에 빠질 수도 있다. 또한 게임사들은 오픈월드라는 형태의, 유저들이 '럭비공'처럼 어디로 튈지 모르는 형태의 게임을 기획하고 개발하기 위해 훨씬 더 많은 개발 부담과 경제적 비용을 투입해야 한다.

오픈월드형 게임이라는 것은 어쩌면 VR 게임과 유사할지도 모른다. 일반적으로 게임은 앞만 보고 하나의 방향으로 나아가면서 주어진 퀘스트를 해결하는 것이지만, VR 게임의 경우는 전방뿐 아니라 전후좌우 네 방향의 행위 가능성을 항상 준비해야 한다. 바로 이런 개발에서의 부담감 때문에 VR 게임에서는 어떻게 하면 유저의 관심을 전면 90도에 집중시킬 것인가가 중요한 과제이다. 게임에 대한 몰입감을 높이지 않으면 게임의 전면으로 유저의 관심을 고정시키기 어렵다. 로블록스라는 일종의 오픈월드형 게임이 성공한 것은 '게임의 질'을 '게임의 양'으로 커버했기 때문이다. 하나하나의 게임의 퀄리티는 낮지만 4,000만 개라는 압도적인 수량의 게임을 유저에게 던져 주었고, 유저들은 마치 놀이터에서 놀 듯이 하나하나의 게임을 장시간 몰입해 즐기는 것이 아닌, 스쳐 지나가듯이 가볍게 즐기고 빠져나가는 것이다. 따라서 오픈월드라는 형태의 로블록스는 게임 개발의 부담을 털어버리고 게임 개발에 대한 부담을 유저에게 전가시킨 형태라고 할 수 있다.

즉 오픈월드 게임은 선이라는, 그리고 게임의 미래라는 잘못된 고정관념이 게임 회사들을 힘들게 만들고 있는 것이다.

그렇다면 이런 문제를 피하기 위해서, 그리고 메타버스 산업을 정상적으로 발전시키기 위해서 필요한 전략은 무엇인가. 가장 먼저 생각해야 할 점은 메타버스 비즈니스 모델이다. 현재 로블록스나 마인크래프트 같은 경우 게임 판매 수익이나 유저의 게임과 아이템 개발을 통한 수수료 징수, 제페토의 경우는 메타버스 내 아이템 디자인과 판매 모델, 포트나이트는 아이돌의 공연 수익에 머물러 있다. 조금 더 포괄적으로 본다 해도 가상 부동산 판매나 NFT 판매를 포함할 수 있지만 현재 이 두 모델은 메타버스와 분리되어 있다. 향후 두 모델은 메타버스와 분리된 채 하나의 플랫폼으로 발전할 가능성이 크다.

따라서 메타버스 산업은 향후 '동대문 옷 장사' 같은 단순한 아이템 판매 모델을 뛰어넘어 메타버스를 산업적으로 이용할 수 있는 비즈니스 모델을 창출해야 한다. 이를 위해서는 '메타버스 = 3D'라는 고정관념에서 벗어나야 한다. 게더타운과 같은 메타버스는 2D임에도 유저풀 형성과 유지에 성공한 사례이다. 뿐만 아니라 2D이기 때문에 3D에 비해 유저 인터페이스가 간편하다는 장점도 있다. 3D의 경우 그래픽이 섬세하고 구체적인 대신 아바타 컨트롤이 어렵다. 2D의 경우 트래픽 용량이 작기 때문에 대용량의 통신망을 필요로 하지 않는다는 장점도 있다.

다음으로 고려할 점은 VR, AR, MR, XR과 같은 기술적 요소의 진화이다. 각각의 기술은 코로나 위기를 거치면서 나름의 성장과 진화 과정에서 느리더라도 점진적으로 발전하고 있다. 오큘러스의 퀘스트2와 같은 VR 기기들도 느리지만 보급이 확대되고 있다. 그러나 메타버스라는 키워드로 인해 착시와 버블이 생기면서 VR, AR 같은 기술과 디바이스의 발전이 오히려 저해되는 현상이 발생하고 있다. 로블록스와 제페토의 성공으로 인해 마치 두 플랫폼이 메타버스의 전형처럼 인식되는 문제이다. 이로 인해 메타버스를 이야기하면서 VR 기반의 콘텐츠들이 오히려 외면받는 일이 발생하고 있다. 제페토와 같은 B2C 영역의 소셜 게임용 플랫폼만이 메타버스라고 생각하고 메타버스 구축은 오직 이러한 소셜 게임형으로 제작하려고 하는 문제이다. 따라서 향후의 메타버스는 소셜 게임형은 물론 VR, AR, MR과 같은 다양한 형태의 콘텐츠 유형과 기술 유형이 등장해야 한다.

셋째, 디지털 휴먼, 가상 화폐, AI, 빅데이터, NFT와 같은 메타버스 모듈을 자유롭게 이합집산 하도록 해야 한다. 현재 한국에서는 메타버스라는 모호한 카테고리 속에서 이런 모듈들이 제약되고 있다. 메타버스에 AI가 결합되어 NPC에 적용되는 것, 가상 아이돌에 장착되거나 유저의 캐릭터를 도와주는 것, 빅데이터를 기반으로 유저에게 맞는 최적의 가상 환경을 설계하는 것은 중요하다. 이런 요소들이 자유롭게 이

합집산 해야 하지만, 메타버스라는 용어가 오히려 각 기술의 발전을 억제하는 현상이 발생하고 있다. 예를 들어, 제페토와 로블록스에는 디지털 휴먼이나 NFT가 들어갈 여지는 없다. 디지털 휴먼과 메타버스도 따로 놀고 있다. 이 모듈들이 서로 자유롭게 결합할 수 있도록 해야 한다. 예를 들어, 게임사 위메이드가 가상 화폐 기반의 게임 '미르의 전설 4'를 개발하여 가상 화폐와 게임을 결합한 것은 하나의 시도이다.

넷째, 게임 기반의 메타버스 모델을 진화시켜야 한다. 현재 메타버스 성공 모델은 로블록스, 마인크래프트와 같은 게임형 플랫폼을 제외하면 제페토 정도이다. 여기서 만일 제페토를 소셜 게임으로 정의한다면 메타버스 중에서 성공한 것은 게임형 플랫폼밖에 없다는 말이 된다. 가상 부동산이 관심을 끌고 있지만 안정적인 메타버스 플랫폼으로 유지될지는 알 수 없다. 현재 공공 기관이나 민간 기업에서 메타버스 앱을 개발하고 있지만 대부분은 성공하지 못하고 있다. 따라서 게임이 가지고 있는 집객력, 유저를 끌어들이고, 유저들이 반복적으로 게임에 진입하도록 하는 콘텐츠 파워를 도입해야 한다. 이런 게임 중에 정말 단순한 게임도 있다. 쓰리 매치 퍼즐게임이다. 사탕 세 개를 일렬로 세우면 사라지는 단순한 게임이 전 세계인의 마음을 사로잡고 있다. '캔디크러쉬사가'가 바로 이 게임이다. 캔디크러쉬사가는 글로벌 7억 명의 유저, 누적 매출 20억 달러(2조 5,000억 원)라는 기록을 세운 바 있다. 이런 단순한 게임이 가지는 유저의 흡입력을 메타버스 구축에 도입해야 하는 것이다.

∞

메타버스 1.0 세컨드라이프의 비즈니스 구조

세컨드라이프의 비즈니스는 개방과 공유, 참여 등과 같은 철학적 기반 위에 설계되어 있다. 플랫폼의 역할과 플랫폼 참여자의 역할을 명확히 구분해 참여자의 자유로운 활동과 보상을 보장하는 것이 핵심이다.

이러한 세컨드라이프의 비즈니스는 3단계의 메타버스 플랫폼 구조를 전제로 한다. 〈그림1〉은 세컨드라이프의 플랫폼 구조이다. 맨 아래는 기반 플랫폼으로, 세컨드라이프의 제작사인 린든랩이 전적으로 소유권과 통제권을 행사하고 있다. 중간은 미들웨어로 기반 플랫폼과 유저들을 연결하여 유저들이 손쉽게 콘텐츠를 창작할 수 있는 소프트웨어 제작 툴이다. 세컨드라이프에서는 이런 제작 툴을 제공했지만 일반 유저가 제작하기에는 어려움이 많았다. 그래서 안시 청과 같은 전문 제작 업체가 진입하여 유저들에게 의뢰받아 유료로 콘텐츠를 제작하였다. 안시 청은 연간 250만 달러(약 30억 원)의 매출을 올리기도 하였다. 맨 위 부분은 일반 유저들이 생성하는 UCC 콘텐츠이다. 여기서

<그림1> 세컨드라이프 플랫폼 구조

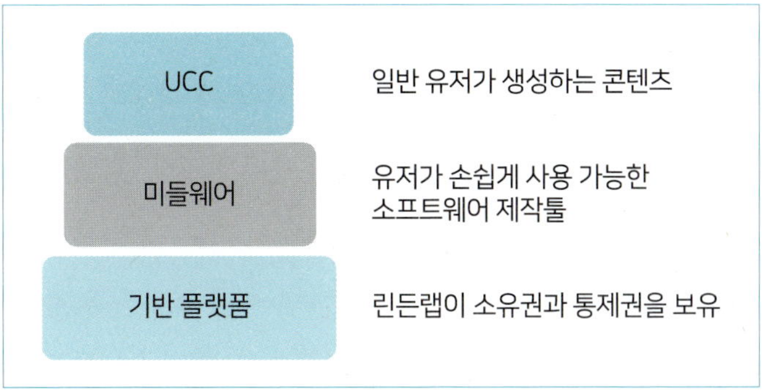

미들웨어와 UCC 콘텐츠 부분에는 개인이나 기업 누구나 자유롭게 진입하여 활동할 수 있다.

이와 같은 3단계의 플랫폼 구조를 기반으로 세컨드라이프의 수익 모델은 크게 프리미엄 멤버십, 토지 사용 유지와 보수비, 환전 수수료, 세 가지로 구성되었다.

프리미엄 멤버십

기본 회원이 되면 무료로 세컨드라이프에 입장할 수 있는 자격이 부여된다. 기본 회원은 단 한 가지 활동, 즉 토지 소유만 제외하고 세컨드라이프의 모든 활동을 할 수 있다. 기본 계정을 추가로 개설할 수도 있다. 프리미엄 회원이 되면 토지를 소유할 수 있다. 프리미엄 회원 가입비는 지불 방식에 따라 다르며 월 기본료는 9.95달러이다.

토지 사용 유지 보수비

9.95달러에 기본으로 제공되는 512제곱미터 이상의 토지를 사용할 때 유지 보수비(재산세)를 지불한다. 토지 유지 비용이 부담스럽다면 렌트를 할 수 있다. 이 경우 토지 소유자에게 일정 금액을 매달 지급해야 하며, 소유자의 사기 행각(월세만 받고 달아나는 경우, 린든랩에 납부할 월세를 내지 않는 경우 등)을 조심해야 한다. 이후 소유한 토지에 건물을 세우고 다양한 컨셉에 맞는 아이템으로 토지를 개발할 수 있다. 메인 랜드 토지를 구매했을 경우 되팔기를 원하면 토지 매물로 등록하면 된다. 만약 프라이빗 랜드를 구매했다면 렌트를 통해 수익을 낼 수 있다.

환전 수수료

미국 달러로 가상 화폐인 린든달러를 구입하거나, 린든달러를 다시 미국 달러로 환전할 때 각각 수수료를 부과한다. 환전 수수료는 구입 시 0.35달러, 판매 시 3.5%를 부과한다. 2008년 당시 환전 규모는 하루 7천만 린든달러(미국 달러로 26만 달러, 월간 800만 달러)에 이르며 린든랩의 환전 수수료 수입은 2007년 2월을 기준으로 월 31.5만 달러에 이르렀다.

여기서 한 가지 재미있는 사실은 유저들의 저항에 의해 린든랩이 수익 모델 일부를 포기한 사실이다. 2002년 11월에 시작된 세컨드라이프 베타 버전에는 토지 관리비 이외에도 텔레포팅 수수료와 프림에 부과되는 과금(세금)이 있었다. 세컨드라이프 내에 접속하게 되면 그래픽 도구를 이용하여 자신이 원하는 형태 그 무엇이든 만들거나 꾸밀 수 있다. 이때 사각뿔, 육각기둥, 원뿔 등 3차원 도형을 이용하게 되는데, 세컨드라이프에서는 이런 기본 도형을 '프림'이라고 지칭한다. 바로 이 프림의 사용에 이용료를 부과한 것이다. 이는 세컨드라이프 거주민이 가상 세계에서 창조한 모든 콘텐츠의 유지 보수에 대해 수수료가 부과되었다는 의미였다. 언뜻 보기에는 이런 과금이 타당해 보인다. 프림이 새로 추가될 때마다 세컨드라이프의 가상 세계를 운영하는 하드웨어와 인프라에 미미하지만 추가적인 부담이 발생할 것이기 때문이다.

그런데 이러한 방식의 수익 모델에 대해 몇몇 유저 사이에서 반발의 목소리가 나오기 시작했다. 마침내 대중 주도의 저항 운동이 시작되어 '프림세' 폐지를 요구하는 대규모 가두시위와 항의 집회가 세컨드라이프 내에서 연이어 열렸고, 2003년 12월 유저들은 승리를 거두었다. 새로운 업데이트 버전에는 프림 세금이 없는, 토지 소유에 기반한 완전히 새로운 조세 제도가 도입되었다. 가상 사회의 시민에 의한 일종의 조세 저항 운동이 승리한 순간이었다.

∞

메타버스 2.0 비즈니스 모델[1]

메타버스 1.0을 대표하는 세컨드라이프가 종결됨과 동시에 많은 메타버스 관련 플랫폼이 등장하고 있다. 메타버스 2.0으로 넘어오면 비즈니스 모델은 1.0 모델에 비해 다원화되었다고 할 수 있다. 특히 세컨드라이프에서 시도한 콘텐츠 제작 및 판매의 난이도가 하락하면서 일반 유저의 진입이 훨씬 용이해졌다는 점도 특징이다.

세컨드라이프에서 프림을 제공했다고는 하지만 프로그래밍을 전공하지 않은 일반 유저가 아이템을 제작해 공급하기는 어려웠다. 하지만 지금 등장해 있는 마인크래프트나 로블록스에서는 세컨드라이프보다 훨씬 더 단순하고 투박한 블록 형태의 콘텐츠를 제공함으로 인해, 그리고 제작에 대한 툴을 제공해 유저의 진입 장벽을 낮추어 주었다. 로블록스에는 '로블록스 스튜디오'라는 기능이 설정되어 있어 코딩을 몰라도 쉽게 게임을 개발할 수 있도록 해 준다. 스크래치 프로그램처럼 프로그래밍을 직관적으로 만들어 그림과 도구를 완성할 수 있다. 또한 다양한 오픈소스를 준비해 이를 활용하여 쉽게 만들 수 있다. 따라서 세컨드라이프와 비교하면 더 많은 개발자가 진입해 활동하고 있을 뿐만 아니라 그들이 제공하는 콘텐츠도 폭발적으로 증가했다.

로블록스에 의하면 플랫폼에서 게임을 만드는 사람은 대략 800만 명 이상이다. 2021년까지 개발자들에게 제공된 수익은 2억 달러(약 2,500억 원)에 달하며, 개발자의 평균 소득은 1만 달러(약 1,250만 원) 수준이다.[2]

〈표1〉과 같이 메타버스 2.0에서의 비즈니스 모델은 총 일곱 가지로 구분할 수 있다.

콘텐츠 제작 및 판매

유저가 콘텐츠를 제작, 판매, 유통시킬 수 있는 권리를 가지게 됨으로써 플랫폼 사업자가 콘텐츠 거래 수수료를 부과하는 방식이다. 유저들은 미니 게임을 비롯해 게임 내 아바타용 스킨 등을 제작하여 판매한다. 판매 수익을 현금화할 수 있는 점은 유저 참여를 확대시키는 요인으로 작용하고 있다. 로블록스와 마인크래프트는 적극적인 UCC 형성을 촉진한 전략으로 성공한 사례이다. 제페토의 경우도 제페토 스튜디오를 통해 유저가 아이템을 제작할 수 있게 하고 있다. 이는 제작된 아이템 활용을 통해 신규 유저가 유입되고, 창작자의 수익을 증대시켜 제페토 참여 의욕 증가라는 선순환 구조를 만들고 있다.

<표1> 메타버스 1.0과 메타버스 2.0 비즈니스 모델 비교

플랫폼	콘텐츠 제작 및 판매	미디어 중개 수수료	마케팅 수수료	구독료	환전 수수료	가상 부동산 사용료나 매각	ICO
세컨드 라이프	●		●	●	●	●	
로블록스	●	●	●		●		
제페토	●	●	●				
포트나이트		●					
마인크래프트	●						
동물의 숲				●			
유니버스		●		●			
VR 챗	●						
디센트럴랜드	●					●	●
어스2			○		●	●	○

주) ○는 도입 예정.

미디어 중개 수수료

플랫폼 내에 또 다른 형태의 미디어 플랫폼을 탑재하여 여러 형태의 미디어를 동시에 제공하여 중개 수수료를 확보하는 방식이다. 다양한 영상 미디어 서비스를 이용할 수 있는 권리를 유저에게 판매하며, 여기서 발생하는 수익을 콘텐츠 제작사와 일정 비율로 나누는 형태의 비즈니스 모델이다. 포트나이트는 BTS의 신곡 최초 상영에 대한 입장권을 판매하였으며, BTS가 직접 만든 신규 이모트 댄스 안무의 일부를 따서 아바타가 그 안무를 출 수 있게 하는 형태 3종을 판매했다. 이를 통해 포트나이트의 매출 증대와 함께 BTS 기획사 하이브에 새로운 매출의 기회를 제공했다.

마케팅 수수료

메타버스 플랫폼은 가입자를 기반으로 광고를 노출시키는 비즈니스 모델을 보유하는 경우가 많다. 제페토는 디지털 광고 매출이 주요 매출 중 하나로 가상 공간에서 글로벌 기업들의 입점을 유도해 입점 수수료를 취득하는 방식이다. 나이키, 컨버스, 구찌 등은 제페토 내에 입점해, 신상품에 대한 소개와 아바타용 스킨을 판매하는 등 광고와 영업 활동을 하고 있다. 제페토는 패션 기업 LVMH그룹과 함께 크리스챤 디올의 가상 메이크업 콜렉션 9종을 출시했다. 구찌는 제페토에 이탈리아 피렌체 본사를 배경으로 한 가상 매장 '구찌 빌라'를 열었다. 여기서 방문자는 자신의 아바타에 구찌 패션 아이템을 착용할 수 있다.

구독료

구독료 모델은 메타버스 가입에 대한 구독료를 지불하고 서비스를 이용할 수 있는 모델이다. OTT나 구독 경제에서 일반화되어 있는 비즈니스 모델이다. 아이돌 팬들이 온/오프라인 팬덤 활동을 모바일에서 즐길 수 있게 만든 플랫폼인 엔씨소프트 유니버스의 경우 월 3,500원의 구독료를 받는다. 유니버스에서는 뮤직 비디오, 예능, 화보 등 콘텐츠, 아티스트와 소통하는 FNS(Fan Network Service) 기능, 영상, 팬아트 등의 각종 콘텐츠를 이용할 수 있다. AI 음성으로 원하는 시간에 전화를 할 수 있는 '프라이빗 콜' 이용권을 추가할 경우 월 정액 요금이 인상된다. 유니버스 멤버십 + 프라이빗 6인권의 경우 2만 5,000원(20.49달러)이 부과된다. 해당 정액제 구조는 구성된 연예인 풀 안에서 채널 가입당 구독료를 부과하고, 취득한 구독료의 일정 부분을 채널별 연예인(소속사)과 나누는 방식이다.

환전 수수료

세컨드라이프의 경우 달러로 가상 화폐인 린든달러를 구입하거나, 린든달러를 다시 미국 달러로 환전할 때, 각각 수수료를 부과하였다. 환전 수수료는 미국 달러 구입 시 0.35달러, 린든달러 판매 시 3.5%였다. 로블록스도 유사한 수수료를 부과하고 있다. 로블록스는 '로벅스'라는 가상 화폐를 활용 중인데, 이를 활용해 게임 이용자는 아이템, 유료 게임 입장권 등을 구매한다. 게임 개발자는 본인 계좌와 연동해 로벅스를 미국 달러로 환전할 수 있다. 로블록스는 환전 과정에서 환전 수수료 30%를 징수한다. 환전 수수료로 로블록스가 2021년도 1분기에 올린 매출은 1억 6,200만 달러(약 1,813억 원)이며 이는 전년 동기 대비 140% 증가한 수치이다.

가상 부동산 사용료나 매각

본인의 가상 공간을 꾸미는 것이 자유롭게 허용되었던 세컨드라이프의 경우 기본 회원 가입은 무료이지만, 자신만의 공간을 구축하고 싶다면 가상의 토지를 구매해야 한다. 구독료를 지불하여 프리미엄 서비스에 가입한 이용자에게 512제곱미터의 토지를 제공한다. 토지 사용료는 월 9.95달러부터 땅 크기에 따라 달라진다. 2만 평 정도의 토지를 사용하려면 구입비 1,675달러에, 매달 295달러의 유지, 관리비가 든다. 토지 매각은 어스2 같은 가상 부동산 기업이 채택하고 있는 모델이다. 어스2는 10제곱미터당 1'랜드(Land)'의 토지를 거래하고 있다. 유저는 어스2에서 랜드를 구매하고 건물과 도시를 구축한다. 어스2에서 각 랜드는 기본 가격인 0.1달러부터 시작하며 유저들 간 거래를 통해 가격 변동이 생긴다.

ICO

ICO는 가상 화폐를 발행하여 거래소에 등록하는 모델이다. 때로 가상 화폐를 처분하여 수익을 만들기도 한다. 디센트럴랜드는 2017년 8월 ICO를 진행하며 2,600만 달러(278억 원)를 초기 모집하였다. 현재 디센트럴랜드 시가 총액은 2억 4,000만 달러(약 2,567억 원)에 달한다. 이와 같이 블록체인 기반의 가상 화폐를 발행하고, 이를 투자자에게 판매해 자금을 확보하는 방식 또한 메타버스에서 활용 가능한 비즈니스 모델이다. 다만 해당 메타버스의 신뢰성이 약하다면 ICO가 실패할 수도 있다.

메타버스 기반 기업 비즈니스 활동

현재 메타버스 내에서 수행되는 기업 비즈니스 활동은 메타버스 1.0인 세컨드라이프에도 못 미치는 초보적인 수준에 머물러 있다. 제페토 내에서의 기업 활동은 단순한 홍보나 마케팅 수준이다. 예를 들어, 샤넬과 같은 유명 브랜드가 입점해 가상 아이템을 판매하거나, 현대차의 쏘나타를 시승하는 수준이다. 포트나이트에서 공연도 새로운 아이돌 공연 모델을 보여 주고는 있지만 기업이 참여하여 활용할 수 있는 수준은 아니다. 이런 점에서 메타버스 기반의 비즈니스 활동 모델은 향후 더 개발될 필요가 있다.

이하에서는 세컨드라이프 내에서의 비즈니스 모델을 포함하여 메타버스 내에서 실현 가능한 기업의 비즈니스 모델을 모색해 보기로 한다.

마케팅 모델 1

메타버스 공간은 제품의 가상 체험을 통해 고객에게 기업의 제품이나 마케팅 정보를 전달하기에 적합하다. 기업의 로고나 상징물을 눈에 띄는 메타버스 공간에 설치하거나 실제 제품과 똑같은 가상 제품을 설치해 이를 사용해 보도록 하는 방식이 그것이다. 이런 방식은 체

<그림2> 메타버스 마케팅 모델 1

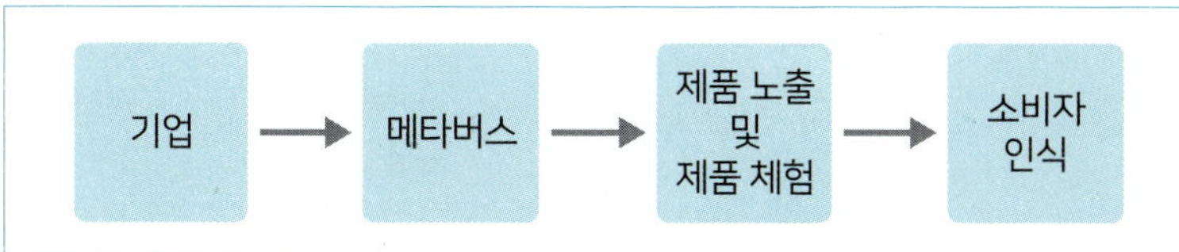

험 경제(experience economy) 기반의 모델이다. 현대자동차는 '제페토'와 콜라보를 통해 제페토 내 인기 맵인 다운타운과 드라이빙 존에서 쏘나타N 제품을 시승할 수 있게 했다. 또한 YG엔터테이먼트의 경우 자사 아이돌 블랙핑크의 팬사인회를 제페토 내에서 개최하여, 전 세계 4,600만 여명의 팬이 가상 팬사인회에 참여하도록 했다. 이러한 방식의 마케팅을 활용한 기업 사례는 현대자동차, YG엔터테인먼트, 하이브, 발망, 오프화이트, 알렉산더 맥퀸, BGF리테일, 하나카드, 구찌 등이다.

마케팅 모델 1의 변형

마케팅 모델 1과 유사하지만 변형된 모델로 세컨드라이프에서 수행한 온라인 쇼핑몰 아마존의 사례가 있다. 이 변형 모델은 기본적으로 마케팅 모델 1과 같지만 해당 기업이 직접 소비자와의 접점에 위치하지 않고 자신과 거래하고 있는 입점 업체를 통해 마케팅을 수행하고 있는 점이 다르다. 이 모델은 자신은 마켓 플레이스만 제공하고 복수의 소매 업체가 직접 소비자와 상호작용 하는 방식으로 운영된다. 즉 아마존은 메타버스 내에서 또 하나의 플랫폼으로 작동하고 있다

<그림3> 메타버스 마케팅 모델 1의 변형

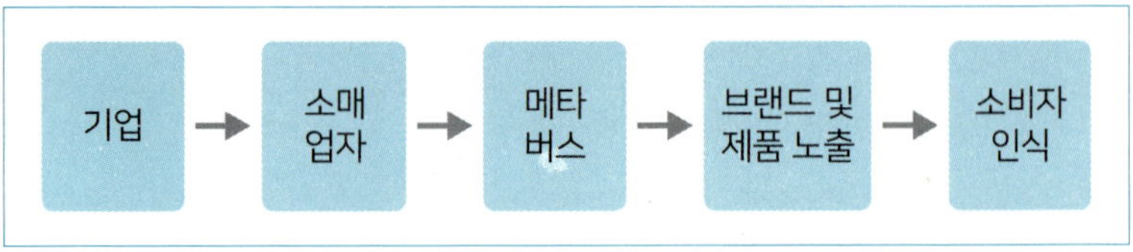

는 점이 특징이다. 메타버스 플랫폼을 구축하고 유저 풀을 형성하기는 어렵기 때문에 기존의 메타버스 플랫폼을 활용하되 자신도 그 속에서 또 하나의 메타버스 플랫폼을 구축하는 방식이다. 향후 메타버스에서 기업들이 활용할 가능성을 가지고 있는 모델이다.

제품 판매 모델 1

이 모델은 기업이 메타버스 내에서 가상 재화를 제조, 판매하여 수익을 얻는 모델이다. 메타버스 내에서는 가상 아이템의 제조, 판매, 결제의 모든 과정이 수행된다. 또한 제품 판매를 통해 얻어진 수익은 실제 화폐로 환전해 인출할 수 있다. 제페토에서는 '구찌'의 가방이 출시되었다. 유저는 불과 3천 원 수준에 현실의 고가 구찌 제품과 같은 디자인의 가방을 살 수 있었다. 제페토는 '2021년 S/S신상품'과 '도라에몽×구찌 컬렉션' 등 총 60여 종의 아이템을 선보였다. 출시 열흘 만에 구찌 아이템을 활용한 2차 콘텐츠가 무려 40만 개 이상 새로 생성되었다고 한다. 구찌는 모바일 게임 '테니스 클래시'에 테니스화, 양말, 모자 등을 제작해 판매한 적도 있다. 게임 내 의상 구매에는 총 1만 2,500원

<그림4> 메타버스 제품 판매 모델 1

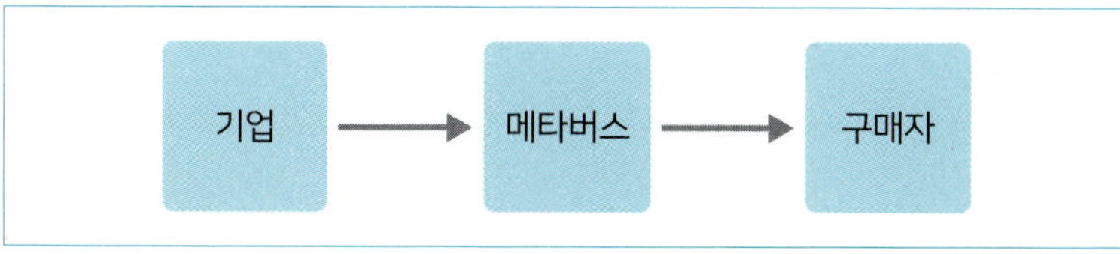

정도 들지만, 실물 구찌 의상 가격은 500만 원 이상이다.[3]

제품 판매 모델 2

제품 판매 모델 2의 경우 판매 모델 1과 유사한 모습을 보이나 메타버스 내에서 웹으로 플랫폼을 이동해 판매하는 점이 다르다. 플랫폼을 이동한다는 점에서 유저에게 불편을 줄 수 있으나 기업의 입장에서는 기존에 구축된 플랫폼을 그대로 사용 가능하다는 점에서 유리하다. 예를 들어, 메타버스 내에서 백화점에 들어가 진열된 TV 같은 가상 재화를 클릭할 경우 온라인 쇼핑 사이트로 넘어간다. 이 모델은 가상 재화보다는 현실의 재화를 판매한다는 점이 모델 1과 다른 부분이다. 이 모델은 과거 세컨드라이프에서 이루어진 모델로, 향후 메타버스 내에서 기업들이 선보일 가능성을 가지고 있다.

한국 정부가 코리아세일페스타에서 구축을 시도했던 VR 쇼핑몰도 이와 유사한 모델이다. VR 쇼핑몰은 메타버스 내에 쇼핑몰을 구축하고 물건에 대한 구매는 별도의 사이트로 이동하여 결재하는 방식으로 기획되었다.

<그림5> 메타버스 제품 판매 모델 2

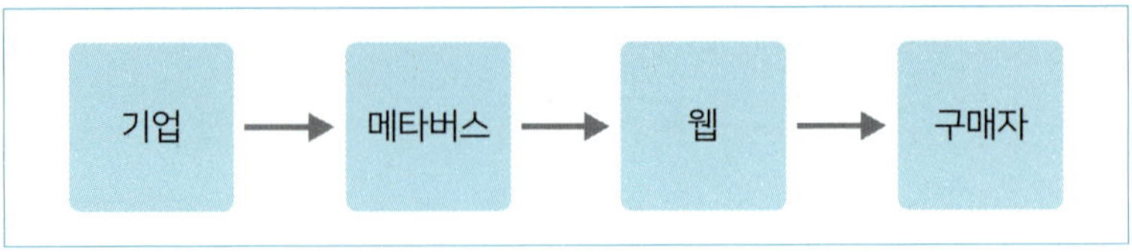

제품 판매 모델 2의 변형

아마존의 경우 제품 판매 모델 2와 다르게 자신의 제품을 직접 판매하기보다는 소매 업체를 입점시켜 판매를 위임하고 있다. 이런 마켓 플레이스가 복수로 경쟁하는 경우 차별화가 어렵다는 문제가 발생하기도 한다. 이 모델은 세컨드라이프에서 이루어진 모델로 향후 메타버스 내에 등장할 가능성이 크다.

<그림6> 메타버스 제품 판매 모델 2의 변형

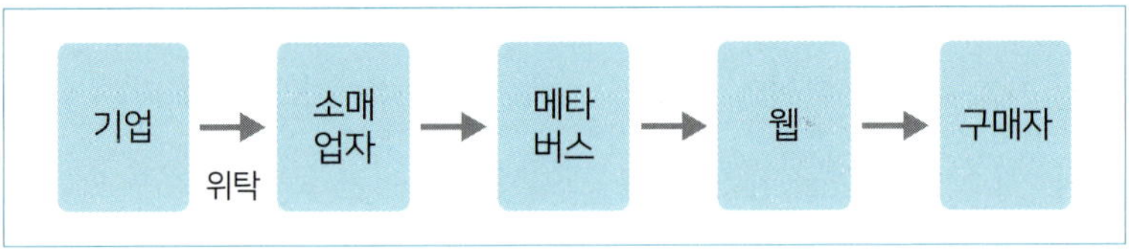

제품 판매 모델 3

해당 모델의 경우 웹과 메타버스가 결합된 형태라고 할 수 있다. 가상 아이템과 실제의 제품 모두를 판매하는 기업에서 취하고 있는

<그림7> 메타버스 제품 판매 모델 3

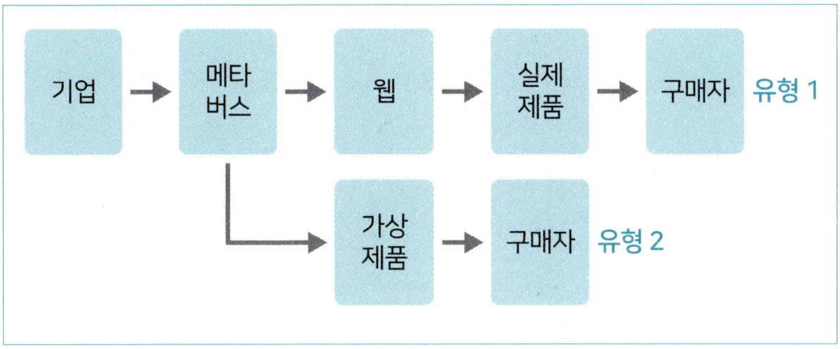

모델이다. 가상의 아이템은 메타버스 내 화폐나 재화를 통해 구입 가능하며, 실제 제품의 경우에는 해당 업체의 웹페이지로 이동해 실제 화폐를 사용하여 구매한다. 메타버스 플랫폼을 이용해 제품을 노출시키면서, 그 제품을 가상 세계와 실제 세계에서 동시에 판매하는 모델이라고 할 수 있다. 예를 들어, 2019년 9월 루이비통은 라이엇게임즈와 공동으로 게임 'LoL(리그 오브 레전드)'의 버추얼 의상을 개발했다. 당시 제작된 의류, 신발, 가방, 액세서리 등 총 47종의 한정판 아이템은 유럽에서 출시된 지 1시간도 안 되어 매진되었다. 또 버추얼 의상뿐 아니라 현실에서도 리그 오브 레전드 캐릭터가 들어가 있는 티셔츠와 신발 등의 제품을 제작 후 판매하였다.

고객 지원 모델

고객 지원 모델의 경우 웹과 메타버스가 혼합된 형태로 메타버스

<그림8> 메타버스 고객 지원 모델

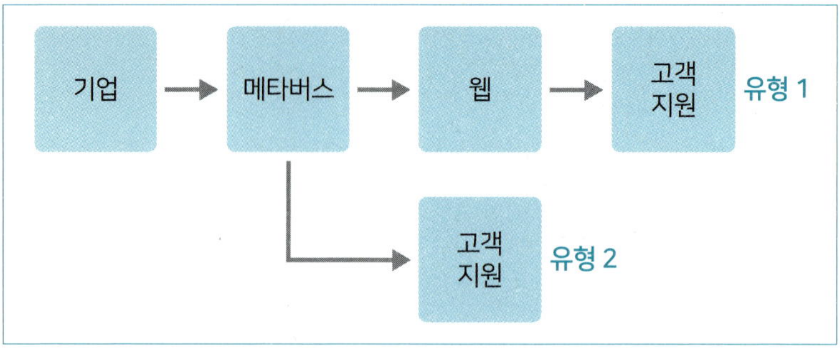

내에서 웹으로 이동하는 방식이다. 유저는 메타버스 내에서 해당 기업의 웹 사이트로 이동한다. 메타버스 내에서 대규모의 고객을 상담할 수 없고, 담당 직원의 24시간 상주도 어려울 경우 기존의 웹사이트를 이용한 방식이 혼합되어 사용된다. 여기서 유형 2의 경우는 메타버스 내에서 모든 지원을 수행하는 것으로 해당 기업의 메타버스 내 주재 직원을 통해 고객 지원을 한다. 해당 모델의 경우 과거 세컨드라이프에서 실시된 모델로 IBM이 이런 모델을 활용하여 글로벌 인재 채용을 진행한 바 있다. IBM은 서류 접수를 넘어 실제로 아바타를 기반으로 한 면접을 실시하기도 했다. 향후 AI 기술의 발전으로 메타버스 상에서 AI 아바타를 통해 기업에 대한 Q&A나 서류 접수, 기초적인 면접 등은 무리 없이 수행할 수 있을 것이다.

커뮤니케이션 모델

메타버스는 세계 각지에 지사가 있는 글로벌 기업의 경우 유용하게 활용될 수 있다. 이들 각각의 글로벌 지역 법인은 마케팅이나 R&D 등 기능별로 빈번한 커뮤니케이션을 해야 하지만 대면 회의의 경우 막대한 비용이 소요된다. 소니의 오가 노리오 전 회장의 경우 해외 회의에 참석하기 위해 직접 기업 전용기를 조종하여 해외 출장을 갈 정도였다. 메일이나 전화, 화상회의와 같은 비대면 커뮤니케이션의 경우 효과가 높지 못하기 때문에 대면 회의는 중요하다. 특히 연구개발, 제품개발과 같이 창의적인 아이디어를 필요로 하는 경우 높은 수준의 커뮤니케이션은 불가결하다. 화상회의는 줌이 대표적이지만 이 방식은 '줌 피로증후군(Zoom Fatigue)'이라는 신조어가 생길 만큼 스트레스를 주기도 한다. 온라인 화상회의는 대면 대화보다 더 집중을 필요로 해

<그림9> 메타버스 커뮤니케이션 모델

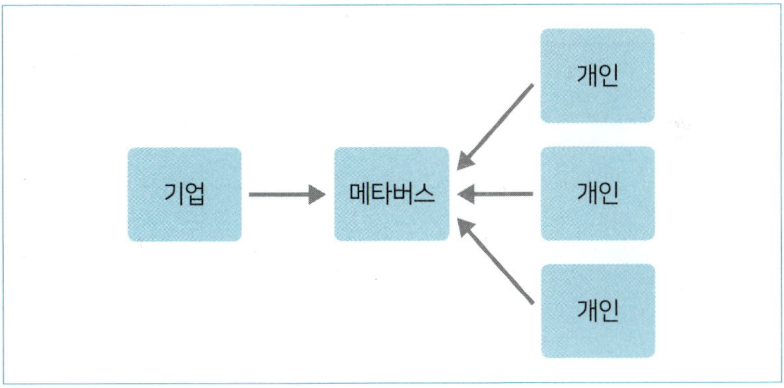

서 정신적인 피로가 가중된다.

메타버스는 기존의 미디어와 달리 가상의 아바타를 통해 자신이 직접 대화하듯이 감정 표현을 하며 대화할 수 있다. 영국 스타트업 티오(Teooh)는 2018년 룸키(Roomkey)라는 가상 이벤트 플랫폼의 서비스를 시작하였다. 해당 플랫폼은 아바타를 활용하여 회의, 간담회 등 다양한 이벤트를 개최할 수 있다. 이용자는 스스로의 아바타를 만들 수 있으며, 준비된 여러 개의 가상 장소 중 본인이 원하는 장소를 골라 개최할 수 있다. 게더타운과 같은 플랫폼도 이러한 기업적 커뮤니케이션을 목적으로 개발된 제품이다. 게더타운은 화상회의와 메타버스 플랫폼을 결합시킨 업무용 플랫폼이다.

기업 마케팅 테스트 모델

마케팅 테스트 모델은 메타버스 내의 유저에게 자신의 광고 등 콘텐츠를 사용하거나 보여 준 후 이들의 반응을 제품이나 콘텐츠 개발에 활용하는 것이다. 일반적으로 제품 테스트는 응답자를 일정한 장소에 모이게 한 후 식음료 시제품이나 광고 시안 등에 대한 소비자 반응을 조사하는 CLT(Central Location Test), 실제 상황에서 제품(예를 들면 샴푸나 화장품과 같은 가정용품)을 사용하게 한 후 소비자의 반응을 조사하는 HUT(Home Usage Test), 전국적 신제품 출시에 앞서 대표성 있는 중소 도시의 유통점에서 실제로 제품을 판매하면서 시장 성공 가능성을 검토하는 시장 테스트(Test Market) 등이 있다.

<그림10> 메타버스 신제품 테스트 모델

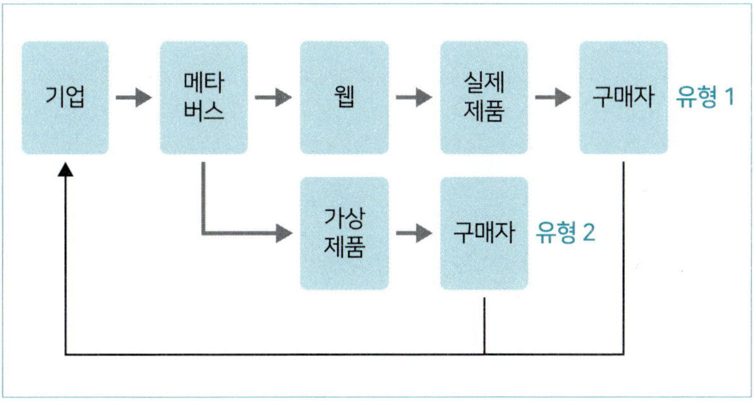

이런 여러 가지 기업 마케팅 테스트 중에서 광고 시안, 신규 브랜드 선호도, 기업 이미지 테스트 등은 메타버스에서 효과적으로 수행 가능한 방식으로 향후 메타버스 내에서 기업들이 활용 가능성이 크다. 특히 메타버스는 글로벌 플랫폼으로 설정할 수 있기 때문에 이런 경우 해외 유저에 대한 테스트가 가능하다는 점도 특징이다.

메타버스 설계에서 중요한 성공 요소

현재까지 한국에서 다양한 메타버스 실험이 진행되고 있다. 그러나 유저 풀의 형성이라는 단순한 측면에서 보아도 제페토 이외에는 성공한 모델이 없다. 2022년 '제페토'의 글로벌 가입자는 2억 5,000만 명이다. 이 중 90%가 해외 이용자이며, 80%는 Z세대(1990년대 중반 ~ 2000년대 초반 출생)이다. 그런데 유저 풀 형성에 성공한 제페토조차도 비즈니스적으로는 성공하고 있지 못하다. 제페토의 추정 MAU(월간 활성 이용자)는 1,200만 명 수준으로 로블록스의 2억 명에 못 미친다. 제페토는 2021년 400억 원대의 매출을 기록했지만 여전히 영업 이익은 적자 상태이다. 또한 로블록스와 같은 유저에 의한 게임 콘텐츠 개발, 유료 이용과 같은 수익 모델을 구축하지 못하고 있어 아바타 패션 아이템 거래 수수료와 제페토 내 광고 구축 대행 수준에 머물러 있다.

SKT의 이프랜드, 싸이월드 재오픈 같은 새로운 메타버스도 등장하고 있지만 기존의 메타버스와 차별화에 곤란을 겪고 있다. 그렇다면 한국 시장에서 메타버스 플랫폼과 비즈니스가 성공하기 위해 고려해야 할 요소는 무엇일까. 이를 정리해 보자.

먼저 메타버스가 갖추어야 할 요소는 목적성이다. 과거 실패한 세컨드라이프에서 현재까지의 실패한 메타버스의 공통점 중 하나는 모호한 목적성이다. 한국과 같이 게임의 영향이 강력한, 특히 MMORPG의 영향력이 강력한 시장에서는 모호한 목적성은 실패하기 쉽다. 한국에서 등장하고 있는 대부분의 메타버스는 가상 세계나 거울 세계의 형태가 대부분이다. 따라서 유저들이 즐길 수 있는 요소로는 시각적인 자극 위주이고 그 효과도 낮다. 화려한 그래픽은 서비스 초기 유저를 방문하게 할 수는 있지만 재방문을 보장하지는 않는다. 따라서 메타버스를 구축할 경우 3D 가상 세계와 같은 시각적인 퀄리티에 우선하여 무엇을 위한 목적의 메타버스인지, 메타버스 구축 목적을 명확하게 설정해야 한다.

예를 들어, 로블록스나 제페토는 초등학생과 같은 10대 초중반 연령대의 청소년 대상의 메타버스이다. 따라서 로블록스는 초등학생이 낮은 완성도의 게임을 놀이터에서 놀 듯이 가볍게 친구들과 즐기는 형태의 목적성을 가지고 있다. 제페토도 마찬가지로 주로 초등 여학생들이 아바타 사진을 찍고, 친구들과 몰려다니면서 놀이를 즐긴다는 유희성을 가지고 있다. 이처럼 유저들이 뚜렷한 목적성을 가지고 진입할 수 있는 메타버스가 설계되어야 한다. 하지만 만일 학습형 메타버스라면 이런 엔터테인먼트가 아닌 학습 효과에 초점을 둔 완전히 다른 메타버스가 되어야 한다. 학습형 메타버스가 되면 일반 유저가 자유롭게 드나드는 세계가 아닌 선별된 집단을 위한 세계가 된다. 이렇게 만들어진 목적형 메타버스는 향후 동일한 목적을 가진 다른 메타버스와의 연동과 증식을 통해 더 큰 메타버스를 형성할 수 있을 것이다.

둘째, 유저가 즐길 수 있는 엔터테인먼트적 요소의 설계이다. 엔터테인먼트적 요소는 유저들이 메타버스에 방문하는 횟수와 체류 시간을 증대시킬 요인으로 작용한다. 또 메타버스라는 익숙치 않은 플랫폼에 대한 거부감을 낮추는 요인으로 작용할 수 있다. 현재 성공한 메타버스는 게임에 익숙한 MZ세대를 기반으로 하고 있다. 로블록스, 마인크래프트, 동물의 숲 등 대부분의 성공한 메타버스 플랫폼은 게임 플랫폼이기도 하다.

따라서 일반적 엔터테인먼트 목적의 메타버스는 물론 학습이나 소셜 목적의 메타버스라 할지라도 엔터테인먼트 요소가 결여된다면 유저의 진입은 물론이고 진입한 유저의 유지도 불가능하게 된다. 지역 창업자 축제를 가상 공간에서도 경험할 수 있게 하겠다며 만든 중소벤처기업부 산하 창업진흥원의 메타버스가 누적 방문자 489명에 머무른 이유가 바로 엔터테인먼트적 요소의 부재 때문이다. 춘천시의 춘천×커피 메타버스도 마찬가지이다. 이런 재미 부재의 상태가 되면 모처럼 메타버스를 방문한 유저들이 오히려 해당 기관에 부정적인 이미지를 가지게 된다.

셋째, 유저에게 비용 대비 만족과 편리성을 제공할 수 있는 유저 인터페이스를 설계해야 한다. 비용 대비 만족이란 투입 비용에 대한 만족도이다. 비용에는 금전적인 비용만이 아니라 개인의 시간이나 노력도 포함한다. 지금 게임의 주력 비즈니스 모델은 프리 투 플레이(Free to Play)이다. 이 모델은 과거 CD롬이나 게임 패키지를 유료로 판매한 모델이 아닌 게임 자체는 무료로 제공하고 대신 유저들에게 광고를 보게 하거나 게임을 원활하게 수행할 수 있는 게임 내 아이템을 유료로 판매하는 모델이다. 이런 모델이 게임 시장을 지배하게 된 것은 무료로 게임을 제공함으로써 초기 진입 장벽을 제거했기 때문이다. 스마트폰 기반의 많은 게임이 그렇듯이 큰 고민 없이 게임을 다운로드해 재미가 없으면 바로 삭제하는 방식의 모델은 초기 진입을 용이하게 했다. 이처럼 게임이 다른 문화 콘텐츠에 비해 저비용으로 재미를 제공해 주었기 때문에 성공할 수 있었듯이 메타버스를 이용할 경우 비용 대비 만족을 부여함으로써 초기 진입 장벽을 제거해 주어야 한다.

또한, 편리성에서 중요한 부분이 유저 인터페이스이다. 지금 VR 산업이 확산되지 못하는 가장 큰 이유는 유저 인터페이스에서의 불편함 때문이다. VR 기기는 착용이 대단히 불편하다. VR에서 일반적으로 사용하는 HMD(Head Mounted Display, 머리 부분 탑재형 디스플레이)는 머리 부분에 장착해, 이용자의 눈앞에 직접 영상을 재현해야 한다. 그런데 HMD를 쓸 때는 반드시 주변에 누군가가 있어야 한다. 왜

냐하면 HMD를 쓰는 순간 눈을 감고 있는 것과 똑같은 상태이기 때문에 부상의 위험이 크다. 특히 여성 유저의 경우 HMD에 대한 불편을 호소하는 경우가 많다. HMD는 머리에 기기를 고정하는 띠가 있어 HMD를 쓸 때 여성의 헤어스타일이 망가지는 문제가 있다. 뿐만 아니라 HMD는 눈 주변에 밀착되어 쓰기 때문에 얼굴 화장이 지워지는 문제도 있다. 이 같은 불편함 때문에 VR 콘텐츠를 일시적으로 체험하는 경우는 많아도 반복적인 콘텐츠 구매와 사용으로 이어지지 못하고 있다. VR 산업 확산을 가로막고 있는 중요한 장애물이 유저 인터페이스인 것이다.

따라서 메타버스에 있어서도 유저 인터페이스 설계의 중요성은 두말할 나위가 없다. 우리가 일상적으로 사용하고 있는 인터넷 뱅킹이나 모바일 뱅킹은 편리성에, 즉 간단한 마우스 조작이나 화면 터치로 은행까지 가는 시간과 수고를 덜 수 있듯이 메타버스에서의 활동도 이와 같은 편리성에 기반해야 한다.

∞

메타버스는 개방적 조직 문화를 위한 수단

메타버스 활용에 있어, 특히 기업이 메타버스를 활용하기 위해서 먼저 이해해야 할 몇 가지 포인트가 있다. 가장 중요한 것은 MZ세대에 대한 이해를 기반으로 해야 한다는 점이다. MZ세대는 현실 세계의 자기와 다른 메타버스 내에서 복수의 개성(personality)과 자기 정체성(identity)을 보유하는 것을 당연하게 여긴다. 지금 이들이 한국 사회의 전반으로 진입하고 있다. 현재 한국 사회의 중추를 형성하고 있는 586세대를 MZ세대가 밀고 올라가는 이 시기를 한국 사회의 대전환기라고 부를 수도 있다. 이러한 전환기에 기성세대가 자신의 메타버스에 대한 인식을 MZ세대에 강요해서는 안 된다. 더구나 메타버스에 대한 이해 정도와 활용 능력은 MZ세대가 훨씬 탁월하다. 따라서 이들이 중심이 된 메타버스 활용이 아니라면 메타버스는 말 그대로 '돼지 목에 진주' 같은 존재가 될 것이다.

둘째, 현실의 비즈니스와 메타버스를 융합시켜야 한다는 점이다. 기업은 메타버스를 설계할 때 현실의 비즈니스와 융합될 수 있도록 해야 한다. 메타버스가 제페토 내의 현대차 소나타나 춘천의 커피 페스타처럼 현실의 비즈니스와 별 상관이 없는 방식은 지양해야 한다. 특히 기업이 메타버스를 개발할 때 목적성을 분명해야 한다. 사내용인지, 사외용인지, 기존 고객을 위한 것인지, 아니면 신규 고객을 획득하기 위한 것인지 분명한 목적을 설정하고 기획에 들어가야 한다.

메타버스 구축은 기존 고객을 대상으로 하지 않는 경우도 많다. 대표적인 산업이 금융권이다. 현재 금융권에서 구축하고자 하는 메타버스는 자신들의 주력 고객인 50대 이상이 아니라 20대와 30대 신규 유저를 대상으로 하는 것이다. 따라서 신규 고객의 니즈에 맞지 않는다면 금융권이 구축하는 메타버스는 말 그대로 아무도 사용하지 않고 원하지 않는, 오직 금융권 경영진만이 원하는 메타버스가 되고 말 것이다.

셋째, 메타버스는 개인과 개인의 관계, 개인과 조직의 관계에 중대한 변화를 초래한다는 점이다. 메타버스의 세계에서 개인과 개인의 관계는 기업 조직 속의 인간관계나 현실 세계의 인간관계보다 훨씬 유연하고 약하다. 기업이 만약 현재와 같이 개인을 조직에 몰입시키고, 조직과 완전히 결합되기를, 또 과거처럼 조직에 헌신하고 조직과 일체화되기를 원할 경우 메타버스라는 형식은 적합하지 않다. 메타버스는 개방적이고 자유로운 인간관계를 전제로 한다.

그런 점에서 지금 일부 기업이나 은행이 현실의 CEO나 은행장과 똑같은 얼굴의 아바타를 만들어 메타버스 내에서 직원들과 교류하는 것은 우스꽝스러움을 넘어 잘못된 것이다. 이는 현실의 조직 관계와 조직 문화를 그대로 이식하려고 하는 것이고 메타버스의 본질을 전혀 이해하지 못한 것이다. 메타버스의 철학과 취지는 현실과 다른 새로운 개방적 인간관계, 특히 기업의 수직적 위계 구조를 넘어 자유로운 커뮤니케이션을 통해 개방적 기업 문화와 이를 통해 기업의 혁신적 역량을 끌어올리는 것이다. 그럼에도 현실의 위계 구조를 그대로 메타버스에 도입한다면 결국 기존의 조직 경직성을 그대로 메타버스에 반영하는 것에 다름 아니다.

이러한 관점을 기반으로 할 때 기업의 메타버스는 개방적이고 혁신적 조직 문화로 향하는 도구가 될 수 있다. 메타버스를 통해서 자유로운 소통을 소모하고, 이를 통해 경직된 수직적 조직 문화를 개혁할 수 있는 것이다.

지금 '블라인드'와 같은 기업 외부의 익명 사이트는 기업에게는 '뜨거운 감자'와 같은 존재이다. 블라인드는 기업 조직의 경직성과 불통이 초래한 부산물이다. 블라인드가 문제가 되었던 사례로 직원의 부동산 투기가 논란이 된 한국토지주택공사(LH)가 있다. 공기업인 LH의 직원들이 문재인 정부의 3기 신도시 중 최대 규모인 광명·시흥 신도시 사업지역에 100억 원대의 토지를 매입했다는 사건이다. 수사 결과 국회의원 13명, 지자체장 14명, 고위공직자 8명 등 공직자 399명을 포함해 2,796명을 조사해 20명을 구속하고 529명을 검찰에 송치했다. 검경이 발표한 부동산 투기 수익은 총 908억 원 규모로, 국세청 부동산 탈세 특별 조사단은 454명에 대해 세무조사를 벌여 세금 탈루가 드러난 94건과 관련해 534억 원의 세금을 추징할 예정으로 발표한 중대 사건이다.

그런데 언론에서 투기 사건을 비판적으로 다루기 시작할 즈음 일부 LH 직원이 블라인드에 조롱하는 글을 올린 것이다.

> "내부에서는 신경도 안 쓴다. 한두 달만 지나면 다 잊혀진다."
> "니들이 열폭해도 난 차명 투기하고 정년까지 꿀 빨고 다닐 거다.
> 우리 회사 복지인데 꼬우면 이직하든가. 공부 못해 못 오고는 …"

회사 밖에 벌어지고 있는 항의 시위에 대해서는 'ㅋㅋㅋㅋㅋ 28층이라서 안 들린다'와 같이, 사태의 심각성을 인지하지 못한 블라인드 댓글이 공개되면서 여론은 걷잡을 수 없이 들끓기 시작했다. 결국 2021년 3월 LH가 해당 글 작성자를 업무 방해 및 명예 훼손, 모욕죄 등으로 고발 조치하였지만, 블라인드 앱의 특성상 작성자 추적에 어려움이 있다.

기업의 입장에서 LH와 같은 사례는 잠재적인 시한폭탄과 같다. 기업은 사내의 공식적인 커뮤니케이션과 블라인드와 같은 사외의 자생적 커뮤니케이션 도구 사이에서 우왕좌왕하고 있다. 블라인드 같은 '탈레반형' 커뮤니케이션 도구를 그대로 방치할 수도, 기업 내부로 흡수할 수도 없는 딜레마에 빠져 있는 것이다. 더구나 대기업의 관료화된 의사소통 구조는 자유분방한 MZ세대의 사내 커뮤니케이션 편입을 방해한다. 이럴 경우 메타버스는 관료화된 기업의 커뮤니케이션 구조를 파괴하는, 그리고 자유분방한 MZ세대를 기업 내로 흡수하는 데 중요한 역할을 할 것이다.

개방적 조직 문화가 기업의 혁신적 역량을 어떻게 끌어올리는지에 대한 사례가 있다. 게임사인 네오위즈의 사례이다. 네오위즈는 1997년 설립되어 인터넷 접속 프로그램인 원클릭을 최초로 선보였으며, '세이클럽'이라는 인터넷 채팅 서비스를 개발했다. 2003년에는 게임 포털 '피망'을 구축하여 게임 사업에 역량을 집중하고 있는 중견 게임사이다. 네오위즈는 설립 후 상당 기간 주력인 게임 사업의 부진으로 고전하고 있었다. 이때 네오위즈를 살린 것이 바로 세이클럽이라는 채팅 서비스이다. 세이클럽은 1999년 시작한 아바타 기반 채팅 서비스이다. 서비스 개시 이후 네오위즈 경영진의 예상과 달리 폭발적인 인기를 끌며 유저를 끌어 모을 수 있었다. 하지만 문제는 수익성이었다. 유저의 폭증에도 불구하고 수익 모델이 없었기 때문에 세이클럽은 막대한 비용을 잡아먹는 애물단지에 불과했다. 경영진은 심각한 고민에 빠지게 되었다. 그리고 마침내 세이클럽을 정리할 수밖에 없다는 결론에 이르렀다.

그리고 경영진 회의에 세이클럽 책임자를 불렀다. 초기부터 세이클럽의 서비스 기획을 담당하고, 운영을 맡고 있던 팀장이었다. 경영진 회의에 책임자를 불러서 세이클럽을 폐쇄할 수밖에 없음을 설명했다. 해당 팀장은 집요하게 경영진을 향해 채팅 사업이 가지는 의미에 대해 설명했지만 위기 의식을 가진 경영진을 설득할 수는 없었다. 마침내 세이클럽 담당자는 경영진을 향해 소리를 지르고 울면서 회의실을 뛰쳐나가 버렸다. "형들은 채팅을 몰라!"

그 모습에 경영진은 참담한 심정으로 다시 한 번 논의를 시작했고 세이클럽 서비스를 유지하는 것으로 결정을 번복했다. 지옥의 문턱에서 살아난 세이클럽은 네오위즈에 결정적으로 기여한 서비스가 되었다. 2002년 11월 세계 최초로 아바타를 기반으로 한 가상 아이템 판매 모델을 도입하며 월 매출 3억 원이라는 놀라운 신화를 만들었기 때문이다.

네오위즈는 그 당시만 해도 개방된 기업 문화를 가지고 있었기 때문에 경영진 회의에 직원은 누구라도 들어와서 참관할 수 있었다. 물론 논의하거나 발언권을 주는 것은 아니었다. 하지만 기업이 어떻게 경영되고 있는지를 조직원에게 공유한다는 발상 자체가 파격적이었다. 지금 한국 IT 대기업의 관료화된 문화를 생각하면 상상도 할 수 없는 개방성이다. 지금의 관료화된 네이버나 엔씨소프트, 넥슨과 같은 기업의 경영진 회의에 직원의 참관을 허용한다는 것이 상상 가능한 일인가?

하지만 이런 개방성은 가상 세계에서는 가능하다. 메타버스 플랫폼을 통해 네오위즈와 같은 조직의 개방적 문화를 도입하는 것이 가능한 것이다. 모든 경영진 회의를 공개할 필요는 없을 것이다. 하지만 직원의 생각을 읽고, 직원의 의견을 반영할 필요가 있을 때, 또는 직원이 궁금해야 할 내용이 있을 때 메타버스에서 경영진이나 임원 회의, 팀장 회의를 열고 직원들이 자신의 아바타로 경영진 회의를 참관할 수도 있다. 이런 형태가 실현된다면 대기업의 관료화된 수직적 커뮤니케이션 구조를 극복하고 개방적 조직 문화를 만들어 낼 수 있는 하나의 원동력이 될 것이다.

기업의 경영진 회의나 글로벌 경영 회의에도 메타버스는 활용 가능하다. 현재에도 글로벌 경영진 회의나 국내 본사와 해외 지사 간의 회의에는 화상회의 시스템이 존재한다. 하지만 줌과 화상회의 시스템은 항상 자신의 얼굴을 보여주어야 한다는, 또한 자신의 표정을 상대방에게 보여주어야 한다는 부담감이 있다. 그러나 아바타를 기반으로 한 커뮤니케이션, 아바타를 기반으로 한 음성 채팅 시스템의 메타버스를 도입한다면 이러한 부담감은 상당 부분 완화될 것이다. 또한 아바타를 활용하여 캐릭터의 표정과 감정을 공유하는 도구를 도입한다면, 아바타가 별 의미 없이 앉아 있기만 하는 현재의 메타버스보다 훨씬 활력이 넘칠 것이다.

지금 기업이 메타버스를 고민하는 방식을 보면 폐쇄적이고 일방향적이라는 특징이 있다. 조직의 상부에서 하부로, 기업 내부에서 기업 외부로, 기업에서 고객으로, 일방적인 정보의 유통과 커뮤니케이션 방향이다. 이러한 방식은 메타버스가 기본적으로 참여자가 평등하고 수평적이며 동등한 가치를 공유하는 커뮤니케이션 플랫폼이라는 점을, 그리고 개방과 공유라는 메타버스 플랫폼 철학을 이해하지 못했기 때문에 발생하는 문제이다. 기업이 메타버스를 활용하려면 메타버스 철학을 기반으로 한 플랫폼 설계가 중요하다. 그것은 조직의 상부에서 하부로, 동시에 하부에서 상부로 정보가 흘러가야 하며, 기업 내부에서 기업 외부로, 또한 기업 외부에서 기업 내부로 상호작용적 커뮤니케이션이 이루어져야 함을 의미한다.

∞

메타버스 활용의 조건: '꼰대식 소통'이 만들어낸 불통과 MZ세대의 이해

지금 한국 사회의 중추를 형성하고 있는 586세대는 MZ세대와의 커뮤니케이션에 고전하고 있다. 586세대는 MZ세대의 커뮤니케이션 방식과 내용을 알지 못한다. 그들의 실패는 몇 가지 사례에서 쉽게 발견된다. MZ세대와의 소통을 강조한 LG에너지솔루션과 삼성전기의 사례가 그것이다. 구체적으로 내용을 보면서 생각해 보자.

2022년 LG에너지솔루션 경영진은 '엔톡(EnTalk)'이란, 카톡과 유사한 도구를 만들었다. 임직원이 CEO에게 궁금한 점, 건의 사항, 아이디어 등 하고 싶은 모든 이야기를 하면 CEO가 직접 답변해 주겠다는 취지이다. 엔톡은 CEO에게 직원이 질문을 하면 내용을 확인한 후 즉각 답변 가능한 질문은 7일 이내에, 추가 개선이나 검토가 필요한 경우 유관 부서 논의를 거쳐 1개월 내에 답변을 받을 수 있다. 삼성전기의 신임 대표도 임직원들과 대화한다는 '썰톡'을 만들었다. 매주 목요일 1시간 동안 경영 문화 등 다양한 주제에 대해서 생중계로 이야기하고 채팅으로 소통한다는 것이다.

이 두 사례를 보면 '이게 '소통'이 맞는지'와 'MZ세대가 이런 방식의 소통을 좋아할까?'라는 두 가지의 의문이 먼저 생긴다. 두 기업의 사례는 불행하게도 소통이 아닌 '불통'이나 실패한 소통의 사례이기 때문이다. 이 같은 경영진과 MZ세대의 커뮤니케이션 미스매치는 586세대가 MZ세대의 특성을 이해하지 못했기 때문에 발생한다.

MZ세대는 세 가지의 특성을 보인다. 첫째, 자신이 관심 있는 테마에는 미친 듯이 집중하지만 관심이 없는 테마에는 아무런 관심을 보이지 않는다는 것이다. 이런 특성은 본 디지털(born digital) 세대, 즉 디지털이 이미 존재하는 세상에 태어난 이들이 보이는 특성이다. AI 기반의 추천 시스템이 작동하는 유튜브나 SNS의 세계에서는 오직 개인이 관심을 가질 듯이 보이는 콘텐츠만 추천한다. 예를 들어, 사극이나 역사물을 자주 보는 사람에게 패션이나 스포츠 콘텐츠를 추천하지는 않는다. 패션이나 스포츠 관련 콘텐츠를 보여 주면 관심을 가질 수도 있고, 또한 다양한 콘텐츠와 의견을 보여 주는 것이 그 개인의 지적 성장에 도움이 될 것이지만 빅데이터 기반의 AI는 개인의 지적 성장에는 관심이 없다. 따라서 여기서 지식과 정보의 편향성이 생긴다. 이렇게 훈련된 MZ세대는 다양한 주제보다는 관심 있는 주제에 관심을 보인다.

둘째, 빠른 피드백에 대한 요구이다. MZ세대는 정보의 정확성보다는 정보의 신속성과 빠른 피드백을 요구한다. 대학생들과 커뮤니케이션을 해 보면 이 점은 확연하게 드러난다. 대학생들은 답변 내용보다는 피드백의 속도를 중요시한다. 인터넷과 모바일 기반의 글로벌 사회에서 정보는 초 단위로 이동하고 확산된다. 이런 정보화 사회에서 소외되지 않으려면 타인보다 빠른 정보 획득이 중요하다. 다소 사실과 다르더라도 '팩트'의 획득과 발신이 중요한 것이다. 바로 이런 특성 때문에 현대판 '마녀사냥'이 자주 발생하기는 하지만 그렇다고 해서 정보의 신속함에 대한 거부감이 생기는 것은 아니다.

셋째, 대면 커뮤니케이션에 대한 불편함이다. 대면 포비아(공포감)라고 부를 수도 있는 현상이다. MZ세대는 대개 대면 커뮤니케이션에 대한 불편함과 두려움을 가지고 있다. 특히 스마트폰이 등장하면서 대부분의 횡적 커뮤니케이션이나 사적인 대화를 텍스트로 처리하면서 발생한 현상이다. MZ세대는 동일한 텍스트 형식이라고 해도 머리속에는 나름의 커뮤니케이션 서열이 있다. MZ세대의 사고로 볼 때 가장 캐주얼하고 격식이 없는 도구가 카톡과 같은 SNS이다. 다음 조금 더 형식적이고 예의를 갖추었다고 생각하는 것이 스마트폰 기반 문자이다. 그 다음으로 정말 나름의 격식을 갖추었다고 생각하는 것이 이메일이다. 물론 가장 정중하고 성의를 다했다고 판단하는 수단이 직접 종이에 손으로 쓴 편지가 있기는 하다. 카톡, 문자, 이메일, 손편지라는 순서가 학생들의 머릿속에 무의식적으로 들어 있는 커뮤니케이션 위계이다.

MZ세대가 이렇게 판단하는 것이 틀리지는 않다. 카톡을 한다는 것은 친구나 선후배처럼 서로의 개인적인 정보를 알고 있기 때문에 캐주얼하다. 문자는 이메일보다는 양이 많지 않지만 카톡보다는 많은 내용을 담고 있다. 가장 격식을 갖춘 것은 이메일로 실제 이메일을 교수에게 발송할 때는 '누구누구 교수님께'로 시작해 인사말도 하고 마지막에 '감사합니다'와 같은 마무리도 한다. 나름 상당한 격식을 갖춘 방식이다.

그런데 이와 관련된 MZ세대의 재미있는 특성으로 직접 사람을 찾아가서 설득하거나, 설명하는 것을 잘 하지 않는다는 점이 있다. 전화 통화로 무엇인가를 설명하는 것도 대단히 어려워한다. 상대방에게 무엇인가를 부탁해야 할 때도 요청하라고 지시하면, 상황을 전혀 모르는 상대방에게 대뜸 '그러면 이메일을 보내겠습니다'라고 대답한다. 그런 경우에는 자세하게 왜 그런 방식이 상대방에게 불편을 초래하는지 이렇게 설명해 주어야 한다.

"(아무런 설명 없이) 이메일을 보내면 상대방이 당황할 텐데 문제 없을까요? 전후 상황을 모르는 상태에서 이메일이나 공문이 갑자기 날아와 '협조 바랍니다'라고 한다면 곤란할 텐데 입장을 바꾸어 생각해 보세요."

무엇인가를 요청하기 위해 공문을 보내기 전에 가장 좋은 방법은 찾아가서 "저희가 상황이 이렇고 사정이 이러한데 이런 것들을 저희가

정식으로 협조 요청하기 위해 공문을 보내도 되겠습니까?"하고 묻는 것이다. 상대가 문서로 남기기 싫어하는 경우도 있으니(공적인 문서에 답변을 해야 하기 때문에), 그건 곤란하다고 거절하거나 좀 더 시간을 가지고 논의하자고 유보하는 대답이 돌아올 수 있다. 특히 직접 얼굴을 보고 텍스트에 들어 있지 않은 인간의 감정을 전달하는 것은 중요하다.

그러나 MZ세대의 주 커뮤니케이션 수단이 대면이나 통화보다는 문자 위주이기 때문에 이들은 문자를 근거로 정보를 해석하려는 속성이 있다. 문자는 YES나 NO가 명료하다. 그래서 MZ세대는 상대방이 모호한 답변을 하는 것을 당혹스러워 한다.

이상과 같은 MZ세대의 특성을 바탕으로 LG에너지솔루션과 삼성전기의 소통 노력을 보면 무엇이 문제였는가 이해가 될 것이다. 삼성전기 같이 CEO와 사업부장, 임직원 등이 강연자를 구성해서 경영 트렌드를 떠들면, 소위 말하는 '꼰대의 썰'이 된다. 경영 트렌드라는 테마는 직원들에게 관심이 있을 수도 없을 수도 있다. 아마 직원들이 가장 좋아하는 공통의 테마는 주식 투자나 코인 투자일 수도 있다. 그런데도 직원이 별 관심이 없을지 모르는 테마를 PC로 생중계까지 한다. 그리고 모두에게 공개되는 채팅 창에 자신을 밝히고 질문이나 의견을 쓰라고 한다. MZ세대가 좋아하지 않는 '모듬 세트'이다.

삼성전기 내에서 임원이나 중간관리자 중 누군가가 KBS의 '명견만리'나 JTBC의 '차이나는 클라스' 같은 방송 포맷을 보고 경영진에게 이런 방식의 프로그램을 건의했을지 모른다. 취지는 좋다. 그런데 강연자가 사회적 명사도 아니고 사내 임원을 세워 놓는 순간 문제가 생긴다. 사내 임원은 비즈니스 전문가이지 강연 전문가가 아니기 때문이다. 아마 태반의 임원은 사내 임직원 전체가 보고 있다고 생각하면 카메라를 들이대는 순간 얼어붙을 것이다. 듣고 있는 직원들도 불편하기는 마찬가지이다. 이렇게 되면 강연자도, 듣는 청중도 서로가 서로를 고문하는 고통스러운 자리, 서로의 불통을 확인하는 민망한 자리가 되고 만다.

LG에너지솔루션의 '엔톡'도 유사한 문제가 생긴다. MZ세대는 오래 기다리지 못한다. 답변에 7일이나 걸리고, 때로 한 달이 걸리는 소통이 있다면 하면 그것은 이미 소통이 아니다. 가장 관료적이라는 정부 기관 답변도 한 달이 걸리지는 않는다. 즉각 답변이 가능한 것은 7일 이내라고 하자. 그러면 왜 '엔톡'을 써야 하는가의 의문이 생긴다. 이메일로 총무팀이나 인사팀에 문의하면 되는 것 아닌가의 의문이다. 추가 개선이나 검토가 필요한 경우 1개월 내에 답변도 마찬가지이다. 한 달이나 걸리면 질문자는 자신이 질문했다는 사실조차 잊어버린다.

'답변을 받으려면 1개월을 기다려야 한다'는 말은 사실 기존의 개선, 건의하는 프로세스는 (한 달보다) 시간이 더 걸렸다는 뜻을 내포하고 있다. 기업 측에서 한 달이 짧다는 것을 강조하고 있는 것이다. 즉 다른 측면에서 보면 CEO가 직접 나서서 회사의 비전에 대한 설명을 할 만큼 조직 내의 정보가 흐르지 않고 있다는 증거도 된다.

삼성전기의 사례 역시 사내 커뮤니케이션이 부재했다는 반증이기도 하다. 삼성전기는 제조업 기업으로 위에서 지시하고 아래로 떨어뜨리는 상명하복의 피라미드 구조의 위계질서를 갖고 있다. MZ세대가 네이버, 카카오, 또는 게임 회사인 엔씨소프트, 넥슨과 같은 기업을 선호하는 이유가 (물론 이 회사들도 관료주의가 진행되고 있지만) 상대적으로 그런 제조업에 비해 자유롭고 수평적인 조직 문화 때문이다.

MZ세대는 절차적 정당성을 대단히 중요시한다는 점도 있다. 과정에서 얼마만큼 공정했는가, 즉 결과보다는 과정의 정당성이 중요하다는 것이다. 이들은 정당하다고 납득하지 않으면 움직이지 않는다. 이런 절차적 정당성에 대해 '인천국제공항 정규직 전환' 사건을 연구한 김성태 등(2021)은 이렇게 지적한다.

> 청년세대에 있어서 '공정성'은 사회현상을 인식하는 가장 중요한 원칙이다. 특히, 취업난과 주거 문제와 관련되어 청년들은 공정성을 바탕으로 온·오프라인에서 많은 논쟁을 주도하고 있다. 정규직 전환에 반대하는 측은 정규 직원이 될 수 있는 '자격의 원칙'으로 능력과 공정한 기회를 강조하고, 능력에 따른 분배인 '능력주의'를 공정의 원칙으로 인식하였다. 찬성 측은 고용 안정성이나 지위는 '평등'하게 주어져야 한다는 인식을 기반으로 논의를 전개하였다. 정부는 절차적 정당성과 충분한 설명을 통해 합의 형성에 더욱 노력하여야 한다. 앞으로 민간과 공공 기관은 주요 의사

결정에 있어서 청년들의 공정성에 대한 다양한 관점을 적극 고려해야 한다.[4]

즉 MZ세대는 공정함이 무엇인가에 대한 인식은 다르지만 공정함에 대한 집착은 공통적이라는 지적이다.

엔톡에서 흥미로운 시행착오의 내용은 더 있다. '개설 첫날에 한국을 비롯해 중국 등지에서 인사 제도 개선 제안, CEO의 MBTI가 있으면 알려 달라는 등 다양한 질문이 쏟아졌다'고 한다. '도대체 소통에서 CEO의 MBTI는 왜 중요한 것인가, CEO의 MBTI를 묻는 것은 CEO의 스타일에 맞게 뭔가 행동하려고 하는 것이 아닐까, CEO의 MBTI를 아는 것이 과연 소통일까' 등의 의문이 꼬리를 문다. 이런 질문은 그나마 즉각 답변이 가능한 질문이니 7일 이내에 알려줄 것이다. MBTI 하나 알려주는데 7일이 걸린다. 아마 질문한 사람도 잊어버리고 다른 업무를 하고 있을 것이다. 그러다 '엔톡'에서 '귀하의 질문에 답변하겠습니다' 하고 7일 만에 답장이 온다고 생각해 보라.

'우리 대표이사님은 어떤 유형의 성격이네, 굉장히 적극적이고 토론을 좋아하는 성격이군'

궁금함은 해소되었다. 그럼 궁금증을 채우고 난 다음은 무엇일까? 소통은 개인의 호기심을 채우는 과정은 아니다. 소통은 목적을 가지고 행하는 행위이다. 자신이 뭔가를 말하고 싶고, 뭔가 조직에 기여하고 싶고, 조직의 방향이 잘못되었을 때 의견을 개진하여 수정하는 과정이다. 중요한 것은 조직 내 정보의 흐름이다. 정보는 끊임없이 물처럼 전후좌우로 흘러야 한다. 조직의 하단에서 상단으로 올라오고, 위에서 판단해서 다시 밑으로 내려가야 한다. 이 정보를 기반으로 조직의 각 기능적 파트에서 생물의 자율신경계처럼 알아서 반응하는 것이다. 그런데 이런 정보의 흐름이 단절되어 있다고 생각해 보라. 조직 내에서 개인적인 정보의 단절을 처리하는 부서가 인사팀이다. 회사에 대한 비전 등에 대한 부서는 커뮤니케이션이나 홍보팀이 담당한다. 요즘은 홍보팀이라는 명칭보다 대내 커뮤니케이션, 대외 커뮤니케이션으로 부르는 경우도 많이 있다. 대내 커뮤니케이션은 회사 조직 내의 커뮤니케이션을 담당한다.

다시 삼성전기의 사례를 보자. 대표이사는 이렇게 말한다. "내가 가장 좋아하는 단어는 테크와 퓨처이다. 삼성전기의 미래는 테크 기업이 되어야 한다." 이건 너무도 당연한 이야기이다. 설마 삼성전기의 미래가 무슨 전기 회사일 리는 없지 않은가. 이 말을 듣는 MZ세대 직원 입장에서도 당혹스러울 것이다. 이런 경우는 스피커가 무엇인가 말하고 있지만 듣는 사람이 전혀 수용하지 않는 불통의 커뮤니케이션이 되어 버린다.

소통의 기본은 상대방과 나의 관심을 일치시키는 것이다. 그래서 우리는 처음 사람을 만났을 때 '취미는 무엇인가요', '어떤 음식을 좋아하세요'와 같은 질문을 하면서 관심에 대한 접점을 만든다. 저 사람이 무엇을 하는 사람인지, 무엇을 좋아하는지는 상관이 없다. 하지만 서로의 관심사를 공유하면서 무엇인가 일치한다면 그 이야기에서부터 소통이 시작되는 것이다. 그리고 이런 소통을 통해 서로가 공유할 수 있는 공감대가 형성된다. 그런 공감대 위에서 다음 단계로 한 단계씩 계단식으로 올라가는 것이다. 그런데 축구를 좋아하는 사람한테 테니스 이야기를 하면 그 사람은 관심을 가질 수 있을까? LG에너지솔루션이나 삼성전기의 소통 방식은 축구를 좋아하는 사람에게 테니스 이야기를 하는 것 같은 불편함을 느끼게 한다.

∞

수직적 커뮤니케이션에 약한 MZ세대

그렇다면 소통은 과연 무엇일까? 예를 들어, '어제 밤에 술을 많이 마셔서 머리가 아파 죽겠다'는 식으로 상대방을 가리지 않고 자기 상황을 마음대로 떠드는 것을 소통이라고 하지는 않는다. 기업 내에서 이루어지는 커뮤니케이션과 가족 간의 대화, 친구 간의 대화가 혼재된 대화를 소통이라고 부르지도 않는다. 가족 내에서는 가족끼리 다루어야 할 중요한 이슈가 있고, 친구들은 친구라는 공감대가 있기 때문에 공유하는 정보나 정서를 기반으로 한 대화가 있다. 모든 정보를 공유하고 떠들고 잡담하는 것을 소통이라고 하지는 않는다. 현재 기업 조직에 적응하지 못하는 MZ세대가 핵심적으로 원하는 정보, 직면한 어려움을 해결해 주는 것, 또는 그들이 하고 싶은데 못하는 무엇인가를 해결해 주고 이유를 설명해 주는 것이 기업의 소통이다.

소통이라는 것은, 해당 집단 속에 자신이 위치해 있기 때문에 그 집단에 맞는 주제와 이야기라는, 즉 콘텍스트(맥락)와 콘텐츠가 있어야 한다. 그런데 위의 LG에너지솔루션 같은 경우, 이런 콘텍스트가 없이 모든 종류의 의견을 직접 등록하도록 하고 있다. 소통이 잘되는 조직이라면 정보의 내용과 수준에 따라 정보 채널이 달라지게 된다. 예를 들어, 이직에 대한 고민이라면 가장 먼저 친구에게 물을 것이다. '사실은 내가 이직을 해야 되는데 어떻게 할까'라고 묻는다면 친구는 '좀 신중히 생각해 봐', 혹은 '그래, 네가 생각하는 게 맞는 것 같아' 등의 조언을 해 줄 것이다. 그런데 이직에 대한 고민을 엔톡에 보내 CEO에게 이렇게 질문하지는 않을 것이다. '대표님, 제가 이직을 생각하고 있는데 어떻게 하면 좋을까요?'

설사 이직에 대한 고민을 기업 내에서 묻는다고 해도 자신의 바로 위 선배나 상사인 경우가 많다. 또 회사의 비전에 관한 의문은 과장이나 부장 같은, 회사의 중간관리자들이 답변해 주어야 할 문제이다. 그러나 지금 과장, 부장 직급은 MZ세대와 경영진 양쪽에 끼여서 완전히 샌드위치 신세가 되어 있다. 현재 중간관리자들의 사기는 매우 떨어져 있다. 조직이 수평 조직이라는 구호 속에 직급이 슬림화되면서 이들의 존재를 부정하고 있기 때문이다. 수평 조직이 되면 중간관리자가 설 자리가 없어진다. 신입 사원이나 10년차 사원이나 모두 '프로'로 평등하게 불리는데 10년차 사원이 이런 중간 조정 기능을 할 이유가 없어진다. 따라서 수평 조직이 되면 조직의 상하 소통 구조가 와해되는 것이다. 따라서 기업에서 지금 엔톡이나 썰톡을 만드는 것은 조직이 전체적으로 경직되고 있고, 일상적으로 이루어져야 할 조직 내 상하 정보 소통이 막혀 있기 때문이다.

바로 이런 조직의 관료화에 대한 고민 속에 탄생한 것이 일본 글로벌 IT 기업 '교세라' 이나모리 카즈오 회장이 주창한 아메바 조직이다. 조직의 관료화 속에서 커뮤니케이션이 되지 않으니 전체 조직을 자그마한 아메바처럼 쪼개서 의사 결정의 전권을 준 것이다. 기업을 포함한 모든 조직은 어떻게 내부 조직원의 정보를 물 흐르듯이 흐르게 할까라는 고민을 가지고 있다. 지금 기업이 MZ세대의 아이디어와 그들의 자발성을 끌어내려는 노력도 마찬가지이다.

기업은 분명한 소통의 목적이 있다. 기업은 비영리단체나 자선사업을 하는 종교 단체가 아니다. 기업이 원하는 소통은 조직이 소통을 통해 전체적으로 다이내믹하게 변화해 조직 전체의 시너지가 형성되는 것이다. 그러나 지금 기업에 진입하고 있는 MZ세대와의 소통이 결여되어 있는 상태에서 아무리 소통을 위해 노력해 보아야 '밑 빠진 독에 물 붓기'와 같은 상태이다. 시너지의 발생이 아니라 세대 간 갈등 속에 마이너스 조직이 되고 있는 것이다.

지금 대기업의 신입 사원 퇴사율을 보면 충격적이다. 치열한 경쟁을 거쳐 입사한 삼성그룹의 신입 사원도 10% 정도는 조기 퇴사한다. NICE기업정보에 의하면 삼성그룹 주요 계열사의 퇴사율은 삼성전자 5%, 삼성카드 10%, 삼성증권 11%, 삼성화재 13% 등이다. 신입 사원 조기 퇴사의 문제는 삼성그룹만의 문제는 아니다.

2016년 6월 한국경영자총협회가 전국 306개 기업을 대상으로 조사한 '2016년 신입 사원 채용 실태 조사 결과'에 따르면 대졸 신입 사원 1년 내 퇴사율은 상승세를 보이고 있다. 2016년 대졸 신입 사원 1년 내 퇴사율은 27.7%이다. 1년 이내 구간별 퇴사율(누적)은 1개월 이내 4.6%, 3개월 이내 11.4%, 6개월 이내 17.5%, 1년 이내 27.7% 등으로 시간의 경과와 더불어 급격히 증가한다. 신입 사원 조기 퇴사의 가장 큰 이유로는 '조직 및 직무 적응 실패'(49.1%)가 꼽힌다. 이어 급여 및 복리 후생 불만 20%, 근무 지역 및 환경에 대한 불만 15.9%, 공무원 및 공기업 취업 준비 4.4% 등이다. 한마디로 이직 이유를 말하면 '개인과 조직의 부조화'라고 할 수 있다. 흔히 하는 말로 하면 '자신과 맞지 않아서'이다.[5]

그런데 이런 MZ세대의 조직 이탈을 촉진하는 문제가 있다. MZ세대는 비대면, 수평적 커뮤니케이션에 익숙하고 대면 수직적 커뮤니케이션에 약하다. 반대로 지금의 경영진과 중간관리자를 형성하고 있는 세대는 대면, 수직적 커뮤니케이션에 강하고 반대로 비대면 수평적 커뮤니케이션에 약하다. 이렇게 되면 MZ세대와 경영진, 중간관리자는 심각한 소통 방식의 충돌이 발생한다. MZ세대는 이런 충돌 속에 기업 중간관리자나 임원들과의 소통을 포기한 채 조직을 떠나고 만다. 만일 기업의 소통 방식을 변화시키지 않는다면 이런 모순과 충돌은 증폭될 것이다.

그렇다면 MZ세대가 원하는 커뮤니케이션 방식은 무엇인가? 그것은 '모듈형 커뮤니케이션'이다. 모듈형 커뮤니케이션은 레고 블록 방식의 소통 방식이다. 연령별 또는 직급별로 커뮤니케이션을 하게 만들고 표준화된 인터페이스를 통해 커뮤니케이션 그룹 간의 접점을 만들어 필요한 정보를 교류하게 만드는 방식이다. MZ세대는 단톡방과 같은 그룹 SNS를 통해 자신들의 집단적 커뮤니케이션을 활발하게 한다. 여기에 다른 이질적인 집단이나 세대는 끼어들 수 없다.

익명의 SNS인 블라인드나 대나무숲이 MZ세대의 폐쇄적인 커뮤니케이션 사례이다. 블라인드는 직장인들이 활동하는 익명 커뮤니티 앱으로 2013년 12월 한국에서 출시되었다. 2021년 기준 총 510만 유저를 보유하고 있으며, 과반수를 넘는 360만 명 정도가 한국에서의 이용자이다. 대한항공의 '땅콩회항' 사건 이후 대한항공 내 직원들로 인해 블라인드가 알려졌다. 땅콩회항 사건의 전모가 블라인드에 올라오게 되어 소문이 빠르게 사내에서 퍼지게 되었다. 이를 기점으로 기업들 또한 블라인드 앱의 존재를 알게 되었다. 사내에 익명게시판이 존재하지 않는 일반 직장인이 자유롭게 정보를 교환할 수 있도록 하는 것이 바로 블라인드의 역할이다. 블라인드는 유저가 재직 중인 회사 이메일 계정을 통해 인증 요청 메일을 보내는 방식으로 가입이 승인된다. 본사가 해외에 존재하기에 서버 또한 해외에 존재하고, 시스템 상 이용자의 정보를 전혀 남기지 않는 방법으로 앱이 구동된다.

대한항공 사건 이외에도 2021년 초 KBS가 수신료 인상을 주장했던 시기에, 블라인드에서 발생한 사건도 있다. KBS 직원 한 명이 블라인드에 'KBS 직원 절반 이상의 평균 연봉은 1억이다', '억대 연봉이 부러우면 제발 밖에서 우리 직원들 욕하지 마시고 능력되시고 기회되시면 우리 사우님 되세요'라는 조롱 섞인 글을 작성하였다. 이 소식이 빠르게 퍼지게 되어 많은 언론에서 KBS의 지나친 고액 연봉에 대해 비판하고 나섰고, 결국 KBS는 임금 체계 개선과 직무 재설계를 통한 임금 감소를 약속하며 공식적으로 사과하였다.

대나무숲도 MZ세대의 소통의 특성을 보여준다. 대나무숲은 페이스북을 기점으로 트위터 및 각종 SNS를 이용하여 해당 학교 재학생뿐 아니라 해당 대학과 관련된 유저들의 제보를 익명으로 올려주는 사이트이다. 서울대 대나무숲이 처음으로 페이스북에 등장한 이후, 연세대나 고려대와 같은 다른 대학들에도 대나무숲이 퍼져 나가기 시작했다. 교내 커뮤니티 사이트 혹은 에브리타임과 같이 학교 메일링을 요구하지 않는, 접근이 용이한 페이스북이기에 학교 내 문제 제기, 진로 고민, 연애 상담 등 다양한 주제의 글이 올라온다.

이와 같은 MZ세대의 자생적 횡적 커뮤니케이션을 어떻게 흡수할 수 있을까는 기업의 중요한 과제이다. 만일 기업이 흡수하지 않는다면 제2의 블라인드, 대나무숲과 같이 외부에서 기업을 비판하는 SNS가 지속적으로 생겨날 것이다.

MZ세대와의 커뮤니케이션 도구로서 메타버스

썰톡과 엔톡 소동은 기존의 LG에너지솔루션이나 삼성전기의 조직 구조와 커뮤니케이션 체계에 문제가 있다는 반증이기도 하다. 소통에서 중요한 것은 바로 '조직 체계'이다. 그런데 갑자기 기존 조직 체계를 부정하고 CEO가 조직 구성원 전체와 직접 커뮤니케이션을 시작하면 조직의 체계는 작동을 멈추어 버린다. 기존에는 시간은 많이 걸리지만 맨 하단의 직원이 이야기하는 것이 팀장을 거치고 부장과 임원을 거쳐 조직 체계를 따라 올라간다.

그런데 CEO가 직접 소통을 선언하는 순간 멈추는 것이다. 어차피 CEO가 다 소통할 것이기 때문에 중간관리자는 굳이 일할 필요가 없다. '엔톡'에서도 모든 건의 사항이 다 그쪽으로 간다. 엔톡에 폭주하는 고충을 해결하고 분류하고 물어보기 위해서 따로 조직을 만들어야 할 것이다. 한 번 계산해 보자. LG에너지솔루션의 직원이 2만 4,000명이라고 한다. 2만 4,000명이 한 번씩만 질문해도 일주일에 2만 4,000개의 건의 사항이 온다. 그러면 우선 1차적으로 '7일 이내 답변'과 '한 달이내 답변'을 분류해야 한다. 이 일을 어느 부서에서 할까와 몇 명이 담당해야 할까를 정해야 한다. 질문 빈도와 개수가 늘어날수록 담당 조직은 비대해진다. 그렇게 되면 인사팀이나 총무팀의 고충 처리 부서는 업무를 할 필요가 없어진다. 이런 과정 속에 조직의 중요한 기능이 망가지거나 멈추기 시작한다. 그리고 어느 순간에 엔톡을 담당하는 부서도 업무가 폭주하는 가운데 관료화되기 시작한다. 소통을 위한 엔톡이 실은 조직 내의 소통을 방해하는 역기능을 하고 있는 것이다.

지금 엔톡이나 썰톡 같은 기업의 새로운 소통 방식 도입은 MZ세대의 커뮤니케이션에 강제로 끼어들고자 하는 것과 같다. CEO는 20대 직원과 거의 30년 이상의 나이 차이가 난다. 서로 정서도 다르고 살아온 과정도 경험도 다르다. 이런 이질성 때문에 MZ세대는 기성세대와 특별히 대화하고 싶어 하지는 않는다. 그런데도 기업은 강제로 MZ세대의 커뮤니케이션에 개입하고자 하는 것을 마치 소통인양 착각하고 있다.

MZ세대가 원하는 것은 기성세대와 조직에 축적된 노하우이다. 30년 이상 차이가 나는 586세대의 모든 경험과 사고를 배우거나 그들처럼 되고 싶다는 생각은 하지 않는다. 단순히 필요한 정보나 노하우만 핀셋으로 뽑아내고 싶을 뿐이다. 모듈형 커뮤니케이션이 그런 방식이다. 필요한 정보는 주되 나머지는 MZ세대의 세계와 정체성을 인정하는 소통이다. 그리고 MZ세대가 수평적으로 이미 강력한 나름의 커뮤니티를 형성하고 있다는 사실을 인정하고, 오히려 이런 횡적 커뮤니티를 활성화하는 것이 바람직하다.

물론 사내 커뮤니케이션 활성화를 위한 CEO의 노력 자체를 부정할 필요는 없다. 때로 상징적인 CEO의 메시지는 강력한 호소력과 설득력을 가지기도 한다. 예를 들어, 삼성전자의 고 이건희 회장이 독일 출장 중이던 1993년 6월 7일 계열사 임원들을 소집하여 "바꾸려면 철저히 다 바꿔야 한다. 극단적으로 말해 마누라와 자식만 빼고 다 바꾸라"고 말하며 삼성전자의 혁신을 요구한 적이 있다. 이재용 부회장도 2022년 1월 해외출장에서 귀국하면서 "글로벌 현장의 처절한 목소리들, 시장의 냉혹한 현실을 제가 직접 보고 오게 되니까 마음이 무겁다"라고 공항 인터뷰에서 말한 적이 있다.

CEO의 비장한 메시지는 중요하고 의미가 있다. 그런 중요한 메시지를 던졌을 때 그가 소통을 하지 않는다고 말하지는 않는다. CEO나 리더가 던지는 메시지 자체가 중요한 소통의 방식일 수 있기 때문이다. 필요한 정보를, 필요한 상황에, 필요한 사람에게 전달해 주는 것이 소통이다. 단 정보 발신의 주체가 꼭 CEO가 아니라도 가능하다. 그러나 엔톡, 썰톡 소동은 바로 이러한 소통의 형식과 본질을 모르고 있으며, 놓치고 있다는 점이 문제이다.

MZ세대와의 소통은 모듈형 커뮤니케이션을 기반으로 소통의 형식과 내용이 주어진 상황에 따라 달라져야 한다. MZ세대의 코드와 조직의 코드가 일치해야 한다. 동시에 이 과정에서 조직이 그들의 사고와 역량을 변화시켜야 한다. 그것이 교육과 훈련의 효과이다. 그리고 MZ세대의 에너지와 창의성을 조직이 흡수해야 한다. 이런 선순환 과정을 거치면 그들의 열정이 폭발한다. 대표적으로 한국의 아이돌 그룹이 있다. 그들은 성공하기 위해 정말로 혹독한 훈련을 한다. 다음의 기사는 무명 시절의 BTS가 경험했던 고난의 과정이다.

> '글로벌 스타'로 거듭난 방탄소년단이지만 불과 3년 전만 해도 이들의 목표는 '음악프로그램 1위'였다. 정상에 오르기까지 수없이 반복된 좌절과 적지 않은 마음고생이 있었지만 '방탄소년단의 아이덴티티를 찾기'까지는 그리 오랜 시간이 걸리지 않았다. 평균 3년의 연습생 기간 동안 하루도 빼놓지 않고 꼬박 8시간씩 연습하며 자신을 혹독하게 몰아세웠다. 2000원짜리 자장면으로 끼니를 때우고 '정말 데뷔는 할 수 있을까' 하고 하루하루를 보냈다.[6]

미래에 대한 불확실성 속에서도 BTS는 견디고 노력했다. 자신들이 가지고 있는 비전과 목표가 일치하기 때문이다. 이처럼 조직은 MZ세대의 열정을 흡수해야 한다. 소통은 목적이 되어서는 안된다. MZ세대의 열정을 끌어내고 목표를 일치시키기 위한 하나의 방법일 뿐이다.

메타버스를 통한 기업과 고객의 융합

메타버스는 기업의 정보 획득 도구나 외부 고객과의 커뮤니케이션 도구로도 사용될 수 있다. 이를 위해서는 메타버스 플랫폼이 굳이 3D나 VR 기반의 거창하고 고가의 플랫폼이 될 필요는 없다. 게더타운과 같은 2D 플랫폼이나, 유명한 게임인 '아이러브커피'와 같은 2D 기반의 캐주얼 게임 형식의 '소박한' 플랫폼으로도 충분히 그 목적을 달성할 수 있다. 우리가 메타버스라는 용어 자체가 가진 고급 기술이라는 이미지, 오큘러스 퀘스트2와 같은 HMD를 반드시 써야 될 것 같다는 그런 고정관념과 강박관념을 버린다면 메타버스는 훨씬 자연스럽게 인간 사회에 침투해 들어갈 수 있다. 메타버스에 있어서 기술은 목적을 실현하는 수단이지 목적 그 자체가 아니라는 점은 분명히 할 필요가 있다.

메타버스가 기업 외부와 내부를 잇는 커뮤니케이션 도구가 될 수 있다는 것은 기존의 이메일이나 홈페이지와 같은 무미건조한 소통 방식을 버린다는 것을 의미한다. 이는 새로운 형식의 고객 소통 방식을 구축하고 이를 통해 기업과 고객의 관계를 근본적으로 변화시킨다는 것이다. 이 변화의 과정은 기업 활동에 대한 고객의 적극적인 참여와 기업과의 정보 소통을 통한 고객의 기업에 대한 이해도 증진, 그리고 기업에 대한 고객의 애착과 충성도 증가를 초래한다. 아래와 같은 대기업 기업 연구소의 주장은 바로 기업이 오늘날 직면한 위기의식을 보여준다.

> 기업의 사회적, 환경적 책임에 대한 요구가 지속적으로 증대하는 추세로 사회적, 환경적 책임에 소홀한 기업들은 경영 성과에 직접적, 즉각적인 영향을 받을 수 있는 상황에 직면하고 있다. 주주와 소유자 가치 중심의 경영 방식에서 벗어나, 기업 경영에 관련된 모든 이해관계자의 이익을 전략적으로 정렬해 이해관계자 전체의 총익(Total Value)을 추구해야 한다. 이해관계자 공생경영을 하는 기업의 첫 번째 필요 조건은, 사업에 관련된 이해관계자들과 건설적인 신뢰와 정서적 유대 관계를 구축하는 것이다. 고객에게 물질적, 경제적 가치를 넘어 치유(Healing), 자아실현 (Self-Realization), 도덕(Moral), 신뢰(Trust)라는 감성적, 정신적 가치까지를 제공해 유대감이 강한 마니아층을 확보, 유지해야 한다.[7]

'고객에게 물질적, 경제적 가치를 넘어 감성적, 정신적 가치를 제공해 유대감이 강한 마니아층을 확보, 유지해야 한다'는 것이다. 즉 고객은 외부의 제3자가 아니라 기업의 이해관계자로 규정하고 이를 위해 고객을 기업의 중요한 자산의 일부로 인식해야 한다. 하지만 이런 당위성에도 불구하고 기업들은 'HOW(어떻게)'라는 가장 중요한 방법론에서 막혀 있다. 기존의 고객 만족이라는 마케팅적 개념으로는 실현할 수 없는 것이 고객의 기업 내부화이다. 최근 ESG라는 새로운 기업에 대한 사회적 요구가 등장하고 있는 것은 기존의 기업의 노력이 별로 성과가 없었다는 반증이기도 하다.

그런데 이런 고객의 기업 내부화를 메타버스를 통해 실현해 볼 수 있다면 어떨까. 다음과 같은 예를 생각해 보자. 예를 들어, 기업의 홈페이지에 접속하는 것과 유사하게 기업의 메타버스에 접속한다고 가정해 보자. 로그인을 하면 기업 아바타가 등장해 고객에게 말을 걸 것이다. 아바타는 이렇게 말할 것이다.

"반갑습니다. 고객님. 제가 무엇을 도와드릴까요"

여기서 고객은 자신이 필요한 정보 또는 불편한 사항을 아바타에게 음성으로 전달할 것이다. 이렇게 되면 접수 아바타는 도움이 필요한 또는 도움을 줄 수 있는 부서로 고객 아바타의 손을 잡고 이동할 것이다. 이러한 과정은 기업의 정보 제공 방식을 변화시킬 것이고, 고객의 만족감을 높이는 방식으로 작동한다. 이런 과정을 거쳐 획득한 고객이 필요로 하는 정보는 경우에 따라서는 기존의 홈페이지나 전화, 메일로 문의하는 것 이상의 정보가 아닐 수도 있다. 하지만 정보를 획득하는 과정에서 느끼는 즐거움은 동일한 정보를 획득하더라도 고객에게 훨씬 높은 수준의 만족감을 줄 것이다.

메타버스 구축의 목적과 메타버스를 통해서 획득하는 성과가 바로 이것이다. 똑같은 결과물을 얻더라도 그 과정에서 즐거움을 얻는 것, 뿐만 아니라 고객이 기업의 메타버스 진입과 커뮤니케이션을 통해 마치 자신도 그 세계의 일원이 된 같은 감동과 소속감을 주는 것, 이것이 기업이 메타버스를 활용할 때 노려야 할 중요 목적이다.

우리는 앞에서 대기업의 신입 사원 조기 이탈률이 대단히 높다는 점을 지적한 바 있다. 이런 문제를 해결하기 위해 많은 기업이 도입하고 있는 제도가 멘토-멘티 시스템이다. 신입 사원에게 멘토 1인을 지명하여 신입 사원들이 겪는 문제에 대해 조언해 주거나, 그들의 성과를 격려해 주는 역할이다. 하지만 이 역시 멘토와 멘티가 세대 간의 공감대가 없는 경우가 대부분이기 때문에 별 효과가 없다. 멘토는 5년에서 10년 이상의 선배로 구성되어 있기 때문이다. 세대가 다른 선배와의 대화는 MZ세대에 있어 불편함과 곤혹스러움을 안겨줄 수도 있다. MZ세대는 같은 세대의 수평적 커뮤니케이션에는 강하지만 수직적 커뮤니케이션, 특히 대면 커뮤니케이션에는 대단히 약하다는 한계를 이미 지적한 바 있다. 따라서 많은 기업에 있어 멘토-멘티 제도가 제대로 작동하고 있지 않는 경우가 많다.

그런데 이런 형해화되어 있는 기업의 멘티-멘토 제도에 메타버스라는 형식을 도입해 보면 어떨까? 우리가 소박하게 메타버스를 이해한다면 의사소통의 도구로 가장 광범위하게 쓰이는 카카오톡에 2D 그래픽과 2D 캐릭터를 입히는 정도로 생각할 수도 있다. 이 기능을 도입하면 멘토가 멘티에 대해서 답변하는 것이 아바타가 반응하는 것과 동일한 방식으로 반응할 수 있다. 멘티 질문에 멘토가 답변하지 못하는 것도 많을 것이다. 이런 경우에 멘토의 캐릭터가 열심히 일하는 모습을 멘티에게 보여 준다면 어떨까? 멘토의 캐릭터가 자신이 요구한 정보를 얻기 위해서, 자신이 했던 질문에 답하기 위해서 기업 내 또는 기업 외부의 메타버스를 열심히 뛰어다니면서 정보를 획득하고 있는 모습을 보여 준다면, 또는 멘토가 멘티의 캐릭터 손을 잡고 기업 내 도서관이나 기업 내 카페로 달려가고 있는 모습을 보여 준다면 기존 오프라인상의 대면 관계에서 발견하지 못한 친밀감과 동질감을 느낄 것이다. 이런 관계는 리니지 같은 게임에서 길드나 혈맹 속의 인간관계와 유사하다.

또한 기업 내 메타버스에 게임적 요소, 예를 들어 보상 시스템이나 피로도, 스킬과 같은 요소를 도입할 수 있다. 메타버스 세계에 적극적으로 참여한 아바타에게는 보상을 지급하고, 기업 내에서 원하는 스킬을 획득한 아바타는 메타버스에서도 보다 많은 권한을 주는 것이다. 비록 동기라 할지라도 아바타가 획득한 스킬에 따라 현실에서의 직무가 변화한다면, 그리고 아바타 간의 경쟁과 협조가 이루어지는 구조를 만들어 준다면 MZ세대는 열광할 것이다. 메타버스가 딱딱하고 사무적이고 주어진 업무만을 처리하는 도구가 될 필요는 없다. 업무만을 처리하는 도구라면 이메일이나 문자, 전화가 가장 효율적일 것이다. 하지만 메타버스라는 요소, 아바타라는 요소를 도입하는 순간 그것은 효율성이나 주어진 목적을 넘어 메타버스 참여자가 행복하고, 즐겁고, 만족하는 그런 새로운 기업 내 인간관계가 구축될 수 있다는 것을 의미한다. 이는 기존의 ERP 같은 업무 자동화 프로그램과 다르게, 새로운 인간관계, 새로운 조직 내 인간관계, 새로운 조직 내부와 조직 외부의 인간관계를 만들어가는 과정이기 때문이다.

메타버스 도입을 통해서 기업 내부의 조직은 변화해야 되고, 기업 내부와 기업 외부의 경계도 무너져야 한다. 그런 점에서 메타버스는 기업 전체를 하나의 가상 조직, 기업 내부와 외부를 잇는 새로운 가상 조직을 만들 수 있는 잠재력을 가지고 있다. 기업의 경계선이 존재했던, 과거 기업의 내부 직원과 외부 고객 사이에 존재했던 경계선을 넘어, 기업 내부와 외부가 하나로 융합되는 새로운 차원의 기업 조직을 만들 수 있는 것이다.

메타버스를 통한 기업과 고객의 융합 가능성을 보여 준 사례가 있다. 게임사 스마일게이트가 서비스하는 '로스트아크'라는 게임에서이다. 2022년 1월 로스트아크 팬들이 게임 개발 디렉터의 생일을 축하하는 광고판을 만들어 판교역에 전시한 이벤트이다. K팝 스타에게 팬들이 생일 축하 광고판을 구입하는 경우는 드물지 않지만 게임 디렉터에게 이런 고마움을 표현한 것은 게임 사상 처음이었다. 해당 디렉터가 이런 팬덤을 형성하게 된 것은 게임이라는, 특히 온라인 게임의 본질에 충실했기 때문이다. 온라인 게임의 본질은 게임과 유저의 공진화이다. 1990년 중반 탄생한 온라인 게임은 인터넷으로 다수의 유저가 참여하여 진행하는 게임으로, 그 이전의 콘솔이나 PC 게임과 달리 게이머의 의견을 반영해 게임이 진화하는 특이한 형태의 게임이다. 게이머의 의견을 들어 합리적인 의견은 게임 제작에 반영하고, 게임 제작에 반영하지 못하는 의견은 다시 소통을 통해서 이유를 설명하는 이 과정은 기업 커뮤니케이션의 과정과 대단히 유사하다. 유저들은 자신과 충실하게 커뮤니케이션을 했던 디렉터와 게임에 대한 고마움을 이런 식으로 표현한 것이다.

로스트아크의 팬덤 이벤트는 그 자체로 감동적인 스토리이다. 그런데 이런 커뮤니케이션 과정이 메타버스에서 구현되었다면 어떨까? 아마 해당 디렉터는 생일 축하 케익을 손에 손에 든 수백 명의 아바타에 둘러싸여, 수백 명의 아바타가 외치는 생일 축하 노래를 들으며 하트 이모티콘을 하늘에 날리고 있었을 것이다. 그리고 그러한 광경을 글로벌 수백만 유저가 지켜볼 수도 있었을 것이다. 이런 메타버스 이벤트 자체가 하나의 거대한 마케팅 행사가 될 수도 있다.

메타버스와 팬덤을 결합시켜야 하는 또 하나의 사례가 있다. 나는 2008년부터 G러닝을 초등학교에서 진행하면서 이와 유사한 감동적인 광경을 목격한 적이 있다. G러닝은 게임을 기반으로 한 학습 프로그램이다. 게임을 플레이하듯이 영어나 수학 같은 교과 과정을 재미있게 공부할 수 있게 만든 프로그램이다. 나는 어느 날 학생과 교사들이 주어진 학습 퀘스트를 해결하기 위해서 게임 맵을 이동하는 모습을 본 적이 있다. 게임은 자유로운 공간이기 때문에 이동할 학생들이 줄을 서야 한다거나 하는 가이드는 없다. 그냥 아바타가 알아서 원하는 장소로 무질서하게 이동하면 된다. 다만 G러닝에서는 교사와 학생의 아이템이 달라 교사는 말을 타고 갈 수 있게 했다.

그런데 놀랍게도 교사 아바타가 말을 타고 이동하는 그 뒤를 학생들이 한 줄로 서서 걸어가고 있었다. 누가 학생들에게 줄을 서라고 이야기한 바가 없었지만 학생들은 스스로 한 줄로 이동하고 있었다. 마치 소풍을 가듯이 줄 서서 가상의 공간을 이동하는 이런 집단적 이동은 교사는 물론 학생들에게도 소풍을 가는 듯한 큰 즐거움을 주고 있었다. 교사와 학생의 일체감, 단순히 이동하는 지루한 과정일 수 있지만 그 단순함이, 학생들이 한 줄로 줄 서서 이동하는 그 단순한 과정이 학생들에게는 신나고 흥분되는 놀이로 변화하고 있었다.

이런 로스트아크와 G러닝의 사례처럼 메타버스상의 고객 경험을 설계하면 어떨까? 기업 내 조직원 사이에, 그리고 기업 내부와 기업 외부의 고객 사이를 메타버스로 연결해 '엔터테인먼트라는 경험'을 축적할 수 있도록 메타버스를 만들어주는 것이다.

∞

메타버스 기반 대학 교육은 어떻게 해야 하는가

지금 여러 대학이 메타버스 기반의 교육을 도입한다고 주장하고 있다. 신입생 환영회나 졸업식, 동아리 MT를 한다는 대학도 많다. 수업을 메타버스에서 진행한다는 대학도 있다. 하지만 안타깝게도 코로나가 종식되면 이런 형식뿐인 메타버스 활용은 소멸할 것이다. 학생들에게 별 감동을 주지 못하는 메타버스 행사, 수업에서 학생의 역량과 인간적 네트워크 형성에 기여하지 못하는, 유행과 같은 메타버스 활용은 오래가지 못하기 때문이다.

메타버스 기반 대학 수업에서 가장 유용한 분야는 이론의 응용과 적용에서 시행착오를 동반하는 실습 분야이다. 이런 분야 중 하나가 비즈니스 적용 능력을 필요로 하는 경영학이다. 경영학은 실용적인 학문으로 경영학 교육은 실제 경영 환경에서 최적의 경영 활동을 수행할 수 있는 인재를 육성하는 데 목적이 있다. 기업 경영에 필요한 구체적 지식과 개념, 기법과 같은 전문지식을 학습시키는 것이다. 여기에는 기업 경영에서 발생하는 수많은 문제를 논리적으로 분석하고 대안을 찾아낼 수 있는 판단력과 창의적으로 사고하는 역량, 사회적 커뮤니케이션 역량 등을 요구한다. 즉 경영학 교육은 효율적인 경영 활동에 필요한 이론과 더불어 경영 환경의 불확실성에 기반한 위험관리, 팀워크 개발 능력, 창의력, 통찰력, 도전 정신, 의사소통 능력 등을 함양할 수 있도록 구성되어야 한다.

오늘날 급변하는 기술적, 경제적, 사회적 환경과 기업 경영 패러다임의 변화에 대응하기 위해서는 경영학 교육의 내용과 방법에서 큰 변화가 요구되고 있다. 따라서 경영학은 교과서를 기반으로 한 강의와 시험만으로 경영 환경과 전략을 학생들에게 학습시키는 데 한계가 있다. 그러나 현재의 경영학 교육은 단순히 교과서를 기반으로 이론을 전달하는 전통적인 교육 방법에 머물러 있다. 이는 경영학 교육이 직면한 다양한 사회적 요구에 부응하는 교육적 효과를 기대하기 힘들다. 많은 학자들은 일방적인 지식 전달, 주입식 강의, 정형화된 팀 과제 등으로 이루어지는 경영학 교육은 학생들의 학습 의욕 저하와 수업에 대한 무관심으로 연결될 가능성이 크다는 것을 지적하고 있다.

이런 문제에 직면한 경영학 교육에는 사례 연구, 팀별 토론 및 대안 제시 등과 같은 교육 방법을 도입하고 있다. 그러나 여전히 현실의 비즈니스 환경을 재현하고 교육에 적용하는 데 한계를 가지고 있다. 때로 이런 교육상의 한계를 극복하기 위해 경영 시뮬레이션 게임이 수업에 도입되기도 하지만 효과적으로 운영되기 위해서는 학급이 소규모로 유지되어야 한다. 수업 규모의 축소는 교육 비용의 증가를 의미하기 때문에 현실적으로 일반 대학 강의에서 소수의 학습 환경을 구성하기도 어렵다. 또한 시뮬레이션 게임은 몇 번 반복하는 동안 학생들이 게임 진행 과정을 파악해 버린다는 문제도 있다.

이렇듯 현재의 경영학 교육은 많은 한계를 가지고 있지만 시간과 공간, 비용의 한계 때문에 효과적인 해결 방법을 찾지 못하고 있다. 이런 한계를 극복하기 위해 여기서는 메타버스를 활용한 경영학 수업의 사례를 제시한다. 가상 커뮤니티가 제공하는 경제 시스템을 활용하여 학습자로 하여금 '의사 경영 활동'을 체험할 수 있도록 한 교수-학습법이다.

메타버스에 대한 정의의 핵심은 현실과 유사한 체험이다. 메타버스의 특성으로 인해 메타버스를 교육 도구로 활용할 경우, 현실에 기반을 두고 있는 대부분의 이론을 메타버스를 통해 간접적으로 체험하는 것이 가능하다. 메타버스의 한 종류인 게임을 교육 도구로 활용한 수업 결과를 살펴보면 알 수 있다. G러닝, 기능성 게임, 게이미피케이션과 같은 여러 용어는 게임을 활용하여 교육을 실행하려는 노력의 결과이다.

수많은 사용자가 동시에 접속하여 구성된 메타버스는 학습자 간 원활한 상호작용이 이루어지기 때문에 다양한 현실적 요소가 반영될 수 있다. 기존 경영학 교육에서 활용되었던 비즈니스 시뮬레이션의 경우, 학습자는 이미 프로그램화된 컴퓨터와 상호작용만 수행할 수 있었다. 그러나 메타버스의 경우 학습자가 다른 학습자와 끊임없이 상호작용하며 학습을 진행한다. 메타버스는 현실을 모방하고 축소한 공간이지만 그 안에서 이루어지는 상호작용은 현실과 같이 복잡하며 환경과 인간의 욕구 및 심리의 변화를 반영한다.

여기서는 개방된 아이템 제작 시스템을 통해 유저 행동의 자율성이 높은 메타버스 '세컨드라이프'를 수업 도구로 활용한 경영 전략 수업을 살펴보자. 세컨드라이프의 경제 시스템은 사용자 개개인이 참여하고 창조하는 구조로 여러 경영학적 이론의 실제적 적용이 가능하다. 수업에 참여했던 학습자가 어떤 전략을 수립하고 성공 또는 실패했는지 그리고 이런 과정 속에서 어떤 경영학 수업의 효과가 나타났는지 관찰 가능한 것이다.

경영 전략은 분석 수준에 따라 전사적 전략, 사업부 전략 그리고 기능별 전략으로 나눌 수 있다. 전사적 전략은 모기업 또는 본사(Headquarters)가 기업 전체의 성과를 높이기 위해 각 사업부나 계열사에 대한 자원 배분의 의사 결정을 하는 것이다. 사업부 전략은 주어진 제품 및 시장 영역 안에서 경쟁 우위를 점하기 위한 제품 전략을 수립한다. 다시 말하면 경영 환경의 기회와 위협을 사업부의 자원이나 역량과 조화시키는 것이다. 마지막으로 기능별 전략이란 생산, 마케팅 등 기업 내 각 기능 부문에서 성과를 극대화하기 위한 전략을 의미한다.

세컨드라이프 기반 수업에서 학습자가 수행한 활동은 시장을 분석한 후, 전략의 수립, 제품 제작과 판매의 과정으로 이루어졌다. 따라서 수업에서 활용한 전략은 사업부 전략으로 정의할 수 있다.

세컨드라이프를 이용한 경영학 수업은 2007년 중앙대 경영학과 3, 4학년을 대상으로 진행되었다. 수업 기간은 총 15주로 학생들은 3~4명 단위로 총 9개 팀을 구성하여 수업에 참여하였다. 각 팀의 목표는 한정된 자원으로 최대의 이익을 실현하는 것이다. 학습자들의 전략 수립과 실행을 촉진하기 위해서 매주 수업에서 각 팀의 성과를 공개했다.

먼저 각 팀에는 동일한 크기의 토지가 지급되었다. 초기 투자 금액은 각 팀이 스스로 확보하도록 하였으며 최대 300달러로 제한하였다. 아울러 카지노, 도박 등 불법 사업은 금지하였으며 이외에 메타버스에서 구현 가능한 모든 사업을 통해 이익을 실현하도록 하였다. 평가는 매주 제출되는 팀 성과 보고서와 발표 자료를 기반으로 하였다. 메타버스에서의 수업을 참관한 당시 한 기자는 이렇게 기록하고 있다.

> 수업을 듣는 학생들에게 세컨드라이프 내 CMI코리아는 중앙대 건물과 똑같은 의미를 갖는다. 이곳에 모여 강의를 듣고 발표를 하고 친구들과 교수님을 만난다. 매주 화요일 열리는 위 교수의 수업을 참관하기 위해 CMI코리아 201호에 있는 강의실에 입실한 시간은 밤 9시가 조금 지난 무렵이었다. 온라인 수업의 장점은 시

간과 장소에 구애받지 않는다는 점이다. 인터넷이 연결되는 곳이면 어디서든 접속해 수업에 참여할 수 있다. 9시부터 11시까지 열리는 수업을 듣기 위해 수강 학생 32명은 모두 강의실에 들어왔다. 위 교수는 강의에 앞서 출석을 체크했다. 수업은 32명의 학생이 4명씩 8개조로 나뉘어 세컨드라이프 내에서 조별 프로젝트를 수행하는 방식으로 진행된다. 이날 수업 시간에는 이제까지의 진행 상황과 성과를 점검했다.

"지난 한 주 동안 5조는 1,007린든달러 벌었습니다."

5조의 발표가 있자마자 3조가 1,600린든달러의 수입을, 8조는 1,576린든달러의 실적을 보고했다.

이어 2조가 2,000린든달러를 벌었다고 발표하자 강의실에서는 일제히 "와~" 하는 소리가 나왔다. 반면 6조가 330린든달러를 벌었다고 발표하는 순간엔 "애걔~" 하는 소리와 함께 웃음이 터져 나왔다. 조별 프로젝트는 세컨드라이프 내에 다양한 방식으로 비즈니스를 전개해 학기가 끝날 때까지 매출을 올리는 것이었다. 비즈니스의 내용은 무엇이든 상관없다. 6조에서 경영학과 3학년 백진아 학생이 나와서 경과 보고를 프레젠테이션 형식으로 발표했다. 6조는 처음에 가상현실 세계에서의 결혼정보 업체로 사업을 시작했지만 온라인상의 정보 부족 및 사람들과의 연결이 쉽지 않다는 점 때문에 사업 형태를 바꾸게 됐다고 보고했다.

백진아 양은 "한국에 여행 온 외국인 유저를 대상으로 한국 여행 안내를 해 주는 동영상을 제작해 판매하면 어떨까 하는 생각에 동영상 UCC 제작 사업을 벌이고 있다"며 "오프라인과 온라인을 연계하는 사업 모델이 될 수 있을 것으로 기대한다"는 말로 발표를 마쳤다. 학생들의 발표가 이어지면서 수업 분위기도 달아올랐다. 흔히 온라인 게임에서 채팅을 하면서 대화를 나누지만 세컨드라이프에서는 마이크를 갖춰 놓고 있으면 상대방과 대화가 가능하다.

가상현실 세계의 수업이지만 실제 자신의 목소리로 발표와 질문을 한다. 강의실과 똑같이 생긴 강단에 나가 발표를 할 때는 긴장감마저 감돈다. 파워포인트로 오프라인처럼 똑같이 자료를 만들어야 하고 이를 강의실 전면에 띄워서 보여주면서 발표를 진행한다.[8]

이 수업에서는 메타버스의 공간에서 학습자들이 기존에 학습한 경영학 이론을 바탕으로 사업을 구성하고 진행함으로써 효과적인 체험 학습을 유도했다. 학생들의 경영 활동과 수익 결과를 분석함으로써 가상 세계를 이용한 경영 전략 수업의 효과를 증명하려고 했다. 〈그림11〉과 〈그림12〉는 9개의 팀 중 C와 D, 두 개 팀의 전략 수립 과정의 변화를 보여 준다.

C팀은 스포츠 센터, 결혼 주선, 모자 판매, 메타버스 카페 운영 사업을 진행하였다. 스포츠 센터는 동영상 형태로 교육 서비스를 제공하고 골프채, 라켓 등의 메타버스 아이템을 사은품으로 제공하는 사업이다. 결혼 주선은 메타버스 내에서 유저의 결혼에 대한 욕구를 바탕으로 메타버스 내에서 유저들을 중매하는 사업이다. '아기 제작 사업'은 메타버스 내 부부가 아이를 가질 수 있도록 아기 아이템을 제작

<그림11> C팀 전략 수립 과정 변화

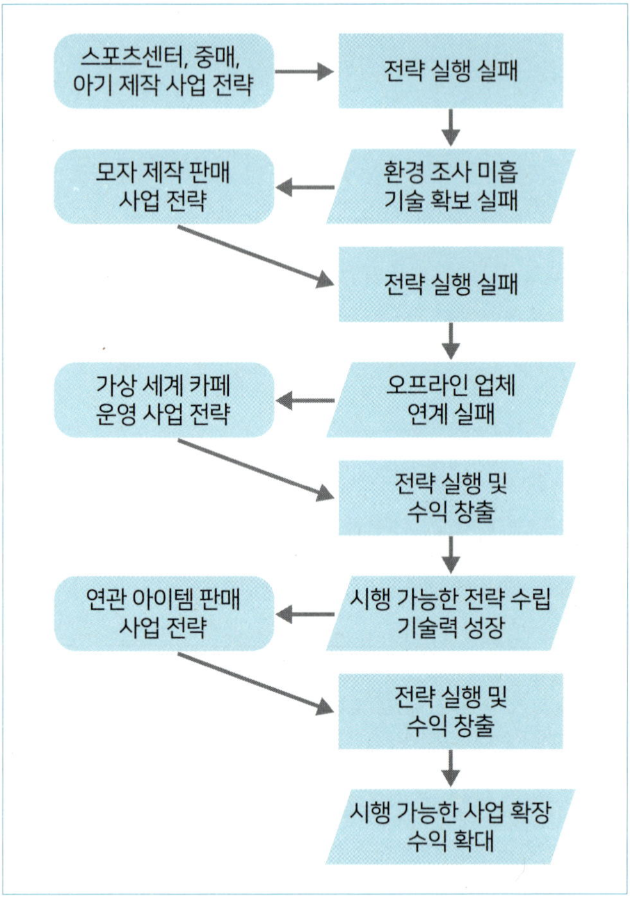

하여 제공하는 사업이다. 그러나 앞선 세 개의 사업 모두 막대한 초기 투자 비용이 들고, 기술력 확보가 곤란하여 사업화하지 못했다. 모자 판매 사업은 모자 디자인을 제공해 줄 현실의 기업과 협력 구축에 실

<그림12> D팀 전략수립 과정 변화

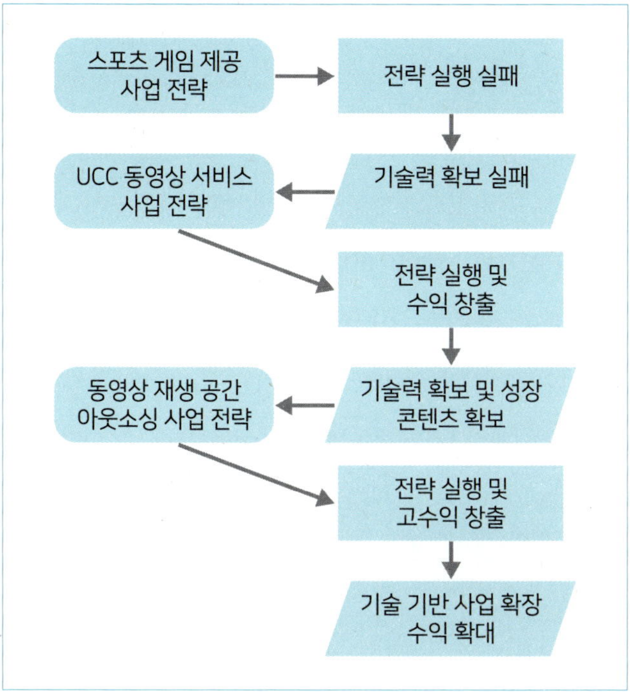

패하여 사업화되지 못했다. 메타버스 카페 운영 사업만이 실제 사업으로 진행되었다. 카페 운영 과정에서는 눈사람, 귀마개 등 겨울 관련 아이템을 판매하여 수익을 얻었다. 최종적으로 C팀은 80린든달러의 수입을 얻었다.

D팀은 총 3개의 사업을 진행하였다. 가상 스포츠 게임 제공, UCC 동영상 서비스, 동영상 재생 공간 아웃소싱 사업 순으로 진행했다. 가

상 스포츠 게임 제공 사업은 가상 세계를 통해 스포츠 게임 콘텐츠를 제공하는 사업으로 시장조사와 팀이 보유한 개발 능력을 고려하지 못해 사업화하지 못했다. UCC 동영상 서비스는 세컨드라이프에 동영상을 제공하는 공간을 만들어 영화 예고편, UCC 동영상 등을 상영하며 관람료를 받는 서비스이다. 동영상 재생 공간 아웃소싱 사업은 앞선 사업을 통해 확보된 기술을 바탕으로 개인 공간에 동영상을 재생할 수 있는 설비를 지어주는 서비스이다. 이와 같은 사업을 통해 D팀은 총 2만 1,753린든달러의 수입을 창출했다.

이 수업은 메타버스가 경영학 교육에 활용할 수 있다는 점에 주목했다. 수업의 결과 가상 세계를 활용한 경영학 교육에 참여한 9개 팀은 다양한 사업 추진 과정에서 시행착오를 거듭하면서 전략을 변화

<그림13> 각 팀의 메타버스 사업 예시

가상 세계 광고 대행 사업

행운 부적 판매 사업

캐릭터 샵 비키니 시티

가상 세계 스케이트장

캐릭터 아이템 판매 사업

사진 전시 판매 사업

시켰다. 전략 수립 과정 역시 조사와 분석을 기반으로 더욱 합리적인 과정으로 진화했다. 이러한 실험 결과를 통해 가상 세계를 활용한 경영학 교육은 학생들의 실제 비즈니스 과정에 대한 이해와 경영 전략 수립과 실행에 대한 심층 이해에 큰 효과를 가지고 있다는 사실이 입증되었다.

C, D팀의 전략 수립 과정을 보면 학습자 모두가 전략 수립에 참여하고 실행 후 피드백을 바탕으로 새로운 전략을 수립했음을 알 수 있다. 또한 개별 팀의 최종 수익에서는 효과적인 전략 수립 과정을 보여준 팀이 더 높은 수익을 만들어 냈다. 특히 최초 전략의 실패 이후 피드백을 통해 전략을 수정한 D팀의 경우 높은 수익을 창출했다. 이러한 결과는 메타버스를 활용한 경영 전략 수업에서 전략 실패의 경험이 학습자로 하여금 더 좋은 사업 전략을 수립할 수 있는 역량을 길러준 것으로 판단할 수 있다. 경영학 학습에 있어서 메타버스를 이용한 체험 학습은 실제 비즈니스와 유사한 경험을 할 수 있다는 것을 알 수 있다.

현재의 경영학 교육이 가지고 있는 한계점은 많은 연구자가 공감하고 있다. 최근 10여 년간 IT나 인터넷에 기반한 새로운 비즈니스, 공유 경제, 플랫폼 비즈니스와 같은 혁신적 산업이 등장하고 있다. 경영학 교육에 활용할 수 있는 도구 역시 급증하고 있다. 그러나 현재의 경영학 교육은 이러한 산업적 성과와 교육 도구를 효과적으로 흡수

하고 있지 못하다. 나는 수업 후 학습 효과에 대해 이렇게 기술한 적이 있다.[9]

> 학생들에게는 우선 한국인을 대상으로 한 아이템 판매를 금지했다. 한국의 대학생 다수는 영어에 익숙하지 못하다. 그러나 실적을 내지 않으면 학점을 받을 수 없기 때문에 그들은 필사적으로 비즈니스를 한다. 여기서 학생들은 지금까지 배운 전략, 마케팅 등 모든 지식을 총동원하여 싸워 보지만, 첫 번째 시도에서는 거의 모든 팀이 실패로 끝났다. 이들은 글로벌 비즈니스의 냉혹함과 쓴맛을 태어나서 처음으로 맛보게 된 것이다. 세컨드라이프라는 메타버스에는 이미 거의 모든 업종의 사업이 존재하고, 신규로 참가하여 성공하기는 대단히 어렵다. 그래도 몇 번이나 시도하는 가운데 학생들은 서서히 능력이 향상되어, 진정한 사업으로 인정받을 수 있는 모델을 구축한 팀도 나왔다. 독일인 여성과 파트너십을 맺고 가상 스케이트장을 경영해 성과를 내는 팀도 있었다. 이처럼 온갖 고난을 겪으면서 글로벌 세계를 상대로 비즈니스 노하우를 체득해 나간 것이다.

메타버스와 NFT는 하나의 플랫폼인가

메타버스에서 중요한 요소로 떠오르고 있는 키워드가 NFT이다. NFT는 대체 불가능한 토큰(Non-Fungible Token)의 약자로, 블록체인을 기반으로 한 가상의 자산을 의미한다. 디지털 자산에 고유한 번호를 부여하여 저작권이나 소유권을 입증할 수 있도록 만든 코드이다. 부동산 실물 자산을 NFT화 시키면 여러 조각으로 분할하여 각각 코드가 복수의 NFT로 존재할 수도 있다. 이러한 NFT는 메타버스의 중요한 요소가 될 수 있다.

NFT와 가상 화폐는 다르다. 가상 화폐와 NFT는 모두 블록체인 기반이라는 공통점을 가지고 있어 위·변조가 불가능하다. 그러나 가상 화폐, 비트코인 같은 경우는 동일한 가치를 가지고 있기에 서로 교환 가능하지만 NFT는 각자 코드가 다르게 부여되어 있어 직접 교환할 수 없다. 따라서 NFT는 중간에 가상 화폐를 매개하여 상호 교환이 이루어진다. 그렇다면 NFT와 메타버스는 어떠한 관계일까?

NFT와 메타버스가 하나의 세트로 언급되는 경우가 많지만 사실은 별개의 존재이다. 메타버스는 가상 세계, 또는 현실 세계나 AR과 같은 것을 포괄하는 월드의 개념이다. 메타버스의 요소 중에 NFT가 존재할 수도 아닐 수도 있다. NFT는 메타버스 속에서 필수 불가결한 것은 아니다. 메타버스라는 가상의 세계 속에 거래될 수 있는 아이템이 존재한다고 했을 때 그 아이템에 NFT라는 고유 코드를 부여하고 거래를 진행할 수 있다는 점에서 메타버스와 NFT를 결합시키는 비즈니스 모델이 구상될 수 있다. 그러나 메타버스 내에 이러한 NFT라는 상품이 하나의 가상 경제 속에서 성공적으로 정착한 모델은 아직 존재하지 않는다.

NFT라는 개념을 처음 도입한 게임으로 '크립토키티(CryptoKitties)'가 있다. 이는 블록체인 기반의 고양이 육성 게임이다. 액시엄젠(Axiom Zen)이 개발해 2017년 11월에 처음 출시된 게임이다. 크립토키티는 고양이 캐릭터를 수집하고 교배시키며 가상 화폐를 사용하여 매매 가능하다. 크립토키티에서 교배를 통해 탄생하는 고양이의 가격은 매력도에 따라 달라진다. 고양이의 모습은 랜덤하게 결정되도록 설계되어 게임 유저는 단 하나밖에 없는 고양이를 갖게 된다. 2018년 크립토키티의 유저는 '드래곤'이라는 고양이를 600이더리움에 구입한 적이 있다. 당시 이더리움이 개당 170만 원대에 거래된다는 점을 감안하면 이 고양이의 가격은 약 10억 2,000만 원에 달한다.

NFT 예술품이 785억 원에 팔린 사례도 NFT 열풍을 촉진했다. 세계적 경매 업체 크리스티가 진행한 NFT 경매에서 디지털 아티스트의

JPG 파일이 6,930만 달러(785억 원)라는 고가에 팔렸다. 지금까지 실물이 아닌 디지털 NFT로 팔린 작품 중 최고가이다. '비플'이라는 가명을 사용하는 마이크 윈켈만이 만든 JPG 파일 형식의 디지털 아트 '매일: 첫 5,000일(Everydays: The First 5,000 Days)'이다. 6,000만 달러를 넘는 금액은 생존해 있는 미술가 중 세 번째로 높다. 이 작품은 2007년부터 매일 온라인에 게시해 온 그림 사진을 모아 만든 콜라주 작품이다. 14년간 쌓아 온 이 프로젝트 덕분에 비플은 SNS에서 약 250만 명의 팔로워를 보유하고 있다.

이러한 NFT 자산의 고가 판매 이후 블록체인 기반의 가상 화폐에 대해서는 보수적이었던 금융기관이 NFT의 가치를 파악하게 된다. 금융기관은 자산에 NFT를 부여하면 금융 상품처럼 거래가 가능하다는 것을 깨닫게 된 이후, 디지털 자산을 거래할 수 있는 플랫폼에 대한 기회를 물색하기 시작하였다.

현재 글로벌 기업 중에서 NFT 기술을 활용하여 다양한 시도를 하고 있는 기업들이 있다. 그중 하나가 나이키이다. 나이키는 실물 신발을 구매할 때 신발과 똑같은 NFT도 함께 소유하는 개념을 도입했다. 나이키는 '크립토킥스(Cryptokicks)'라는 브랜드를 도입했다. 나이키 제품을 구매하면 해당 신발의 고유한 NFT도 함께 받는다. 미국 특허청에 공개된 나이키의 특허 출원에 따르면 NFT를 통해 운동화의 소유권을 추적하고, 정품 여부를 확인할 수 있다. 나이키 한정판 운동화는 재판매 시장에서 1억 원에 팔리기도 한다. 나아가 나이키는 NFT 스타트업 RTFKT를 인수했다. 2021년 RTFKT는 디지털 아티스트 푸오셔스와 함께 600종의 가상 스니커즈 NFT를 만들어 판매 7분 만에 완판되기도 했다. 패션 디자이너 제프 스테이플과 협업으로 만든 가상 신발 NFT는 누적 거래액이 1,200만 달러(약 143억 원)를 넘어섰다.

맥도날드 중국은 빅맥 루믹스 큐브라는 NFT 작품을 공개하기도 하고, 맥도날드 프랑스는 대표 메뉴들을 NFT로 발행했다. 맥도날드 프랑스는 자사 대표 메뉴들에 '맥도NFT(McDoNFT)'라는 이름을 붙인 NFT 디지털 수집품을 발표했다. NFT에는 맥너겟, 프랜치프라이, 빅맥, 선데이 아이스크림 등이 포함되어 있다. 다만 판매용이 아니라 SNS 이벤트를 통해 고객에게 지급된다고 한다.[10]

엔터테인먼트 산업의 경우에도 아이돌의 사진이나 서명을 NFT화하여 판매를 시도하고 있다. 예를 들어, BTS와 같은 아이돌은 글로벌 차원의 팬덤인 아미가 존재하기 때문에 아이돌의 희귀 소장품에 대한 수요가 분명하다. 게임 산업 같은 경우 콘텐츠의 성패에 따라 NFT의 가치가 등락한다. 그리고 유저가 유입되지 않으면 게임 자체가 무너져 버리기도 한다. 이에 반해 엔터테인먼트 산업의 경우 팬덤이라는 강력한 수요자와 잠재적 수요자가 항상 존재하기에 NFT 사업이 더 용이할 것이다.

NFT와 메타버스 결합의 초기 모델은 제페토나 로블록스에 이미 존재한다. 제페토는 프랑스 브랜드 '크리스찬 디올'의 메이크업 콜렉션을 출시했다. 메타버스 내 유료 재화로 선보인 것으로 가상 화폐 '젬(zem)' 5개면 살 수 있다. 현금으로 500원 정도의 가치이다. 아바타에 적용하면 입술, 눈 등에 화장이 입혀지고 볼에는 디오르 문양이 새겨진다. 현실에서 디올 브랜드 화장품은 보통 5~10만 원 수준이다. 기본적인 세트를 갖추기 위해 립스틱, 파운데이션, 마스카라 등을 모두 사면 수십만 원이 든다. 하지만 제페토에서는 500원만 쓰면 풀메이크업을 할 수 있다.[11]

로블록스에는 창사 100주년을 맞아 이탈리아 피렌체에 문을 연 구찌가든이 등장했다. 입장과 동시에 아바타는 마네킹이 되어 곳곳을 이동하면서 전시된 물품을 입어볼 수 있다. 2주간 열린 구찌가든에는 4일만에 760만 명이 방문했다. 구찌도 디오니소스 지갑을 3만 5,000로벅스에 판매했는데, 이는 4,100달러(약 50만 원)에 해당한다. 가상 세계에서만 존재하는 한정판 가방이 실제 가방(약 3,400달러)보다 더 비싸게 팔렸다. 루이비통 역시 온라인 게임 '리그 오브 레전드'와 수년간 협업을 하고 있다. 루이비통 로고가 박힌 캐릭터 스킨 판매가 대표적이다.[12]

NFT에 대해서는 여러 시각이 존재한다. NFT는 블록체인을 기반으로 하고 있기에 이 자체가 새로운 시장임은 분명하다. 하지만 이 시장이 어디까지 확산될 수 있는지, 어떻게 운용될 수 있는지, 또한 이 산업 자체가 커질 수 있는가는 지켜보아야 한다. 현재 몇몇의 자산이 예상보다 훨씬 고가의 가격을 형성하게 되면서 현재 주식 시장의 과열과 함께 NFT 시장에도 버블이 존재하고 있다는 점은 명확하다. 다음의 파이낸셜타임즈 기사는 이 점을 잘 말해 준다.

> 많은 NFT의 시각적 스타일이 종종 과한 그래픽과 색채, 유치하고 조잡해 보이는 데는 분명한 이유가 있다. 그들은 초기 예술 형식이다. 그리고 그들에 대해 열광하는 사람들은 바로 전통 시장에서 소외되거나 관심이 없는 사람들이다. 결국, 가장 큰 NFT 아티스트는 비플로, 그는 작년에 '첫 번째 5천일' NFT를 판매했다. 경매사에 따르면 이 크리스티의 작품은 6,930만 달러에 판매되었으며, 이는 그를 살아있는 가장 가치 있는 예술가 3위 안에 올려놓았다. 케네디는 비플이 최근 뉴욕의 잭 헨리에서 그림과 그림 전시회를 열었을 때 아트넷에 (충격과 공포) "자신은 미술 전시회를 해 본 적이 없다"고 말한 사실을 전했다.[13]

현재 NFT 시장이 버블이기는 하지만 미래에 여러 유형의 디지털 자산을 만들어내고, 거래하는 지속적으로 플랫폼이 생기고, 미래의 여러 콘텐츠, 부동산, 금융과 융합되고, 이러한 자산 형성이 하나의 트렌드가 될 것이라는 점은 의심의 여지가 없다.

다만 과열되어 있는 주식시장에 게임 회사나 엔터테인먼트 회사들이 NFT와 메타버스를 연결시켜 주가를 끌어올리려는 시도를 발표할 때마다 주가가 폭등하는 이례적인 현상이 발생하고 있음은 경계를 요한다. 이러한 발표에는 구체적 혹은 실질적인 방안이 존재하지 않는다. 정말 이러한 게임 회사가 NFT에 관련된 기술을 제대로 가지고 있는지, 혹은 엔터테인먼트 회사들이 제대로 된 비즈니스 모델을 구축하고 있는가에 대한 설명이 빠져 있다. 금융권 또한 마찬가지이다. 모두 'HOW TO'가 빠져 있는 것이다. 그 동안 어떠한 비즈니스 모델을 완성했고, 어떤 기술을 보유하고 있는지, 그러한 것들을 완성시키기 위해 어떤 준비를 해 왔는지, 어떤 실적을 가지고 있는지에 대한 설명은 거의 존재하지 않는다. 향후 이들 기업의 옥석을 가리기 위해서는 NFT와 관련된 비즈니스 모델, 기술, 게임 개발에 대한 실적 등을 면밀히 지켜보아야 할 필요가 있다.

∞

메타버스와 가상 화폐

메타버스에서 NFT와 더불어 주목받고 있는 것이 가상 화폐이다. 가상 화폐도 NFT와 마찬가지로 반드시 메타버스와 일체가 되어야 하는 요소는 아니다. 메타버스 내에서 발행할 수도, 유통될 수도 있지만 가상 화폐가 없다고 해서 메타버스가 성립하지 않는 것도 아니다. 이런 점에서 흔히 코인이라고 불리는 가상 화폐와 메타버스는 별도의 측면에서 살펴볼 필요가 있다. 하지만 미래의 메타버스는 NFT 플랫폼이기도 하면서 동시에 다양한 형태의 디지털 재화 거래 플랫폼으로서 기능할 것이기 때문에 메타버스와 가상 화폐는 연계될 것이다.

2009년 비트코인이 대중에게 첫 선을 보인 이후 다양한 알트코인이 등장하면서 '가상 화폐', '디지털 화폐', '암호 화폐', '암호 자산' 등 여러 용어가 대두되었다. EBA(European Banking Authority)는 비트코인을 '가상 화폐(Virtual Currency)'로 분류하며 이를 '중앙정부나 공공 기관에 의해 발행되거나 여타 법정화폐에 기초하지는 않으며, 개인 및 법인에 의해 지불 수단으로 받아들여지며 전자적으로 이전, 저장, 교환되는 디지털 가치 표상'이라고 설명한 바 있다.

분산 장부 및 암호화 기술의 결합체인 블록체인(blockchain)에 기반한 비트코인은 중개자를 거치지 않은 당사자 간의 직접적인(peer-to-peer) 거래의 가능성을 열었다. 이 외에도 비트코인이 기반한 블록체인 기술은 계약 체결, 기업 관리, 자본 조달, 해외 송금, 지급 결제, 투표, 기록 관리 시스템 전반을 혁신할 수 있는 잠재력을 지니고 있는 4차 산업혁명 핵심 기술 중 하나로 평가되고 있다. 특히 화폐 제도의 측면에 주목하자면 비트코인 이전에도 수많은 가상 화폐가 존재했지만 비트코인의 경우에는 지급 결제를 매개할 중앙의 관리 주체를 두지 않는다는 점이 획기적으로 평가되었다. 이처럼 많은 이가 비트코인의 가능성에 주목하게 된 이후 비트코인을 기술적으로 개량한 수많은 유사 코인이 파생되어 현재까지 1,754개의 신종 알트코인(Alt-Coin)이 생성되었다.

이처럼 초기에 대중적으로 알려진 용어는 '가상 화폐' 내지는 '디지털 화폐'이지만, 블록체인에 구현된 전자서명 및 암호화 기술에 주목하는 IT 전문가들은 '암호 화폐(Crypto Currency)'라는 용어를 선호한다. 해당 용어는 비트코인 등이 가진 강력한 보안성과 신뢰성을 강조한다는 특징이 있다. 한편 금융안정위원회(FSB, Financial Stability Board) 등의 규제 기관과 비트코인과 상충된 이해를 갖는 금융기관은 비트코인·알트코인이 화폐로서의 경쟁력이 없으며, 주로 전자적인 가치의 저장 및 이전 수단으로 사용되고 있다는 이유로 '암호 화폐' 대신 '암호 자산

(Crypto Asset)'이라는 용어를 사용하고 있다.

사실 가상 화폐의 기원은 비트코인 이전에 1998년 출시된 온라인 게임 리니지의 가상 화폐 '아데나'이다. 한국이 세계에서 가장 먼저 혁신적 모델을 구축했음에도 개화하지 못하고 해외에서 개발된 가상 화폐 모델이 다시 한국에 진입해 각광을 받는 지금의 현실은 '문화적 사대주의'라고 부를 만하다. 왜 리니지라는 게임에서 가상 화폐가 등장하였던가?

온라인 게임이 오락의 수단이라는 점에서는 콘솔 게임이나 PC 게임과 다르지 않다. 그러나 온라인 게임은 가상의 경제 행위(cyber economic activities)가 이루어지는 장(場)이라는 점에서 기존 게임과 선을 긋고 있다. 만일 온라인 게임이 단순히 '게임 산업'만의 의미라면 그것이 현실 경제에 미치는 파급력은 제한적일 것이다. 그러나 사이버 경제 행위가 이루어지는 장이라면 그것은 현실 경제와 다른, 또 하나의 경제 세계를 창조할 수 있는 잠재력을 가지게 된다. 사이버 경제는 현실 경제(real economy)와 연관되어 현실 경제의 발전을 촉진하고 견인한다. 이점에서 온라인 게임은 새로운 산업의 패러다임을 창조할 수 있는 가능성을 가지고 있다. 더 이상 온라인 게임은 단순히 게임이 아니며 가상 재화(아이템) 거래 역시 단순한 아이템 거래가 아니다.

리니지의 아데나는 가상 화폐로 기능했고, 게임 내 가상 화폐를 기반으로 한 가상 경제의 맹아가 한국에서 태동하고 있었다. 1998년 아데나는 지역 화폐와 유사한 초기 형태로 등장했다. 그 후 다양한 온라인 게임이 등장하면서 가상 화폐 역시 다양화되었다. 각각의 게임은 메소, 제니 등 나름의 화폐를 발행하고 있었고, 유저들에 의해 흔히 채굴이라 불리는 게임 화폐를 생산해 내고 있었다. 그리고 그 화폐는 현실의 화폐와 교환이 되었다. 우리나라의 원화와 가상의 화폐인 '게임머니'가 실시간으로 교환이 되었다.

지금은 전설적인 이야기가 되어 버렸지만 2010년 1만 비트코인으로 최초로 구매한 상품은 피자 두 판이었다. 지금 1만 비트코인은 약 5억 달러이기에 피자 한 판은 2억 5,000만 달러인 셈이다. 역사상 가장 비싼 피자일 것이다. 그런데 1만 비트코인으로 피자를 구매한 그 시기에 한국에서는 이미 가상 화폐와 가상 경제라는 새로운 혁신이 자리 잡고 성장하고 있었다. 2012년 당시 놀랍게도 한국의 아이템 현금 거래 시장 규모는 약 1조 5,000억 원으로 추정되고 있었다.

지금의 가상 화폐는 실제 화폐의 역사로 본다면 지역 통화 발행의 수준이다. 영국의 중앙은행인 잉글랜드 은행은 1694년 W. 페터슨의 제안에 따라 설립된 최초의 주식회사 형태의 은행으로, 프랑스와의 전쟁 비용 조달에 바쁜 윌리엄 3세의 재정난 해소를 목적으로 설립되었다. 이에 따라 자본금 120만 파운드를 그대로 정부에 대출하는 대가로 그와 동액까지의 은행권 발행의 권한을 차지하였다고 한다. 17세기만 해도 영국 각지의 지역 은행이 독자적으로 통화를 발행하고 있었던 것이다.

메타버스를 기반으로 한 가상 화폐의 등장과 활용은 메타버스 1.0인 세컨드라이프에서 잘 구현된 바 있다. 과거 세컨드라이프에서는 현실 세계와 거의 유사한 경제 활동이 이루어지고 있었다. 현실의 기업과 똑같이 가상 기업을 설립할 수 있었고, 개인사업이나 취직을 할 수도 있었다. 현실 세계의 달러를 환전해 가상 화폐(린든달러)로 바꿀 수도 있었고, 세컨드라이프에서 번 돈을 현실 화폐로 다시 바꿀 수도 있었다. 린든달러는 자체 외환시장인 린덱스에서 미국 달러로 교환되며 달러화에 대한 환율은 수요-공급의 원리에 따라 실시간으로 변화했다. 이처럼 세컨드라이프는 로블록스나 제페토처럼 현실의 화폐와 긴밀하게 연계되어 있는 가상 경제였다.

이러한 메타버스에서 현실의 화폐로 환전할 수 있는 가능성과 필요한 콘텐츠를 개발할 수 있는 도구가 준비되어 있어 상상할 수 있는 모든 것을 만들 수 있다는 점은 유저를 가상 화폐를 매개로 한 개인 비즈니스의 장으로 이끌 수 있었다.

메타버스 내에서는 창의력과 아이디어만 가지고 있으면 누구에게나 기회가 주어진다. 과거 세컨드라이프에서는 약 1만 2,364개의 사업이 전개되었으며, 매달 1,000만 개의 새로운 상품과 서비스가 런칭되었다. 이용자가 직접 아이템 등을 제작하는 제페토스튜디오에서는 누적 70만 명이 넘는 유저가 200만 개 이상의 아이템을 제작했고,

2,500만 개 이상이 판매되었다고 한다.

로블록스에서 활동하고 있는 개발자 수는 127만 명으로 이들이 만든 게임도 4천만 개에 달한다. 로블록스에서는 2020년 9월을 기준으로 과거 12개월 동안 100만 달러(약 11억 원) 이상의 수익을 올린 개발자는 3명, 10만 달러(약 1억 원) 이상의 수익을 올린 개발자는 249명, 1만 달러(약 1,200만 원) 이상의 수익을 올린 개발자는 1,057명이다. 이런 대규모의 개발자들이 메타버스가 제공하는 가상 화폐와 가상 경제 시스템 속에서 활동하고 있는 셈이다.

다만 제페토와 로블록스와 같은 기업은 블록체인 기반의 가상 화폐를 발행하고 있지는 않다. 하지만 이들이 가상 화폐를 발행한다고 해도 전혀 이상할 것은 없다. 이미 가상의 경제 시스템이 돌아가고 있기 때문에 여기에 '로벅스'라는 디지털 화폐를 블록체인 기반의 가상 화폐로 변화하는 것은 쉽다. 메타버스가 궁극적으로 '디지털 화폐'를 보유하는 것은 필연적이다. 그것이 블록체인 기반이냐 아니냐의 문제는 부차적이다. 메타버스에서는 디지털 재화의 거래 중개를 위해 무엇인가가 매개되어야 하기 때문이다.

미주

1. 이 부분은 정보과학회 학회지 메타버스 특집호(4월호)에 실린 '메타버스 비즈니스를 위한 전략'을 수정, 가필한 것임.
2. 잘나가는 로블록스, 저력은 어디에서 오나?, Byline Network, 2022년 3월 10일.
3. 200만원 명품백, 메타버스선 몇천원…잇템으로 '인기폭발', 서울경제, 2021년 7월 18일.
4. 김상태 외(2021). 청년세대는 공정성을 어떻게 인식하는가 - '인국공 사건'에 나타난 공정성 인식의 테마 분석 -. 한국행정연구, 30(4), 245-277.
5. 위정현(2021).
6. 세계가 반한 'BTS', 그들을 소개합니다, 중앙일보, 2018년 5월 25일.
7. 사랑받는 기업: 이해관계자 공생의 경영모델, 포스코경영연구소, 2011년 11월 8일.
8. 아직도 학교가니?… 나는 세컨드 라이프 간다, 한국경제신문, 2007년 12월 4일.
9. 위정현과 송인수(2009).
10. 맥도날드 프랑스, 대표 메뉴 NFT로 발행 나서… "판매는 안 해요", Blockchainpress, 2021년 4월 8일.
11. 200만원 명품백, 메타버스선 몇천원…잇템으로 '인기폭발', 서울경제, 2021년 7월 18일.
12. "실제 옷도 아닌데 한달 1500만원 번다" 이게 정말 가능, 헤럴드경제, 2021년 9월 18일.
13. The real problem with NFTs? They're ugly, Financial Times, 2022년 3월 14일.

국내 문헌(보고서, 단행본, 논문)

김상태, 김성엽, 이상엽. (2021). 청년세대는 공정성을 어떻게 인식하는가 — '인국공 사건'에 나타난 공정성 인식의 테마 분석. 한국행정연구, 30(4), 245-277.

김현주, 이규환, 이기엽. (2011). 사랑받는 기업: 이해관계자 공생의 경영모델. POSRI 이슈리포트. 포스코경영연구원.

무라카미 하루키. (2020). 세계의 끝과 하드보일드 원더랜드. 김난주 역. 민음사.

안진경, 곽찬희. (2021). 게임 기반 메타버스의 사용자 흥미 요인 연구: 〈동물의 숲〉 사용자 커뮤니티의 토픽 분석을 중심으로. 융합정보논문지 (구 중소기업융합학회논문지), 11(10), 1-9.

위정현. (2006). 온라인 게임 비즈니스 전략. 제우미디어.

위정현. (2007). 세컨드라이프 비즈니스 전략. 중앙북스.

위정현. (2008). 온라인 게임 교육과 손잡다. 한경사.

위정현. (2009). 세컨드라이프 유저 분석을 통한 한국형 가상사회 모델 탐색. 디지털영상학술지, 6(1), 117-130.

위정현. (2021). 인공지능 없는 한국. 사이언스북스.

위정현, 노지마 미호. (2003). 온라인게임 사용자 속성의 한일 비교-경로의존성에 의한 사용자 군(群)의 속성 차이 분석. 한국전략경영학회 학술대회발표논문집, 125-142.

위정현, 송인수. (2009). 가상세계를 활용한 경영전략 수업 효과 분석: 세컨드라이프를 이용한 사업부 단위 경영전략 체험학습의 학습효과 분석. 대한경영학회지, 22(5), 2565-2585.

윤현영. (2019). VR·AR·MR 관련 기술 및 정책 동향. 주간기술동향 1879호. 정보통신기획평가원. https://www.itfind.or.kr/WZIN/jugidong/1879/file7823655677773983773-187901.pdf.

최성민. (2008). 디지털 게임 서사와 생태주의: 비디오 게임 〈동물의 숲〉 을 중심으로. 문학과환경, 7(2), 203-226.

S. 리몬 케넌. (1985). 소설의 시학. (최상규 역). 문학과지성사.

해외 문헌

Al-Rawi, A. (2016). Video games, terrorism, and ISIS's Jihad 3.0. Terrorism and Political Violence, 1-21.

Underhill, P. (2000). The Science of Shopping. Touchstone Book: UK.

Wi, Jong Hyun(2009). Innovation and Strategy of Online Games. Imperial College Press: UK.

국내 기사

"가상 세계서 공부하고 즐겨요"…'메타버스' 올라탄 대학들, Ai타임즈, 2021년 12월 26일. http://www.aitimes.com/news/articleView.html?idxno=142031

"공유 우선하는 페이스북 알고리즘, 유해 정보·정치 갈등 조장한다", 한국일보, 2021년 12월 28일. https://m.hankookilbo.com/News/Read/A2021122812120005488

"땅 투자 4개월 수익률 53%, 어라 돈을 뺄 수가 없네" … 가상 부동산 투자자들 뿔났다, 매일경제, 2021년 9월 21일. https://www.mk.co.kr/news/economy/view/2021/09/904401/

"벗어봐" 초등생들 가상현실서 아바타 성희롱, 조선일보, 2021년 4월 22일. https://www.chosun.com/national/national_general/2021/04/22/4V4AP75Z5FGAVCTRJ33EOGQBFI/

"실제 옷도 아닌데 한달 1500만원 번다" 이게 정말 가능?, 헤럴드경제, 2021년 9월 18일. http://news.heraldcorp.com/view.php?ud=20210917000762

"메타버스는 인터넷의 미래" 저커버그 '도박' 성공할까, 한겨레, 2021년 11월 15일. https://www.hani.co.kr/arti/science/future/1019278.html

"타인 소유 콘텐츠로 NFT 발행" … 美 유명거래소 거래 중단, 한경국제, 2022년 2월 14일. https://www.hankyung.com/international/article/2022021417797

'모동숲'에서 선거운동 시작한 바이든...도움될까?, 조선비즈, 2020년 9월 2일. https://biz.chosun.com/site/data/html_dir/2020/09/02/2020090202559.html

'삽질'에 묻힌 IT … MB정부, 정통부 해체·관련예산 삭감, 경향신문, 2010년 1월 28일. https://m.khan.co.kr/view.html?art_id=201001281817405&code=910203#c2b

[커버스토리|방탄③] 세계가 반한 'BTS', 그들을 소개합니다, 동아일보, 2018년 5월 25일. https://www.donga.com/news/Entertainment/article/all/20180524/90238143/4

[NOW] 세금 수십억 쓴 '공공 메타버스' … 볼거리가 없네, 조선일보, 2022년 1월 8일. https://www.chosun.com/economy/economy_general/2022/01/08/V4UNTOBP4FEY7EFPJILJMKGJEI/

가상현실로 삼성과 손잡은 저커버그 "차세대의 플랫폼은 VR", 매일경제, 2016년 2월 22일. https://m.mk.co.kr/news/it/view/2016/02/141054/

골드만삭스 "메타버스서 8조 달러 기회 본다", TOKENPOST, 2022년 1월 25일. https://www.tokenpost.kr/article-82035

남편이 사이버 부인을 두고 이중 결혼생활을 한다면?, 한겨레, 2007년 8월 11일. https://www.hani.co.kr/arti/international/america/228291.html

메타버스의 미래 그리고 우려...가상서 느끼는 五感, 범죄 위험은 과제, 매일경제, 2021년 8월 5일. https://www.mk.co.kr/economy/view.php?sc=50000001&year=2021&no=751540

무협 CEO조찬회 개최 …"가상공간은 기업 퀀텀점프 기회", 뉴시스, 2021년 4월 28일. https://mobile.newsis.com/view.html?ar_id=NISX20210428_0001422931#

美고교생 '징글벨' 곡에 "흑인을 죽이자"...화들짝 놀란 미국 사회, 서울신문, 2018년 12월 4일. https://www.seoul.co.kr/news/newsView.php?id=20181204500093

부산지역 대학 메타버스 활용 확산...'강의는 물론 실기수업까지', 헬로T, 2021년 9월 22일. https://www.hellot.net/mobile/article.html?no=62002

아직도 학교 가니? … 나는 세컨드 라이프 간다, 한경뉴스, 2007년 12월 4일.

https://www.hankyung.com/news/article/2007120306231

여성 아바타 뒤만 졸졸 따라가 '성희롱' … 사이버 범죄 사각지대에 놓인 '메타버스'의 그림자, Ai타임즈, 2021년 8월 18일. http://www.aitimes.com/news/articleView.html?idxno=140144

욕설·협박·성희롱까지 … 범죄 사각지대 된 '청소년 놀이터', 연합뉴스, 2021년 8월 7일. https://www.yna.co.kr/view/AKR20210806130200017

이중섭·김환기·박수근 NFT 경매 취소 … "물의 일으켜 사죄". 연합뉴스, 2021년 6월 21일. https://www.mk.co.kr/news/culture/view/2021/06/532935/

잘나가는 로블록스, 저력은 어디에서 오나?, Byline Network, 2022년 3월 10일. https://byline.network/2022/03/10-216/

저커버그 페이스북CEO "가상현실에 대대적 투자", 이데일리, 2014년 7월 24일. https://www.edaily.co.kr/news/read?newsId=01495686606157800&mediaCodeNo=257

절치부심 신동빈 "메타버스는 반드시 선점", 한경신문. https://www.hankyung.com/economy/article/2022011370861

졸졸 따라온 아바타가 '성희롱' … 무법지대 된 10대들의 놀이터, 머니투데이, 2021년 7월 28일. https://news.mt.co.kr/mtview.php?no=2021072911263757641

IT 기업들 '세컨드 라이프'로 달려간다, 아이뉴스24, 2007년 3월 21일. https://www.inews24.com/view/253139

P2E 게임 '미르4' 보름간 해봤더니… 손에 쥔 돈 360원, 조선비즈, 2022년 01월 04일. https://biz.chosun.com/it-science/ict/2022/01/04/6PCLI75P4VEU5GCE3FJ6OJARUQ/

200만원 명품백, 메타버스선 몇천원…잇템으로 '인기폭발', 서울경제, 2021년 7월 18일. https://www.sedaily.com/NewsVIew/22OYLRHPND

해외 기사

Dad in Roblox warning after his young son is sent 'sickening' messages from strangers in online game, Mirror, 2017년 2월 15일. https://www.mirror.co.uk/news/uk-news/dad-roblox-warning-after young-9821213

Daughter's avatar in Roblox game was sexually assaulted, 2018년 7월 9일, WTHR, https://www.wthr.com/article/news/trending-viral/mom-says-daughters-avatar-roblox-game-was-sexually-assaulted/531-e1124b58-082e-499a-acfd-691554ff26fa

Did Minecraft Introduce 'Sex Mods'?, Snopes.com, 2016년 10월 25일. https://www.snopes.com/fact-check/minecraft-sex-mods/

E-Recruits: How Gaming is Helping Terrorist Groups Radicalize and Recruit a Generation of Online Gamers, CONCENTRIC, 2019년 3월 17일. https://www.concentric.io/blog/e-recruits-how-gaming-is-helping-terrorist-groups-radicalize-and-recruit-a-generation-of-online-gamers

Hermès clashes with artist who created MetaBirkins NFT, FINANCIAL TIMES, 2021년 12월 11일. https://www.ft.com/content/7953d195-53f6-48d2-8514-460a0ebd9aee

How Roblox Became a Playground for Virtual Fascists, WIRED, 2021년 6월 10일. https://www.wired.com/story/roblox-online-games-irl-fascism-roman-empire/

In 2021, tech talked up 'the metaverse.' One problem: It doesn't exist, The Washington Post. 2021년 12월 30일. https://www.washingtonpost.com/technology/2021/12/30/metaverse-definition-facebook-horizon-worlds/

Is This Man Cheating on His Wife?, THE WALL STREET JOURNAL,. 2007년 8월 10일. https://www.wsj.com/articles/SB118670164592393622.

The Facebook Files, The Wall Street Journal, 2021년 10월 1일. https://www.wsj.com/articles/the-facebook-files-11631713039

The real problem with NFTs? They're ugly, Financial Times, 2022년 3월 14일. https://www.ft.com/content/583f9601-a45d-43c1-94d4-8c19d5f5299f

The Reality Behind Magic Leap, The Information, 2016년 12월 8일. https://www.theinformation.com/articles/the-reality-behind-magic-leap

Things You Need To Know: Minecraft Has A 'Sex Mod.' Here's Your Barf Bag, ScaryMommy, 2016년 11월 24일. https://www.scarymommy.com/minecraft-sex-mod-heres-barf-bag

Roblox is struggling to moderate re-creations of mass shootings, The Verge, 2021년 8월 17일. https://www.theverge.com/2021/8/17/22628624/roblox-moderation-trust-and-safety-terrorist-content-christchurch

Whistleblower: Facebook is misleading the public on progress against hate speech, violence, misinformation, CBS NEWS, 2021년 10월 4일. https://www.cbsnews.com/news/facebook-whistleblowerfrances-haugen-misinformation-public-60-minutes-2021-10-03/

국내 웹 사이트 및 유튜브

[리니지] 역사적인 생명의단검 사기사건, 영양제 먹는 남케터, 네이버블로그, 2016년 6월 29일. https://m.blog.naver.com/hmes00/220748814470.

[샐리] 리니지 4500만원 아이템 사기사건!! 생명의단검은 어디로? [영상], 샐리의 게임이야기, YouTube, 2017년 4월 11일. https://www.youtube.com/watch?v=WpDhlYMhpYA.

[입양하세요] 입양하다가 이상한 사람이… [영상], 로블충, 2021년 10월 2.일, YouTube. https://www.youtube.com/watch?v=6fge4Rfai3s.

【심랑괴】 죽인 유저들의 얼굴을 모으는 초등학생, 캬랑Kyaryang, 2020년 01월 02일, Youtube. https://www.youtube.com/watch?v=pvWtL8Our44

가상 부동산 주식 사기 피해 보상 질문 드립니다, 네이버 지식in, 202`년 7월 14일. https://kin.naver.com/qna/detail.naver?d1id=6&dirId=602060402&docId=394684966&qb=6rCA7IOBIOu2gOuPmeyCsCDso7zsi50g7IKs6riwIO2UvO2VtCDrs7Tsg4Eg7KeI66y4IOuTnOumveuLiOuLpA==&enc=utf8&section=kin.ext&rank=1&search_sort=0&spq=0.

게임내 성희롱 신고, 네이버 지식in, 2020년 12월 10일. https://kin.naver.com/qna/detail.naver?d1id=6&dirId=6020601&docId=375457988&qb=66Gc67iU66Gd7IqkIOydjOuegCDsgqzsp4Q=&..

나 남자가 좋아진거같은데 정신 나간거임??? — VRChat갤러리, 디시인사이드, 2021년 1월 3일. https://gall.dcinside.com/mgallery/board/view/?id=vr&no=673713.

메이플스토리 천만원 무통장거래 이메일 인증 사기사건, INT76, 네이버블로그, 2018년 4월 25일. https://blog.naver.com/jin_arts/221261385578.

미르4 흑철 채굴 과연 한달에 얼마 버는지 궁금하다면..?, 하트구름 티스토리블로그, 2022년 1월 11일. https://herzwolke.tistory.com/254.

저작권의식 망한지 오래자너 — 제페토 갤러리, 디시인사이드, 2020년 5월 8일. https://gall.dcinside.com/mgallery/board/view/?id=zepeto&no=4714&s_type=search_subject_memo&s_keyword=%EC%A0%80%EC%9E%91%EA%B6%8C&page=1

해외 웹 사이트

Real Pastor In Virtual Reality Baptizes An Anime Girl [video], Syrmor, YouTube, 2019년 5월 20일. https://www.youtube.com/watch?v=N_88DBmdnNA.

Virtual crime. WIKIPEDIA. https://en.wikipedia.org/wiki/Virtual_crime.

저자 소개

위정현 jhwi@cau.ac.kr

중앙대학교 다빈치가상대학 학장 겸 경영학부 교수

서울대 경영대학에서 경영학사, 도쿄대 대학원(일본 문부성 국비유학생)에서 전략경영 전공으로 석사와 박사 학위를 받았으며 도쿄대 정보대학원에서 교환교수로 강의하였다. 한국게임학회 회장, 콘텐츠미래융합포럼 의장, 가상융합경제포럼 의장, (사)콘텐츠경영연구소 소장을 역임하고 있다. 게임과 메타버스, 인터넷 비즈니스 연구의 세계적인 권위자이다. 게임 기반 교육인 G러닝(Gameplay Based Learning)의 창시자로 미국 최고의 교육 평가 연구소인 UCLA CRESST(National Center for Research on Evaluation, Standards, and Student Testing)와 공동으로 미국 LA 공립학교에 최초로 G러닝을 도입한 바 있다. 또한 2003년 비트코인과 같은 가상 화폐와 이를 매개로 한 가상 경제의 도래를 예측한 논문을 발표했고, 2008년 일본어로 출간된 '일본재생론(日本再生論)'에서 일본기업은 IT시대의 적응에 실패, 쇠락해 갈 것이라고 예측하기도 했다.

국회 과학기술정보통신위원회 정책자문위원, 서울시 정보화전략위원회 부위원장, 한국소프트웨어진흥원 정책자문 위원장, 한국저작권위원회 및 한국저작권보호원 위원, 증권선물거래소 코스닥 상장기업 심사 전문위원, 한국소비자원 분쟁조정위원, EBS와 연합뉴스 경영평가위원 등을 역임했다.

저자 소개

2009년 International Game Convention Conference(독일), 2010년 Digital Hollywood Conference(미국), 2012년 Annual conference of America Educational Research Association(캐나다) 등에서 기조강연을, 2015년과 2017년 조선비즈 주최 스마트클라우드 컨퍼런스에서 초청 강연을, 2021년, 2022년 세계게임포럼에서 기조강연을 했다.

주요 저서로는 Innovation and Strategy of Online games(Imperial College Press, UK), Industrial Development Strategy of Online Games(중국 칭화대, Chinese), The Research of Korean Online game Business(동양경제신보사, Japanese), Japan Survival Strategy(Enterbrain, Japanese), G-learning: Making Learning Exciting through Games(Amazon, USA), 인공지능 없는 한국(사이언스북스), 한국형 혁신의 길을 찾다(한경사), 인터넷 시대와 일본의 침몰(한경사), 온라인게임 비즈니스 전략(제우미디어), 온라인게임 교육과 만나다(한경사), 세컨드라이프 비즈니스 전략(중앙북스), 일본기업의 기술혁신전략(집문당) 등이 있다.

2009년도에 대한민국 게임대상 제1회 학술상을 수상했고, 논문 Organizational design for new product architecture development는 2006년 한국 기술경제경영학회가 수여하는 올해의 논문상을 수상했다.

메타버스는 환상인가

저　　자 위정현
발 행 일 2022년 4월 25일 2쇄
발 행 처 **한경사**
발 행 인 이계남
등록사항 제10-1951호 2000년 4월 14일
주　　소 서울시 마포구 신수로 59-1 (3층)
전화번호 02_717_7264~5
팩스번호 02_717_7226
홈페이지 hankyungsa.co.kr
전자우편 hankyungsa@hanmail.net
I S B N 978-89-6844-413-5 93320
가　　격 25,000